收入不平等

The

INNER LEVEL

How More Equal Societies Reduce Stress, Restore Sanity and Improve Everyone's Well-Being

Author

RICHARD WILKINSON

KATE PICKETT

理查·威金森、凱特·皮凱特——著

溫澤元——譯

獻給

喬治・威金森（George Wilkinson）與安妮・威金森（Annie Wilkinson）

莎拉・柯爾博恩（Sarah Colebourne）與海倫・霍曼（Helen Holman）

以及

約克郡靜修會（The Retreat）的全體工作人員（該機構自一七九六年起，就秉持著尊重生命的態度，在第一線治療所有精神疾病患者）

目次 Content

圖表目錄

除了圖2.8與圖9.5之外，其他圖表都是我們自行繪製，或根據原始數據重新繪製而成。如欲使用書中圖表，只需標註原始資料出處，無需經過我們同意。

第九頁的漫畫由史蒂芬・歐布萊恩（Steven O'Brien）所繪，感謝他慷慨授權。其他漫畫則是來自www.CartoonStock.com，感謝此平台同意讓本書使用圖片。

編註：此圖中讀者看的書即為兩位作者的前作《社會不平等》（*The Spirit Level*）

關於數據和圖表

書中多數曲線圖，是根據貧富差距與健康、社會問題的數據繪製。有些圖表旨在比較世界各國的狀況，有些則聚焦於美國各州的情形。

在前一本書中，我們為了讓比較的數據清晰一致，所以在衡量貧富不均的情況時都使用相同標準，也選擇相同國家進行；而在新書中，我們除了提出自己的最新研究，也援引世界各國研究人員所繪製的圖表與數據。每組研究人員都使用了官方提供的資料和素材，用最嚴謹、適當的方式來衡量貧富不均，藉以回答他們的研究目的，例如：該研究哪些國家或州、該聚焦在哪些年分、如何衡量他們有興趣的現象，以及如何分析數據或繪製圖表。我們所引用的官方報告與同儕審查期刊文章，其研究人員與研究方法都相當謹慎。我們將這些引用資料列在書末附錄，其中有許多都是免費的公開線上資料。在資料不受版權限制、或研究人員願意熱心公開的情況下，我們都盡可能重新繪製圖表，讓數據更易讀、易懂。書中使用的所有圖表都來自經同儕審查的學術期刊，我們自己的分析結果也同樣經過同儕評閱。

讀者會發現，我們研究的國家、資料來源年分，以及某些評估標準不盡相同，但令人訝異的是，在這些變數影響之下，最後依舊得出相同的結果。

序

關於前作《社會不平等》

當二〇〇九年出版《社會不平等：為何國家越富裕，社會問題越多？》（*The Spirit Level*）時，我們知道如果社會貧富差距越懸殊，人們就越容易受到各種健康與社會問題所苦。[1]《社會不平等》舉出的證據，都強烈暗示不平等現象對心理影響甚巨，而且這些問題都因社會壓力不減反增所致。在新書《收入不平等：為何他人過得越好，我們越焦慮？》中，我們會逐一探討這些心理效果與社會壓力，例如：不平等如何加深焦慮，影響人們的心態與思想、人們又如何面對不平等，以及程度不等的精神疾病與情緒失調會造成哪些後果。整體而言，我們會討論不平等社會是如何改變人們的感知思維與相處模式。此書的部分立論基礎是我們自己所做的調查，而絕大多數現象與實例則是引自全球學術研究成果。書中的實例不僅能解釋為何不平等社會無法正常運作，更能幫助人們找出改善社會互動，讓人更健康、快樂的關鍵。

既然《社會不平等》是本書序曲，那就先讓我們回顧該書重點，讓不熟悉的讀者更快進入狀況。首先，我們在書中指出：在貧富差距較大的社會中，人們健康狀況較差，會有平均壽命較短、嬰兒死亡率較高、精神疾病、藥物濫用與肥胖等問題。貧富差距越大，社會關係也就越差。在不平等社會中，暴力較普及（以謀殺率來評估）、監禁率較高、人們之間的信任度較低，社群關係也較薄弱。不平等社會更會損及兒童們生活機會、影響兒童生活福利，讓教育程度降低、未成年生育率增高，社會流動更加困難。

無論是觀察各個富裕國家的貧富差距、還是分析美國五十五州的資料數據，都顯示了貧富不均與社會問題具有關聯性，不管是在美國還是其他國家，貧富差距越大，社會狀況普遍越差。

這種情況不僅清晰可見，而且毫無例外。舉美國為例：跟其他富裕國家相比，美國的貧富差距最懸殊，謀殺率、監禁率、罹患精神疾病比例、未成年生育率也最高，而平均壽命、兒童幸福感、數學與讀寫能力則最低。在我們的研究期間，貧富差距第二大的富裕國家是英國與葡萄牙，他們在這些項目上的表現也不甚理想。反之，較平等的北歐國家與日本，則比較沒有這些問題。透過圖1就可簡單看出富裕國家的數據表現。*

不僅是我們的調查歸納出此趨勢，來自各國、各領域的大量學術研究也有相同發現。第

* 健康與社會問題指數主要衡量人們的平均壽命、信任程度、精神疾病（包含藥物與酒精成癮）、肥胖、嬰兒死亡率、兒童數學與讀寫成績、監禁率、謀殺率、未成年生育率與社會流動。

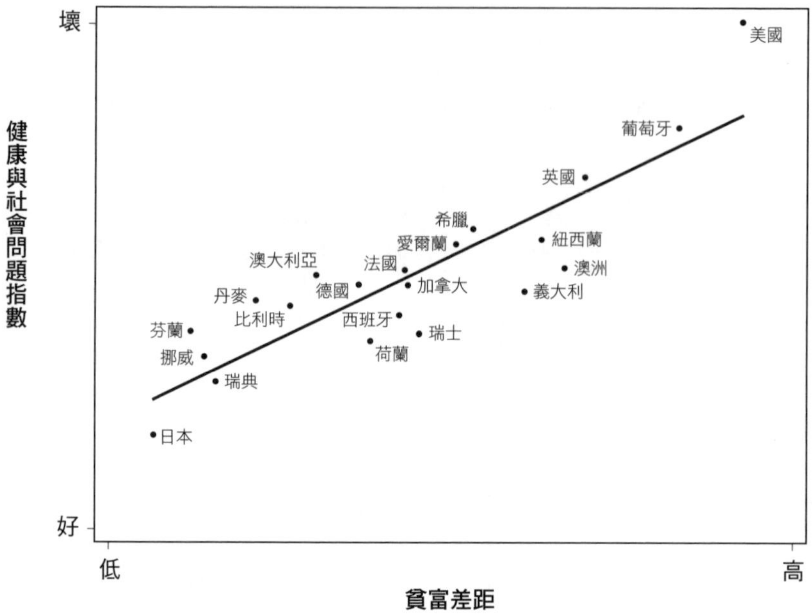

圖1：在貧富差距較大的國家中，健康與社會問題較普遍＊

一份指出貧富差距讓社會更暴力、健康問題更嚴重的報告，於一九七〇年代登在一份同儕審查期刊上。此後，類似的公開研究如雨後春筍般出現。如今世界各地已有三百多份研究報告，專門探討健康程度、謀殺率與貧富不均的關係。這些報告的研究對象包含已開發國家與開發中國家，有些報告關注某個時間點的社會狀況，有些則聚焦於不同時期的社會變化。許多報告研究收入差異與貧窮程度，同時探討政府投注在公共建設的成本等因素。多數的報告結果都一致指出：貧富差距越懸殊，社會狀況就越差。[2]

藉由種種研究證據，我們發現必須

視貧富差距與社會、健康問題之間有因果關係，才能進一步釐清貧富差距如何破壞社會功能，危害人們的健康與幸福。[3]

從證明這兩者之間有關聯到互為因果，是非常關鍵的學術發展。為什麼我們這麼有自信，認為必定存在這樣的因果關係？流行病學主要以統計結果來找出疾病成因，因此也發展出一套標準，來判斷兩個現象之間的關係是否互為因果。第一個標準是成因必須比後果提早發生，這點毋庸置疑。此外，流行病學專家也將關聯性強度、因果關係在生物學上是否成立、是否有其他可能解釋、研究結果是否一致，以及兩者之間是否存在「劑量反應關係」（dose-response relationship）等因素納入考量，例如：貧富差距規模越懸殊，是否會讓整體社會狀況越差。透過各項標準層層檢視後，我們發現數百份的研究結果都指出：貧富差距越大，各種社會與健康問題確實會隨之惡化。這兩者之間的確存有因果關係。[4]

科學哲學家卡爾・波柏（Karl Popper，也譯卡爾・波普爾）強調，如果一個理論夠穩固，就必須提出嶄新、可供試驗的預測，並讓往後的研究來證實預測的準確度。就算以此標準來檢驗，這些證據也證實了因果關係。貧富差距會對社會造成負面影響的理論，確實催生出許多預測，例如其對社會的具體影響以及因果機制，而這些預測也已經過反覆的證實、檢驗。[5]

並非萬物論

《社會不平等》一度被喻為「萬物理論」，但這並非事實，只不過是溢美之詞。這套理論主要適用於會受到社會梯度影響的問題上（即在社會階級底層較常見、普遍的問題）：身體疾病、暴力、兒童福利、監禁、精神疾病、藥物成癮等。數十年來，大家對於這點已有共識，無論是將富人與窮人、中上階級與底層階級，或是高知識分子與教育程度低的人們拿來比較，每往社會階級下方移動一階，這些問題就更為普遍。《社會不平等》想表達的概念其實不難懂：當收入差距規模擴大，造成社會地位落差更懸殊、影響力更顯著時，許多與社會地位（不管是以收入、教育程度或職業來衡量）＊相關的特定問題，就會隨之惡化。啄食順序＊＊中的位階與社會地位的落差（不平等），與受社會梯度影響的問題互為因果。

我們的其中一項驚人發現是，貧富差距不僅影響窮困的弱勢階級，更會**波及廣大族群**。雖然不平等對社會底層的損害最嚴重，但其他階級的人們也難以倖免。言下之意就是，當工作條件與收入都很理想的高知識分子，能跟職業、收入水準相當的人們一起活在較平等的社會中，他們的壽命就有可能更長，也不容易成為暴力事件受害者；此外，他們的下一代也有可能在學校中表現得更好，不容易在青少年階段懷孕、生子或染上毒癮。所以問題的癥結點並非不平等國家的窮人數量增加，而是日漸懸殊的貧富差距如何讓人深陷競爭與不安的環境中。

正因貧富差距影響了絕大多數的群眾，因此平等與不平等社會中的健康、社會問題，也有相當懸殊的差距：我們發現在較不平等的國家中，精神疾病與嬰兒死亡率都高出一到兩倍。[6]在某些研究中，青少年生育率、監禁率與謀殺率甚至是十倍之高。[7]

人們普遍相信這些問題在社會底層較為普遍，在中上階級之間則較少見，這樣的觀點反映出人們認為這兩種族群的特質：較有能力與毅力的人會往上爬，較脆弱、無能的人則落入貧窮潦倒的生活。但在貧富差距的影響獲得證實後，此觀點也大受質疑。只要現今的社會篩選機制持續運作，讓所謂的適任者往上、不適任者往下，顯然就會讓社會底層的健康與其他問題持續惡化。不過，研究顯示不同階級的人向上或向下移動，並不會改變社會上具有某種特質之人們的總數。舉例來說，如果以淺色與深色頭髮做為標準，讓人們來進行社會流動，就會出現以髮色為依據的社會梯度；但是最後會發現，擁有深色頭髮的人們總數不變，淺色頭髮的人口數亦然。所以不管是以能力、健康程度或暴力傾向來畫分，情況並不會有所改變。

---

* 我們在此使用的「社會地位」一詞，含義與「社會位置」相仿，指的是個體在社會階級上的位置，正如大家平常對這個詞彙的理解。專門研究健康不平等的流行病學家，過去曾花時間探討該以哪種方式來評估社會地位，例如收入、教育程度、職業或是所居住的社區種類。英國政府的數據，過去是以較主觀的「一般社會地位」，來將不同職業畫分為不同社會階級。時至今日，我們仍找不到完美的評斷方式，也沒有人知道怎麼樣是理想的分辨社會階級方式。讀到本書後段就會發現，我們之所以會想要判斷社會地位，仍受演化心理傾向所影響，這就像前人類靈長類動物，會判斷在階級系統中誰是支配者、誰是被支配者那樣。

** 譯註：啄食順序亦稱啄序，指的是禽鳥或群居動物之間亦有強弱階級之分，因此有先後啄食的順序。

不過，若能改善貧富差距，就能明確減輕受社會梯度影響問題的負擔。貧富差距越懸殊，這些問題就越嚴重，因為這些問題對窮人的影響較大，對富裕階層的傷害較小，並且會讓某些問題的社會梯度更陡峭。這裡也暗示了健康問題、暴力事件，與兒童數學讀寫成績等因素的社會梯度，不單只是因社會淘汰篩選機制所致，除了篩選機制，肯定還有其他原因。我們認為這些問題出在於社會地位差距所造成的壓力：越是身處社會底層、地位差距越懸殊，承受的壓力也就越大。事實上，貧富差距越大，越容易導致階級差距。

正因現代社會刻意強調階級差距，使得收入與社會地位成為史無前例的重要指標，社會並以此來評估一個人的所有價值。因此，當我們逐漸以地位來評斷個人時，社會階層的高低也顯得比以往更重要。想當然爾，在社會地位差距不斷擴大時，社會上那些與階級相關的問題自然也逐漸惡化。

扭轉貧富差距

上面那段精簡的前情提要，是十多年前我們的研究結論。我們在二〇〇七年完成《社會不平等》，在二〇〇八年將書稿寄給出版社，當時全球正爆發金融危機。二〇〇九年年初《社會不平等》終於出版，我們又在二〇一〇年為了回應評論、更新部分資料，在書中新增一個章節。此後，世界風雲變色，出現經濟危機、政治分化對立、民粹主義、意識形態衝突、大批難民潮與經濟移民的現象，貧富不均絕對跟這些現象脫不了關係，而氣候變遷帶來的問題也比以往更加迫切。與此同時，來自心理學、經濟學與環境科學等各領域的研究人員，也提出更豐富的證據來證實貧富不均確實影響甚巨。有了這些研究結果，我們現在能更清晰地看出，貧富差距是如何影響我們的核心價值、自尊、我們對彼此的感受以及心理健康。

本書除了揭露貧富差距如何影響我們的思維與心理狀況，更點出貧富差距如何使健康與社會問題更加惡化。書中提出的觀點以及論證，讓我們對於打造永續社會、經濟體與社群，有更具體的概念與想像。在我們進行研究的社會中，貧富差距或許已根深蒂固，但現階段狀況仍然可以扭轉。雖然有許多艱難的挑戰在上個世紀浮出台面，但我們還是有辦法讓世界變得更好。

「這個派對真的很讚，每個人都比我還不安！」

第一章

為何社會讓我們如此焦慮

許多心態平衡、性格活潑的人，幾乎都不曉得自己其實會在意旁人的看法。他們甚至會不高興地澄清，自己的言行才完全不受他人影響。其實這種心態根本是幻覺。若是不小心出糗或把事情搞砸，而旁人原本滿懷敬意的親切面容因此變得冷酷、不屑時，當事者就會在詫異、恐懼，還有被排擠的無助中發現，原來自己始終活在別人的腦中，卻渾然不覺。這就像我們每天走在堅硬的路面，卻沒想過路面是如何將我們支撐起來。

——顧里（Charles Cooley，或譯庫利），《人類本性與社會秩序》（*Human Nature and the Social Order*），一九〇二年，頁二〇七[1]

在歐普拉（Oprah Winfrey）創辦的《歐普拉雜誌》（*O Magazine*）中，她的造型顧問瑪莎・貝克（Martha Beck）寫了一篇文章，分享自己的「派對焦慮」經驗[2]：跟別人相處時，她說「內心的頭號大敵是脆弱、恐懼和不留情面的評論」。貝克說自己「跟成千上萬名不擅融入派對熱絡氣氛的人一樣……我們是害怕在派對中跟人閒聊的社交恐懼者。」不僅如此，「我們還怕自己會說出蠢話，讓大家知道我們其實是傻瓜，而非大家心目中理想的社交高手。」她還說自己「需要有令人稱羨的成套武裝，例如聰明的言談舉止、緊實的大腿、廣闊的人脈還有財富等，才有辦法在派對中存活。從挑選衣服到寒暄閒聊，每一步都出於恐懼，都是為了抵抗批評的防衛之舉。」

我們把害羞內向、自我懷疑和與他人相處時的不自在感，全都當成自己的心理弱點，彷彿是種情緒缺陷，必須盡全力改善。我們都努力將這些不安全感藏起來，所以很少在他人身上看見這些特質。不過研究調查顯示，這種狀況極為普遍，僅少數自信心十足的人得以倖免。事實確實如此，奧地利精神分析學者阿德勒（Alfred Adler）在二十世紀初脫離佛洛伊德學術圈，他認為上述感受都是人性組成中的基本要素，他帶出「自卑情結」的概念，更表示：「身而為人就是會感到自卑。」自卑的情緒通常分為兩種：其中一種是害羞、沒自信，有時會害怕社交，另一種則是以自我膨脹、高傲、自戀與擺高姿態來掩飾不安全感。雖然這是現代數據分析出的結果，但阿德勒早就提出這項說法，他認為高人一等的心態是為了保護內心的自卑感，而且內心越自卑，外在的偽裝就越強烈。「如果有人總擺出自己比他人優越的態度，我們可以推測他內心肯定有一股自卑，因此需要特別費心掩蓋。」「自卑感越強烈，獲得他人肯定的渴望就越大，情緒也會特別不安、躁動。」[3] 當然，因為「費心遮掩」的手法起了效用，我們才不曉得原來這股不安感如此普遍，一廂情願地以為是自己獨有的困擾。

這種自卑感以及形式各異的掩飾手法，在某些社會中更為普遍，阿德勒無法從患者的心理特點中看出，因此我們只能藉由當代統計資料的分析來得知。這個現象顯示了肯定有強大的外在因素會影響自卑感的加深或減輕，而流行病學家受過專業訓練，具有研究疾病分布與其決定因素的能力，因此能找出這些影響自卑感的要素為何。舉例來說，學者會試著研究空氣污染對氣喘、支氣管炎等疾病具有多大影響力，而用這種方式來研究害羞內向、社交恐懼與自我質疑等狀況，想像這些感受是在特定情緒或社交氛圍中生成並加劇，或許就能找出問題的起因。我們都深知若想減輕身體的病痛，就該減少環境中的污染物和致癌物；但大家卻沒認真思考過，我們也該整頓那些對情緒和心理有害的氛圍。倘若社會焦慮感高漲會危害生活與人們的福利，那麼社會大眾與政治人物就不該掉以輕心，必須以面對空污的態度來看待這些成因。

人類是社交動物，我們對他人情緒的敏感度、以及避免冒犯他人的能力，都是不可或缺的社交技能。對周遭人群保持敏感原本是既正常又有益的，但如今這份敏感度卻不斷被觸發，而且強度與日俱增，反而帶來適得其反的效果：人們失去安全感，只好不斷自我防衛，藉此消弭微不足道的批評；有些人甚至對社交活動感到焦慮，因此將自己封閉起來；我們也發現人們為了掩飾心中的不安，不斷利用外在象徵來彰顯社會地位。上述這些缺乏信心與安全感的現象，已經嚴重到讓許多富裕國家的人們無法過得更快樂，也無法提升生活品質。讀者會在本書發現，如果想對抗這個現象，方法並不是讓自己變得更厚臉皮，而是去找出社會上的有害成因並加以制衡。

害羞與自我意識過剩可以分為內在成因與外來加諸兩種，這兩者的區別我們可以拿跨欄障礙賽為例：如果想知道為什麼某些選手踢倒的跨欄比其他選手多，我們就必須比較選手的個體差異，例如年齡、體態、身高等；但如果研究主題換成「為何在某些體育賽事中，被踢倒的跨欄數量較多？」我們就得先釐清這些賽事中的跨欄是否比較高。為什麼有些人善於心算、有些人則否，也是同樣的道理，我們必須先調查個體差異以及他們的心算能力與熟練程度；但若是想研究「為什麼能解決這個問題的人比解決另一個問題的人多」，就得知道這兩個問題的難度有何差異。

因為這不是一本勵志書，我們不會花時間探討自信與害羞的內在成因與個體差異；我們希望釐清的是為何社會抑制（social inhibition）*這麼容易被觸發，並希望能藉由釐清這件事來提升全人類的福利。我們的首要目標是研究社會上的「垂直不平等」、從社會頂層到底層的貧富差距所造成的影響，以及社會地位與階級含意。我們希望從中得知，這些因素是如何讓我們對他人產生不同的價值判斷，並因此讓我們變得更有自信或更加的自我懷疑。所謂的「水平不平等」比較的是不同群體間的狀況，這些群體可能是以性別、種族、階級、殘障與否、信仰、語言或文化等因素來畫分，這種不平等因為同樣牽扯到優等與劣等的議題，因此會被認定是社會上的不公義；但是，跟聚焦在這些特定族群的差異相比，我們的目標其實是揭露個體如何被賦予優等或次等的地位，因為這是形塑所有不平等現象中的必要環節。首先，我們要先來討論大家認定貧富差距的共通癥結點。不過在找出社交痛苦的結構性成因時，得先了解人們是如何感知這種痛苦的情緒。

活在當代社會，我們總是會在意別人對自己的看法，心理學家將這種心態稱為「社會評價威脅」（social evaluative threat）。對於富裕的已開發國家來說，這種現象對人民的生活品質構成極大的負擔。在乎他人觀感要付出許多代價，例如壓力、焦慮感與憂鬱不斷加劇，而用酒精或藥物來鎮壓焦慮的方式也對健康有害，失去社交生活和交友圈更讓許多人感到寂寞。這種不安全感就像社交生活中的癌症，雖然不可輕忽，但我們在衡量生活品質時卻鮮少將其因素納入考量。

基因、童年經驗、或是曾在學校受到何種對待，這些因素都隱含個體弱點差異。但與其探討這些因素，不如把這種普遍的心理狀態當成公共衛生問題。公衛議題向來與政治密不可分，例如下水道的設置規範、《淨化空氣法案》與近期的汽車廢氣排放之爭。十九世紀德國病理學家魏修（Rudolf Virchow）曾說：「醫學屬於社會科學，政治則是規模更大的醫學。」這句話正是本書秉持的精神。

* 譯註：「社會抑制」是指個人在意識或潛意識中逃避社會關係的情況。（編註：比如個體在眾人面前工作、因為其被注意的程度增加，而降低其工作能力或效率。）

缺乏自信與社交焦慮

害羞是種相當普遍的反應。我們在乎別人對自己的看法，因此當缺點外露時就會害羞。最常被引用的調查是「史丹佛害羞調查表」（Stanford Shyness Survey），該調查指出超過百分之八十的美國人，無論是過去、現在、甚至是持續發生，他們都曾在生命中的某些片刻感到害羞。三分之一的受訪者表示自己在多數場合中，有大半時間感到害羞；有四分之一的受訪者表示，自己長年來處於害羞狀態。[4] 雖然有兩成以下的受訪者不認為自己個性害羞，但他們的大多都曾出現害羞反應，例如臉紅、心跳加速，或是「肚子在翻騰」。這些人不認為自己容易害羞，因為他們只有在特定情況下才會羞赧。而在所有受訪者中，僅百分之七表示自己從未感到害羞。

二〇〇一年至二〇〇四年間，美國合併症調查青少年補充項目（US National Comorbidity Survey – Adolescent Supplement），訪問了十三歲至十八歲的一萬多名青少年，請他們評估「與不熟的同學相處時的害羞程度」，有近半數受訪者認為自己會害羞，但他們的父母則認為有超過六成。[5]

感到害羞就代表了自我意識過剩的現象越來越明顯，跟他人比較時會產生尷尬、焦慮感、對社交能力沒自信，內心承受更大壓力，思考也會受到阻礙。陷入這種狀態後，就更難與他人互動及享受彼此相處的過程，也很難清楚地思考、表達自己。這種現象對職場或社交生活相當不利。極度容易害羞的人可能會受到社交恐懼症（social phobia）、社交焦慮（social anxiety）、或社交焦慮症（social anxiety disorder）所苦；但以臨床來說，唯有相當嚴重棘手的狀況才會被納入標準。人們只有在恐懼和焦慮感「與實際情況嚴重不對等」時，才會被界定為患有社交焦慮症。當然，這代表判斷標準立基於我們對「正常」的認知。

有少數的人會發現缺乏自信讓他們綁手綁腳，社交生活簡直是折磨，因此盡量避免與他人接觸。而對大多數的人來說，社交焦慮帶來的痛苦和壓力，遠大於與人見面的喜悅。我們從「經驗計畫」（Experience Project）這個網站擷取了四名個案，此網站成立的宗旨是讓人自在地分享情緒困擾。

> 在社交場合中，我會變得很內向、封閉，而且言談舉止都超尷尬。我很怕那種被品頭論足、嫌棄、鄙視的感覺，所以刻意跟大家保持距離。聽見笑聲時，我總覺得別人是在嘲笑我。我知道這種想法很蠢，但我控制不了自己。這幾年來，我已經習慣這種孤僻的生活了……
>
> 有時候我會避免跟任何人、甚至是所有人接觸，一想到別人正在評價我，我就感到快抓狂。

> 有時候連到超市櫃台結帳這麼簡單的事，都有可能讓我恐懼發作。通常我會選自助結帳，這樣就不用跟任何人接觸。
>
> 不管是跟熟人或陌生人相處，我都非常害羞，這已經對我的日常生活造成困擾了，有些人甚至認為我是在裝模作樣。我沒有朋友，就連出個門也是萬般艱難。我會盡量在白天出門購物，這樣就可以名正言順地戴墨鏡跟帽子，它們就像保護殼，能避免我的社交恐懼症發作。一旦發作，我就會開始結巴、冒汗，感覺大家都把我當怪胎一樣地猛瞧。我每天都得跟這種水深火熱的狀態搏鬥。

這類關於自我隔絕的經驗分享，讓人更了解這些容易害羞者內心的痛苦，以及為何正常生活對他們而言如此艱難。許多備感焦慮的人都以為自己罹患精神疾病，在尋求醫師協助後，他們會拿到抗焦慮劑或其他精神藥物。自一九八〇年起，社交恐懼症正式被美國精神醫學學會歸類為精神障礙，被納入《精神疾病診斷與統計手冊》（*The Diagnostic and Statistical Manual of Mental Disorders*，縮寫為ＤＳＭ）中。長期以來，科學家並未針對普遍的害羞現象進行研究，反而嚴謹地調查社交恐懼症的普及度。過去三十年來，患有社交恐懼症的美國人，其比例從百分之二成長為百分之十二。[6]

日益普遍的精神疾病與壓力

在富庶的已開發國家中，精神疾病相當普及，甚至有持續增加的趨勢。一份好的調查研究必需相當謹慎，以確保它們只將非常嚴重、且影響到日常行為者納入考量，而非僅是簡單地反映了大眾與醫療從業人員對精神疾病的認知轉變。專家在評估嚴重的個案時會採用嚴格的標準，這是為了排除心理與情緒不適較輕微的人。國家合併症複製調查（National Comorbidity Survey Replication）就是一項頗具權威、而且數度被引用的研究，該研究測量了二〇〇一年至二〇〇三年美國人精神疾病的比率。研究人員所使用的問卷都經過設計與測試，能夠辨識出患有精神障礙的人們。受訪群眾約有一萬人，大家都在家中接受了一小時的採訪。[7]而在十八歲至七十五歲的群眾裡，有百分之四十六的受訪者表示偶爾會出現符合某種精神障礙的症狀，而且症狀持續一段時間，對正常生活與行為能力也構成影響。

這類研究的資料蒐集方式有一大缺陷，就是都靠回憶作答。運用回溯性調查方式進行的研究，主要是仰賴受訪者回想過去的經歷來取得研究素材。跟其他反覆訪問同一群受訪者的研究相比，回溯性研究的受訪者比較容易忘記早年關於精神疾病的經歷與感受，或是不願意回想那些片段。換句話說，許多經常被引用的研究結果、包含這份得到百分之四十六比例的報告，都大幅低估了精神疾病的普及程度。

該如何證明精神疾病的普及率不斷升高？只要比較不同年紀群體的生命經驗，就可看出端倪。回溯生命歷程，每年受精神疾病所苦的年輕人似乎比老年人還多，但這並不是因為老年人的記憶力較差所致；有些研究會比較多年來學生與兒童等連續樣本的焦慮比例，藉此將老年人記憶力較差這個因素排除在外。有項時間橫跨一九五二年至一九九三年、遍及全美的研究，其結果顯示在這四十年間，學生與成年人口焦慮程度增加之劇烈，連報告作者也清楚表示：「在一九八〇年代，受焦慮所苦的一般兒童，甚至比一九五〇年代罹患精神疾病的兒童還多。」[8]在英國，倫敦大學國王學院的研究人員發現，與二十年前相比，二〇〇六年的青少年深受各式各樣的問題與困擾，尤其是嚴重的情緒障礙。[9]無論性別、無論這些青少年是來自雙親家庭、單親家庭或擁有繼父、繼母，不管家境是富裕還是清寒，這股趨勢同樣存在。美國精神病學學會在二〇一七年的調查中指出，八成的美國人具有一項以上壓力過大的症狀，例如被情緒壓垮了、鬱鬱寡歡、緊張或是焦慮。研究人員請他們以一分到十分來評估壓力多大時，有兩成的受訪者選擇八、九與十分。[10]

雖然焦慮和憂鬱是最常見的合併症，但其他類別的精神健康問題同樣有越來越普及的現象，例如情緒障礙、衝動控制障礙和藥物濫用*等。既然這些問題都越來越普遍，就代表背後肯定有共通的成因，而焦慮肯定榜上有名。

我們很難評估精神疾病有多大的比例是由害羞與焦慮所致。在絕大多數的案例中，專家還是以症狀來畫分精神疾病的種類，幾乎不會參考其背後成因。但同樣受焦慮所苦的人們，其表現症狀可能截然不同：如果你一出門社交恐懼症就會發作，那麼你會被歸類為患有廣場恐懼症；假如社交恐懼症令你鬱鬱寡歡，那你就是憂鬱症；倘若多年來你試著用酒精來穩定焦慮的情緒，那你就會被定義為有酗酒這種精神障礙；假設你時常擔心別人對你的看法、總是想在他人面前盡量展現或擔心自己的外貌，那你很有可能（在沒有其他因素影響下）會被界定為患有自戀型人格障礙。

罹患心臟病的成因各異，例如缺乏運動、飲食習慣不佳、抽菸、壓力、糖尿病、肥胖與高血壓等。同樣的，各種精神疾病的成因也不勝枚舉。不過，儘管罹患生理疾病與精神疾病的因素很多，但一項因素也可能導致多種疾病。換句話說，這些廣效性的成因「與多種疾病相關」。舉個例子，若列出一張抽菸所致的疾病清單，上頭會有肺氣腫、慢性支氣管炎、氣喘、肺癌、十多種癌症、中風、糖尿病、心臟病與其他疾病。

研究報告顯示，在患有社交恐懼症的人們之中，有三分之二也具有其他合併症，例如躁鬱症、飲食障礙和藥物成癮等。藉此我們就能有所警惕，意識到其實害羞、焦慮與日漸普及的精神疾病緊密相關。自我意識過剩、壓力大到快喘不過氣、與他人相處時感到不安、有時又鑽牛角尖地懷疑自我價值，這些狀態對社會構成莫大傷害。我們不僅無法與他人好好相處，更不斷質疑自己，這種心理傷害讓人失去正常行為能力。

＊譯註：這是廣義上的稱法，醫學上譯為「物質成癮疾患」或「物質使用障礙」。

經濟成長帶來前所未有的奢華及舒適的生活，但人們的焦慮卻不減反增，這實在很矛盾。既然生活過得比從前更優渥，照理說我們不該像前人那樣為生活擔憂、也不該比生活水準較低國家的人們還焦慮。然而世界衛生組織的調查圖表顯示，比較世界各國，富裕國家的精神疾病普及率比窮困國家高出許多。[11]二十世紀初，世界衛生組織的研究發現，任一精神障礙的終生盛行率*在美國為百分之五十五、紐西蘭百分之四十九、德國百分之三十三、荷蘭百分之四十三，但奈及利亞與中國僅百分之二十與百分之十八。

如果生活水準都已提升，焦慮程度卻不減反增，我們就不能從物質生活缺乏的角度來尋找成因，該把焦點轉到社交生活上。自我意識過剩的症狀包含害羞與社交恐懼，這或許是整體焦慮感上升的重大原因。但既然我們常以物質水準來展示自我身分地位，這個要素肯定也與焦慮感密切相關。過去大眾主要希望外在的物質與內在的心靈達到一致滿足，如今兩者之間的比重已有所改變；對大部分人而言，現今的生活水準遠高於過去，如今大家最擔憂的，就是能否在與他人比較之下，維持一定的物質水準。換言之，大家都很在乎自己是否迎合社會規範、以及在社會上具有何種地位。因此，我們對生活水準的擔憂，便取決於前面提到的自我價值與社會比較的焦慮。舉例來說，現在有許多研究顯示，我們的幸福感與對薪資的滿意度全取決於跟他人比較薪資的結果，而非薪資是否足以負擔自己的物質生活所需。[12]這裡的意思並不是大家過去不進行社會比較，只是在當今的時空背景中，這種比較心態對自我感覺來說變得更加重要。

擔心他人對自己的看法、社會地位的評價，以及對社會地位懷抱的不安全感，這三者具有相當強烈的交互作用。換言之，這些心態其實與許多能影響社會地位的因素息息相關，像是對考試、工作、金錢與升遷機會的焦慮，還有擔心小孩在公眾場合表現等。

日常的社交恐懼

媒體已注意到這些關於焦慮和精神疾病的研究，並以聳動的標題加以報導，例如：「『擔心』大爆發」[13]、「發狂的美國」[14]、「席捲英國的焦慮風暴」[15]。評論家則表示：「美國已經變成全球擔心冠軍，這點絕對無庸置疑。」[16]還有人說：「在美國，重大精神疾病以驚人的速度擴散開來。」[17]讀過關於精神疾病普及率上升的研究數據後，就會發現這些標題一點也不誇張。「在一九八〇年，百分之四的美國人患有與焦慮相關的精神障礙，如今卻已上升為百分之五十。」[18]、「焦慮就像傳染病般蔓延，已對八百二十萬名英國人構成影響。」[19]、「精神障礙嚴重到可以申請社會安全生活補助金（Supplemental Security Income）、社會安全殘障保險（Social Security Disability Insurance）的人數，從一九八七年到二〇〇七年增加二點五倍。同期的孩童案例數則成長為三十五倍。」[20]

＊譯註：一生中至少罹患過一次某種疾病的人數。

有些人在與他人交流時，壓力大到影響日常生活，另一種人的害羞程度則與一般人相差無幾，但我們很難將這兩種人清楚區隔。如同我們在前段引用的網站留言，那些在網路上分享社交恐懼的大眾，有男有女，也有年輕人、父母、軍人，其中有人更表示，就連在職場上需要進行最小程度的社會接觸時，也會感到痛苦不已。社會上各族群都受到社交恐懼的影響。我們在本章開頭引用瑪莎・貝克關於派對焦慮的感觸，或許有不少讀者都對那段文字心有戚戚焉。[21]以野外求生技巧聞名的貝爾・吉羅斯（Bear Grylls），有辦法應付各種棘手的突發狀況，他的生活方式就像名風格導師；不過在某場關於氣候變遷的節目中，與美國前總統歐巴馬一起上節目的貝爾卻坦承，雖然不怕蛇或毒蜘蛛，但他很抗拒雞尾酒派對。

在公眾場合中，穿著打扮也是焦慮感的來源。在《衛報》（*The Guardian*）的周日專欄「穿搭妙招」（How I Get Ready）中，名人會公開他們出席活動前的打扮過程。他們通常得花好幾個小時、甚至前一天就得開始準備，除了精心裝扮頭髮、做指甲、化妝跟挑選衣服外，男女名人都提到內心的緊張感，並在準備過程中小酌幾杯以舒緩內心的焦慮。甚至有人說如果「心中感覺不對」，會取消出席活動邀約。

就算不用在公開場合拋頭露面，大眾仍然會有些徵兆顯示出他們覺得自己不夠好，比如在知道有訪客要到家裡時，多數人都會付出額外的時間與精力來吸塵、打掃與整理環境（少數人是花錢請人來做這些事）。即使是面對朋友，我們都還是想把真實的生活樣貌藏起來，能夠例外的只有那些熟透了的親朋好友。我們希望這些親友知道了我們的真面目後，能還夠包容與接納我們；但在面對絕大多數訪客時，尤其是姻親或家族親戚，我們都努力假裝自己過得比實際上還好。

多數人大概會在訪客抵達前把住家整理好，偷偷摸摸地進行事前準備工作；即便大家幾乎都是在訪客上門前一秒才打掃完畢，但我們絕對不會對客人坦承以告。正因如此，網路上才有五花八門的收納整理技巧，教大家如何在訪客來臨前以最快的速度打理門面，例如：如何在最短時間內讓自家煥然一新。根據一項調查，大家在訪客登門造訪前平均會花二十八分鐘整理環境。[22]有四分之一的受訪者表示會盡量避免訪客上門，以免混亂的住家空間曝光，可見大家都認為自家生活羞於見人；更有人透露自己在急忙打掃房間時，會把雜物藏進洗衣機、烘衣機或洗衣籃內，百分之十五的受訪者則坦承會將未清洗的餐具放進烤箱中。[23]

我們經常會掩蓋打掃住家的真實原因，而且是連自己都騙。大家會說：「我只是覺得把家裡打掃得漂漂亮亮，客人來的時候也會比較舒服。」但若繼續聊下去，會坦承將羞於見人的祕密藏起來的真相：「不需要讓別人知道我是個懶惰、不修邊幅的人……但是……我偶爾也希望能在不被批判、不感到焦慮的狀況下，以真實的模樣來迎接客人。」受訪者表示：「這樣我應該會比較『自在』。」[24]

擔心穿著打扮在公眾場合顯得不得體，這種跡象其實隨處可見。大家彷彿都很害怕真面目被人看穿，好像非得把某些見不得人的真相藏好，才能被他人接納。真實的長相、無知、老化的跡象、失業、低薪、輕微酗酒、毫無幽默感、無法與人隨意閒聊等，大家都想把這些看似負面的特質藏起來。

雖然對大部分的人來說，這種焦慮感稱不上嚴重，但這種心態絕對還是替生活各層面帶來些許壓力。這些壓力讓人更容易陷入其他困境。舉例來說，為了安撫憂慮感，你可能會喝更多酒、對別人的言談過於敏感、或是被當成暴躁易怒的人。緊張感會讓人綁手綁腳。有些人會被一點小失敗給徹底擊垮，與他人互動時無法投入、感到不自在，更容易對他人的一言一行感到偏執。當這些困擾一個個襲來時，你有可能會裝病，請病假的次數也越來越多。你或許會為了安撫心情而放縱飲食，菸癮加深，而這些行徑又會成為你想隱藏起來的祕密，抑或是成為逃避社交的理由，最後你就變得更孤僻。

友誼對健康的助益

因為社交恐懼而與他人斷絕往來的殺傷力非常大。過去三十年到四十年有為數眾多的研究顯示，擁有一群親密的友人、良好的人際關係、以及與他人互動，都對健康大有助益。除了對健康有直接影響，焦慮也是疾病跟縮短平均壽命的一大元兇，因為焦慮會讓你失去友誼、減少群體生活，讓你與社會漸行漸遠。

若要證明友誼對健康的益處，就不可不提二〇一〇年的一份研究報告。這份報告集結來自一百五十份同儕審查研究的數據，總計包含三十萬名受訪者。[25]這份報告在結論中提到，擁有大量朋友、享受良好的人際關係、投入與他人的互動，這並不只是表面上說得好聽，對於健康與壽命來說，活躍的社交生活就跟戒菸一樣重要。雖然長年病痛會讓人流失友誼，但研究發現如果朋友太少，健康狀況也不會太好。

多數關於友誼與健康的研究都是根據觀察而來。研究人員一開始先詢問健康的受訪者的交友生活，再花時間觀察受訪者，同時將教育背景、收入、社會階級等因素納入考量，確保他們比較的對象水準相當。不過也有其他研究以實驗手法來進行：研究人員在自願受測者的手臂上弄出水泡（傷口），發現有較多敵對人際關係的人，傷口癒合得比較慢[26]；另一項研究提供受測者含有感冒病毒的鼻滴劑，發現在感染機會相同、並且在將抗體強度與各項因素納入考量的情況下，朋友較少的受測者感冒機率高出三倍[27]。

在人口統計資料中，健康狀況或疾病最明顯的成因，通常是因為個體攝取過多或過少營養素。舉例來說，缺乏維他命對健康造成的影響，在營養不足的人身上最顯著。長期出海、新鮮蔬果吃得不夠多時，就很有可能會出現壞血病；但是在營養豐富均衡的群體中，特定營養物質對健康的影響就不是那麼顯著。友情也是如此。為了證明友誼與社交圈能夠維護健康，上述的研究除了利用大量隨機人口抽樣研究，還確保了樣本中兼有社交網絡穩健的人、以及交友數低於適當標準的人。說來矛盾，在人口密集的現代化社會，人們卻缺乏適量的友誼與良好的人際關係。大家緊緊相依，同時卻感到疏離。德國人意識到社交生活對健康的重要性，於是把社會連結稱為維他命B，因為Beziehungen這個德文字指的就是「關係」。為了將友誼對健康的好處謹記在心，講英文的人最好別忘了維他命F（友誼的英文為Friendship）的重要性。

友誼之所以有益於健康，可能是因為友情能消除壓力，讓人在社交場合感到自在，比較不容易把自己封閉起來。擁有活躍的社交生活與孤僻的人，其健康狀況差異會反映在壓力與焦慮上。壓力與焦慮的多寡，決定我們在與他人接觸時會逃避或敞開心胸；就連自我意識過剩或害羞程度只是輕微的人們，有時也會認為與他人互動太費心力，寧願待在家中不出門。易受社交恐懼影響的人，參加社交活動時常感到壓力太大，因而將這些場合視為能免則免的苦差事。

長期處在高壓情況下對健康相當有害。壓力會干擾各種生理機制，例如免疫系統與心血管系統。若承受壓力的時間持續不減，身體就更容易快速老化，也有可能比未承受過多壓力的人更早罹患退化性疾病或死亡。在背負壓力的狀況下生活數月、數年，即便只是少量的壓力，也會導致死亡率上升、壽命縮短。[28]

朋友的數量有時能反應出一個人是否樂於社交，但這絕不是友誼與健康狀況的唯一關聯。更值得關注的其實是一個人是否感到自己被喜愛與重視。擁有重視你的朋友，你的自我感覺與信心就能有所提升；若總是感到被排擠或厭棄，你則會自我懷疑、失去信心。換言之，這是一種雙向關係：朋友多寡只能部分反應出一個人的社交能力與對社交的感受，但擁有好朋友卻能提升自我效能與自信。[29]畢竟在被他人孤立的狀況下，人是很難保有信心的。

很少有活動能像與朋友聊天笑鬧那樣令人心神愉悅，因此擁有好朋友跟良好的社會接觸，絕對是快樂的一大功臣。經濟學家理查・萊亞德（Richard Layard）在《快樂經濟學》

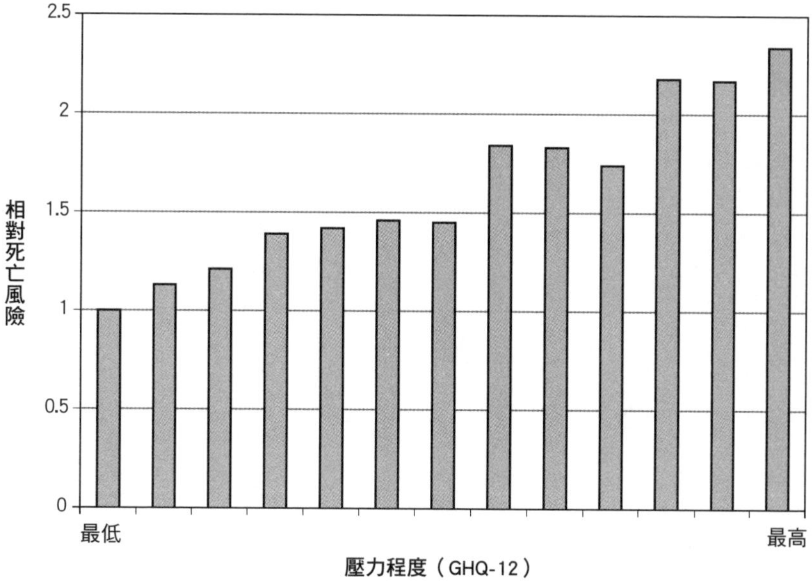

圖1.1：壓力越大，死亡率就越高。此研究中七萬五千九百三十六人裡有八千三百六十五人死亡（皆住在英國，年齡為三十五歲以上）。研究團隊用焦慮、憂鬱、社會功能障礙與自信缺乏等因素，來衡量受測者的壓力程度

（*Happiness: Lessons From a New Science*）中，清楚證明婚姻、友誼、投入社群生活與參與志工活動，都能有效提升快樂程度。[30]

在另一份二〇一四年的近期研究報告中，研究人員以來自二十五個歐洲國家的五萬人為研究對象，發現社會互動以及對他人的信任感，是快樂的重要源頭。[31]

我們以為人類沒那麼需要社交，但事實不然，擁有輕鬆自在的社會接觸並樂在其中，這是一大美事，但這點常被我們忽略。究竟是要賺更多錢，還是與人群有更多接觸？研究數據顯示，與他人有更多互動的快樂，跟每年增加八萬五千英鎊（約三百四十萬台

幣）不相上下。[32]換個角度想，如果快樂是可供販售的商品，買得起的人大概少之又少吧。

挑戰

近年來，已開發國家中的社交恐懼已成為極為普遍的現象，代表我們都得面臨重大考驗。友誼跟良好的社會接觸對健康與快樂而言有莫大助益，但人們又對社交活動卻避而遠之。

若能解決這個問題，不僅能讓深受社交恐懼所苦的人們改善生活品質，更能對抗拒社交的廣大群眾有所助益。好消息是，目前我們比過去更清楚問題的根源為何，對問題的解方也越來越有概念。不少研究顯示，在貧富差距較懸殊的社會中，社群生活的連結相對較弱；貧富差距較小的社會凝聚力較高，這點也已經過反覆證實。生活在較平等社會中的人們，較願意投入社區團體，參與志工組織與公民團體活動。[33]他們更能去信任他人，願意幫助彼此，動用暴力的比例也都相當低（以謀殺率來衡量）。[34]整體而言，在貧富差距較小的社會中，人們能更融洽相處。

早在法國大革命前，大家就直覺認為貧富差距會引起社會分裂，損及社會根基。[35]如今我們有充足的數據來評估貧富收入的差距，藉此衡量社會不平等的程度，因此在各個國家，人們更能篤定這個直覺是對的，大家甚至比我們想像中更深信不疑。這項論述已不只是個人直覺，現今已有數百項研究證實這是顯而易見的客觀事實。[36]在下一章的圖表2.7中，我們能看出各國貧富差距與公民參與率的關係。在《社會不平等》中，我們也以類似圖表，來顯示貧富差距與信任程度的關係。

我們認為在貧富差距較小的社會中，社群參與率之所以比較高，很有可能是因為社會中人們的相處模式比較輕鬆自在。假如貧富差距較不懸殊，人們對自我價值的認知也不會有太懸殊的差異，大家也更容易融入群體，畢竟許多人在交友時，還是會選擇與水準相近的人來往。話雖如此，但其中的因果機制卻沒這麼單純，除了跟家境富裕的人相處會感到社交恐懼，就連跟地位相當的人接觸，我們也會擔心無法在對方心中留下好印象。

此現象顯示（同時也是與論證最相符的解釋），只要社會的階級分層越明確，人們就更堅信：每個人的價值與重要性都有先天差異，而這些差異決定他們所屬的社會位階，因此大家對自我價值就更缺乏安全感。這個推論確實沒錯，接下來我們也會在第六章與圖表6.7中看出，國家的貧富差距越懸殊，社會就更難出現階級流動。撇開能力與專業技能的個體差異，在貧富差距懸殊的國家中，人們甚至會將個人價值與社會地位畫上等號，把人分為優等與次等兩類。這麼一來，「社會評價威脅」與人們對於社會地位的焦慮，也就更根深柢固了。此外，社會比較的現象也會日益普遍，讓人們對自我價值逐漸失去信心。

以往我們都以為大家只會比較彼此的社會地位，現在連各種正面、負面的人格特質，都會與不安全感與社會比較扯上關係：外貌體態、聰明程度、休閒活動、膚色、審美觀以及消費習慣，這些事項如今都具有更廣泛的社會意義，能用來展示一個人的地位與價值。在演化史上，社會比較起先是出現在動物的階級系統中，用來比較個體間的相對強度；在如今的人類世界中，社會比較變得多元，不只具有單一面向。

在接下來的段落，我們會提供精簡的短篇插畫，讓讀者了解社會本質結構的變遷如何影響人們對自我價值的認知，讓人相信自己天生比他人優越或低等。在本章開頭，我們引用顧里的一段話，裡頭提到其實多數人都易受他人評價與看法影響。因此除了嚴重程度各異的社交恐懼症患者，身為廣大群眾之一的我們，也得對這些議題有所了解。

平等主義的起源

我們會對他人產生程度不等的評價，也對別人的看法感到戒慎恐懼，這全是社會不平等在作祟。追溯其發展歷史，會發現不平等現象是在農業社會開端時形成的，而層級明確的階級系統更是近代社會的產物。社會階級約莫產生於五千五百年前，出現在兩河流域、人口稠密的農業社會中。而在其他國家與地區，社會階級則要等到更晚近才會出現。[37] 在農業社會成形之前，人類社群相當平等，以小群體的方式生活，大家都得從事狩獵採集的工作，並仰賴同伴採集或獵捕而來的食物果腹；聽起來跟動物沒什麼兩樣，但是在早期人類社會中，祖先會避免發展出像動物那樣的階級系統。在動物的階級系統中，強者有優先進食權，而位居領導地位的雄性動物則能獨占雌性動物。我們接下來也會在第五章讀到，雖然我們有九成以上的時間都「不假思索地以現代方式來生活」（也就是說我們的大腦已經縮小到現在這個尺寸），平等主義卻還是人類社會中的鐵律。依據人類學的史料，在早期人類社會中，人們為了維繫社會平等會採取所謂「反支配策略」：那些展現支配渴望的人，會被其他人忽略、欺負甚至是排擠，藉此有效打壓他自視甚高的想法，讓所有人得以維持自主權。[38]

研究近代狩獵採集社會的資料顯示，雖然是平等社會，但並不代表大家因此就不承認或不重視個體在技能、知識與能力上的差異；能力較突出的人會受到尊敬與重視，但他們握有的權力仍與其他人相當。也因此，根據社會地位的高低或個人價值的差異，來決定誰能過富裕舒適的生活、誰該活在貧窮與困苦之中，這種社會制度一點道理也沒有。

社會階級的演變

在所有階級嚴明的社會中，我們看待他人以及與他人互動的模式，不僅受到個人價值差異的影響，更會在心中做出假設，將對方歸類在優異的頂端或是一文不值的谷底。我們會將他者想像為能力十足的強者、或是無能的弱者，是該備受敬重還是遭到輕視。社會地位越低，心中被羞辱的感覺可能就越強烈。跟其他因素相比，被他人用階級來評斷價值，最容易讓人擔心自己看起來是否成功、個性是否有趣、頭腦是否聰明、教育程度是高還是低。

我們對他人的看法和評價抱以期待、恐懼和緊張的心情，不知道自己的個人價值會被歸類在哪個階級。在第七章我們會讀到，許多個人偏好與行為都可能是社會地位的指標，例如審美品味、口音、餐桌禮儀、藝術相關知識等；這些標準的存在，彷彿是要引誘人犯錯或暴露缺陷。就連讓許多人困擾不已的外型與體重也不得輕忽，這兩項因素也被列入社會階級的考量，因為外型與體重會影響職業與婚姻：外型姣好的人較容易在社會階級中向上移動。[39]

不過在不同社會中，階級差異也具有不同影響力。英國德比郡的哈頓廳（Haddon Hall）是座在十二世紀落成的宅邸，它向來被視為「現存中世紀莊園中最標準、華美的代表」。遊客參觀大廳時，導覽員會進行解說，表示當年無論是貴族的家族成員還是僕人，每位莊園成員都在這座巨大的空間中生活、睡覺（通常是睡在地上），約莫五十人的群體，就這樣親密相依、一起生活，這種現象即便在現代住家中也算是少見。在當時，來自不同階層的人都會混在一起生活，直接與彼此互動，但後來這樣的行為卻成為禁忌。幾世紀後，有道高牆在哈頓廳中豎立，將房間隔開來，讓擁有此房產的家族享有更多隱私。此舉無疑加深了優越感與下層族群間的社會分裂感。

到了十九世紀，社會階級的隔閡變得更加明顯。雖然許多中上階級的家庭都跟僕人同住，但大家都盡量將彼此的接觸減到最低。在都會住宅中，僕人都睡在擁擠的閣樓房間裡，工作場所或者是位於一樓或地下室中的廚房、或者是清洗蔬果、碗碟的空間。為了避免與僕人打照面，主人除了在屋內設置寬敞的主要樓梯，還會另外架設專供僕人使用的窄小樓梯間，讓他們往來閣樓與地下室；這麼做就是為了讓不同階級的人能夠住在同一個屋簷下，卻又無需頻繁互動。基於同樣的原因，每座宅邸除了正門，也有另外專供僕役和工人進出的入口。可想而知，這種社會階級的差異形成一種意識形態：中上階級的人們本身就具有較優等的基因，跟粗鄙、「平凡無奇」的下層人們有所區隔。

固定社區的式微

現代人越來越擔心他人對自己的看法，這也反映出另一個現象：大家基本上已不是住在固定的社區中，鄰居也不是跟我們從小到大的那群人，而是完全不熟的陌生人。從前我們在他人眼中的形象，一旦成形後就終生不變；如今，我們對自己的感受以及他人對我們的看法卻是變化無常，會不斷重新調整改變。在充斥陌生人的社會中，外貌和第一印象變得無比重要。

生活在固定社區者，因為鮮少與社區之外的人接觸，因此不容易出現自我意識過剩的現象。在關係緊密的社區中，每個人的身分認同相對穩定、對社會地位也不會感到過度焦慮，這種現象就連不屬於社區內的人也能輕易察覺。本書作者之一的理查，就在某座由許多農舍組成的法國小村莊中發現這個現象：村裡的居民一點也不矯揉造作，身上不會披掛額外的裝飾，生活相當務實，完全沒有自我意識過剩的現象；因為無需在外人心中留下好印象，村民的農舍裡完全沒有買來展示身分地位的擺設。相較之下，住在都會區的現代家庭，雖然住家空間擁擠，卻還是會特地留一個專門接待訪客的「前廳」。

話雖如此，住在沒有現代化交通工具、地理位置難以到達的社區，也不代表生活就能十全十美。住在固定社區中，不僅很難找工作、缺乏各種機會、更難改變別人對你的觀感，無法重塑自己的形象或擺脫污名。我們訪問村中的農民，住在這種小型社區中、和從小到大認識的人當鄰居是什麼感受？他想了一下之後諷刺地說：「每個人犯過什麼錯你都一清二楚。」

不管我們喜歡與否，現代人不斷改變居住生活環境的事實，就代表我們不會再對別人有終生不移的見解與印象；反之亦然，他人對我們的看法仍然重要，只不過這個印象不會深植於腦海中。密友和家人會對我們有既定的了解與認知，但旁人對我們的看法則是不斷改變修正，因此，我們對自己的感覺也會飄忽不定、會受到人生高低潮的影響，也會被當下的情緒所左右。缺少整個社群的人既定認知的穩定感，我們總覺得每次與人接觸時，都得努力在對方腦中留下正面的印象；我們對他者來說就是全然的陌生人，要留下好印象還是壞印象，全都操之在己。

階級成為評判個人能力的準則

長大成人後，我們是停留在出生時的階級（通常是家族前幾代所屬的階級），還是向上、向下流動，都會影響我們對自身地位高低的感受與認知。在社會學中，前者與後者分別被稱為「先賦地位」與「自致地位」*。在鮮少有流動的社會裡，階級似乎全然受到命運的主宰，即使你被歸類為底層，大家也不會認為你應該為此負責，換句話說：出身不是你能決定或選擇的。但在另一種社會中，若人們能憑藉著自身的優缺點或不同程度的努力向上或向下移動，那麼地位似乎就反應出個人能力與長處，讓底層的人們被歸類為失敗的弱者。

現代市場信奉菁英主義，大眾認為社會地位反映出個人能力，相信社會或多或少是公平的，因為社會階級的高低都操之在個人；這種現象讓底層的人更容易被貼上失敗者或能力不足的標籤。這種邏輯也讓某個相當普遍的迷思更加根深柢固：我們傾向用社會階級來評斷一個人的能力與聰明程度；換言之，當你屬於低下階層，就更有損人格。這種判斷不僅影響我們對他人的觀感，也會減低或提升我們對自我能力與聰明程度的認知。

在校園裡，社會階級反映個人價值的觀念也被強化：學校中的考試以及比較學生能力差異的評鑑，讓這個觀念更深植人心，也在某些人心中留下永久的傷痕，更讓其他人心懷優越感。除了中小學之外，來到大學也是如此：學校名聲好壞，還有學歷的高低，也常被拿來當作評估個人價值的標準。出社會後，無數的面試以及各種評量測驗，也將這種社會比較過程推向極致。退休的其中一個好處，就是知道自己以後無需參加檯面上的評估流程，也不用和他人一較高下；不過私下被他人以社會階級高低來評斷個人價值的現象，卻不會隨著退休而消逝。

* 編註：一出生就已經決定好的社會定義的位置，並且會反映出種族、族群、性別、以及年齡的社會意義的，就是「先賦地位」（比如男性、女性）；而靠後天努力達成的社會地位（例如醫生、律師等），就是「自致地位」。

收入差異與社會地位

收入與財富的不均等，不只是階級與地位差距的其中一項因素，更是建構社會地位的要素。貧富差距越大，社會階級金字塔也就越高、坡度越陡。法國社會學家布赫迪厄（Pierre Bourdieu）在《區隔》（*Distinction*）一書中提到，我們會用收入來展示自己的階級，除了車子、服裝還有房屋之外，我們所讀的書、上的餐廳以及選的音樂，也都是用來展現「品味」的手段。[40] 換句話說，貧富差距越大，大眾就更能夠、也會更想要強調自己與他人的地位差異。因此生活較富裕的人會被視為比較高尚、有品味，他們也相信自己優於他人（大眾之所以會這樣聯想，其實與演化心理學相關，這點我們會在第五章探討）。貧富差距讓金錢變成展現地位與自我「價值」的重要工具。

在《社會不平等》當中，我們提到貧富差距賦予階級與地位更多影響力。[41] 只要階級越往下，健康問題、暴力、學習表現不佳等受社會梯度影響的問題，發生的機率就越高。在貧富差距較大的社會中，這些問題更嚴重：貧富差距越大，展現階級地位的生活方式也就越懸殊，下層階級的人會自覺遭受異樣眼光，因而心生怨懟。

物質生活水準的差異是社會地位的一大關鍵，這在所有社會幾乎都成立。階級排序攸關取得與享有物質資源，無論是金錢在現代生活中的重要性、還是封建社會中的土地權、以及強勢動物的優先進食權等，都一再驗證這個道理。擁有權力，才能優先獲取生活必需品，享有快樂與舒適的生活。不過身分地位其實難以單靠表象來判斷，假如你突然賺了一大筆錢或慘賠，身分地位都會有劇烈的改變。原本在十九世紀，人們還是認為階級是天注定，那些在賭博、飲酒作樂上散盡家產的貴族，仍被人們看作是「上流窮人」，但到下個世代整個家族只會單純被視為窮苦人家；道理相同，如果你一夕之間賺進大把鈔票，一開始還會被視為「暴發戶」，但等兒孫輩學到中上階級的文化後，就能融入生活水準相當的社交圈中。這些階級流動的過程難以被具體描述或量化，但至少在富裕國家中，過去一世紀社會流動的速度似乎有增快的趨勢。不過，從古至今，有個現象確實變得越來越顯著：一個社會的階級金字塔是高聳陡峭、貧富差距懸殊，還是低矮平坦、貧富差距細微，關鍵在於社會的富裕程度與人們收入多寡。

在現代富裕社會中，金錢收入影響我們的對外形象，也是我們用來左右他人評價的手段，這點大家都心知肚明。象徵身分地位的標誌，幾乎都與支出和消費有關，例如車子、房子、度假方式、服飾品牌和科技產品。當這些商品或生活方式看起來越昂貴，展示身分地位的效果就越好。

「炫耀性消費」（conspicuous consumption）的概念，是一八九九年由美國經濟學和社會學家韋布倫（Thorstein Veblen）所提出，他藉由這個詞彙讓大家認清，原來我們企圖用消費行為來展現身分地位。[42]現代研究清楚顯示，在收入增加後，人們會比較想把錢花在別人看得到的商品或服務上，而非投資在外人看不到的地方；所以生活越是富裕，大家就越會把錢花在表象事物，例如購買新款手機、血統純正的小狗、腕錶、珠寶跟車子等，而不是砸錢來裝潢住家。大家爭相彰顯身分地位時，就得先把錢花在外人第一眼會注意到的地方。[43]

韋布倫活在所謂「鍍金時代」*，當時貧富差距甚巨，卡內基（Andrew Carnegie）和洛克菲勒（John D. Rockefeller）也是在此階段累積財富。韋布倫於一九二九年離世，貧富差距也在此時開始緩慢縮減，並持續延續至一九七〇年代晚期。到了八〇年代，貧富差距又逐漸拉大，如今收入不均的現象甚至超越韋布倫的年代。這段貧富差距的長時間變化趨勢顯示在末章的圖9.1中。

在中間這幾十年，貧富差距好不容易有了縮減的趨勢，但後來又開始走回頭路。銀行家與企業執行長的薪資和分紅不斷增加，讓他們得以建立龐大的財富王國，即便兒女子孫沒有收入也能安適地活下去。在韋布倫的年代，懸殊的貧富差距讓炫耀性消費風氣開始盛行，而從七〇年代延續至今的收入不均，也讓社會上出現身分地位競爭與消費主義等現象。

低收入限制了窮苦人們的消費能力，反而讓展示身分地位的渴望不減反增，大家都想擺脫下層階級的標籤。這也是為何在二〇一一年夏天，於英國各地展開暴動遊行的年輕人，會專偷設計師名牌服飾與高單價的科技產品。[44]

我們受社會階級差異影響的程度，不僅取決於貧富與收入差距，與日俱增的炫耀性商品更是難辭其咎。這兩項因素都讓收入與身分地位的差距更顯著。外在財富被視為衡量內在價值的依據。逐漸拉大的貧富差距會凸顯出身分地位的差異，讓我們也習慣用階級來評價他人。而越對社會評價感到恐慌，自尊和自信就更容易受打擊，對身分地位的不安全感也就日益增大。

許多大型跨國企業的執行長跟旗下收入最低的全職員工相比，薪水整整高出三、四百倍。在這個逐漸以收入來定義身分地位的社會中，若要對廣大群眾說他們一點價值也沒有，最具說服力的方式，或許是從公司執行長的收入中撥出百分之零點二五來當作他們的薪水吧。有些評論家認為窮人缺乏自尊心，指出這是貧困的成因而非結果，這樣的思維大大低估收入與身分地位的關聯。

理想的平等社會

或許是因為人類長久以來都活在具有高低位階的社會中，所以幾乎不曾停下腳步細想：要是能活在全然平等的社會裡，無需為階級與地位差別感到焦慮不安，那會是什麼樣子？大家都以為重拾自信、讓自己在社交場合更輕鬆自在的唯一方法，是提升教育程度、過得更富足、變得更成功，以及讓生活更有趣、令人稱羨。不過有些值得深入探究的指標顯示，活在更平等的社會中，能大幅改善人際關係與壓力程度。最近就有幾份研究指出，從傳統鄉村生活轉變為都會型態的「現代化」過程，對人類生理產生顯著影響，例如大家都知道壓力增加時，血壓就

* 編註：此時間大致是指一八七〇年到一九〇〇年。

容易上升。[45]所以某種程度上來說，已開發國家的人們大多以為年紀越大，血壓就會越高；但事實並非如此，在不從事固定農耕活動的部落中，個體的社會地位並無高低之別，而多項研究就發現在這些社會裡，人們的血壓並不會隨年紀上升。[46]在一份血壓研究（Intersalt）中，研究團隊測量來自三十二個國家、一萬名受測者的血壓：來自已開發國家、六十多歲的受測者，其收縮壓值比二十多歲的受測者平均高出十二到二十五個單位（毫米汞柱）。唯二血壓並未隨著年齡增長而上升的族群，是來自亞馬遜雨林的欣古族與亞諾瑪米族，他們皆是以覓食維生的部落。[47]就連將比較項目改為飲食習慣、鹽分攝取或是肥胖現象與血壓的關係，仍不影響研究結果。

這些部落的成員生活在一起，而且總是赤裸著身子。他們同住在草屋中，沒有任何私人空間，一舉一動都坦露在他人面前，大家對彼此非常熟悉。這點對現代人而言或許難以適應。假如部落中有人想保有自我空間，或許就會在屋內豎起隔板或內牆來建立隱私，如同哈頓廳的屋主在公共休息區豎起高牆那樣。已開發國家的人對部落生活方式都感到驚訝，由此我們就能發現，即使是從個體的角度來看，人際關係的本質已有極大的改變。

還有另一項研究以住在義大利緊密社區中的修女為受測者，觀察她們的血壓變化。雖然這群修女的飲食習慣跟當地人並無太大差異，研究卻發現她們在二十四年間，血壓完全沒有上升的跡象。研究作者認為修女的血壓之所以能夠持平，是因為她們過著緊密、沒有壓力的修行生活。修道院的生活環境非常靜謐，修女每天也會冥想，而且幾乎與外界隔絕。[48]

我們難以想像活在這種環境與社會中的人們其心理狀態為何。或許以狩獵採集維生的祖先，認為就算將不討喜的個人特質暴露在外，也不會遭到鄙視或排擠；現代人都相信保有隱私是合法權利，但這對祖先來說可能是前所未聞的概念。不過我們在此提及這些研究的目的，不只是想讓讀者了解祖先的生活狀況，更是想點出高度社會評價威脅的破壞力，探討社會評價如何導致當前的社會與心理問題，以及該如何解決這種狀況。人們對隱私的需求逐漸增加，也讓不想被他人看穿私生活的焦慮感與日俱增；大家向來都將「檯面上的舉動」、「公眾場合中的言行」以及「在大眾面前的表現」等外在表現與誠實畫上等號，因此也讓人們在無法窺知他人生活時，心生更多不信任與偏執的情緒。

在接下來的章節中，我們會逐步分析現存的問題，並提供可能的解決方式。在第二章裡，我們會詳細分析為何生活在貧富差距較大的社會中，人們更容易對身分地位感到焦慮。姑且無論個人收入，在較不平等社會中，人們更擔心對外形象和他人對自己的評價。我們也會在章節中介紹幾份研究，探討社會評價威脅對壓力賀爾蒙的強大影響力。懸殊的貧富差距讓人不免將社會頂層視為重要大人物，而將底層人們貶為一文不值，這種思維邏輯讓我們更傾向以社會地位來評斷他人，更迫切釐清他人將自己定位在哪個階級。

貧富差距帶來的社會評價威脅，通常會造成兩種截然不同的結果。其中之一是高度社交焦慮，讓人將社交活動視為戰役，大家都沒什麼自信。缺乏自信心、一舉一動都被害羞給束縛，大家會試著逃出社交生活，感到鬱鬱寡歡。我們也會在第二章中證實，這種反應在較不平等的社會中相當普遍：在貧富差距較大的社會中，因優越或自卑感所致的常見精神疾病也比較普及。

社會評價威脅造成的另一種結果，則跟上述情況截然不同。我們會在第三章中談到，許多人對身分地位感到恐慌、擔心他人對自己的看法時，反而不會逃離社交生活，而是過度自我感覺良好。這擺明就是想掩飾自我懷疑的情緒。人們再也不以謙虛的態度來展現個人能力，反而發展出自戀情結，或是自我吹噓、膨脹的傾向。對多數人而言，這種反應就是擺出一張堅強勇敢的臉，盡量展現自己最好的一面，以掩飾心中的不安（不過，當然也有人是真的非常厚臉皮、自尊心堅不可摧，堅信自己是優越、高等的存在）。我們會在第三章證明，自戀、自我擴張與貧富差距呈正相關。

二十世紀初還沒有統計數據的協助，阿德勒便能提出相關論述，讓人更理解社交焦慮時會有哪些反應，這在相關研究領域是非常重要的進展。無論是被自我懷疑的情緒擊垮、還是躲在極度自戀的外表之下，高度社交焦慮都代表人們需要各種方式來舒緩自己緊繃的情緒、提升自信心，並緩解自我意識過剩的現象。為此，人們開始飲酒、濫用毒品，或是仰賴精神疾病藥物來應付極度焦慮的狀態；消費也是另一種解套的方式，能稍微鎮壓社交焦慮以及對身分地位的不安全感。社交評價的威脅逐漸提高，外貌的重要性也更勝以往，人們更容易透過消費來打造正面形象。我們會在第四章談到消費現象與其他提升自信的方式。

在第五章中，我們會探討社交焦慮的來源和演變，並深入了解其對人類心理的重大影響。討論的焦點將會著重於大眾對人際互動的恐懼，以及為何良好的人際關係對生活幸福感來說這麼不可或缺。此外，我們也會談到為何該留意他人對我們的看法與反應。觀察他人對我們的回應，對生活幸福感是一大關鍵，他人有可能和我們合作、提供協助，讓我們有繼續走下去的力量；但也有可能是棘手的頭號大敵，或是競爭各種生命要素的對手。

在第六章，我們會告訴大家為何現行的菁英式階級分類法並不適當、為何不該以先天能力來判斷人屬於頂層或底層。目前大家仍相信人都具有先天智力與能力差異，而這些差異決定了每個人的社會階級；但這並非完全的事實。腦部顯影技術越來越成熟，我們對人類大腦的可塑性也更勝以往，因此目前已能確定智力與能力的差異其實是社會地位所致，而不是個體差異決定了社會地位。

在第七章，我們會探討有哪些文化特徵能用來塑造或彰顯收入與財富差異；另外，這些文化特徵的發展過程、以及它們如何讓階級差異更為顯著，也是探討的主題之一。各個社會階級間存有的文化差異，其存在目的似乎是用來標示身分地位，讓那些不受重視、遭到排擠的下層階級更加被貼上標籤。

深入了解這些議題的用意，是希望能夠推動改革。在最後的兩個章節，我們會談討如何打造在收入、階級與權力各方面都相對平等的社會，藉此減少不安與自我懷疑帶來的緊繃感與殺傷力。不過我們也會在第八章裡提到，在建立理想中的平等社會時，也不能忽視當前最迫切的生態永續議題。現階段的挑戰，是在提倡社會改革、縮減貧富差距的同時，讓生活更符合生態永續的理念。值得慶幸的是，不平等本身就不利於生態永續，所以我們會發現其實打造平等的社會，是與生態環境和平共存的先決條件；也就是說，追求生態永續不代表我們得拮据度日，犧牲生活品質。物質主義並非幸福感的正確來源，放下對物質的執著，追求對人類社交天性更契合的生活方式，才是改變的關鍵。在第九章，我們會提出若要建立更平等的永續社會、提升所有人口的生活品質，不僅得改變收入配置方式，更要在社會關係方面提出更紮實的平等改革，才能全面改善。

第一部

不平等的影響

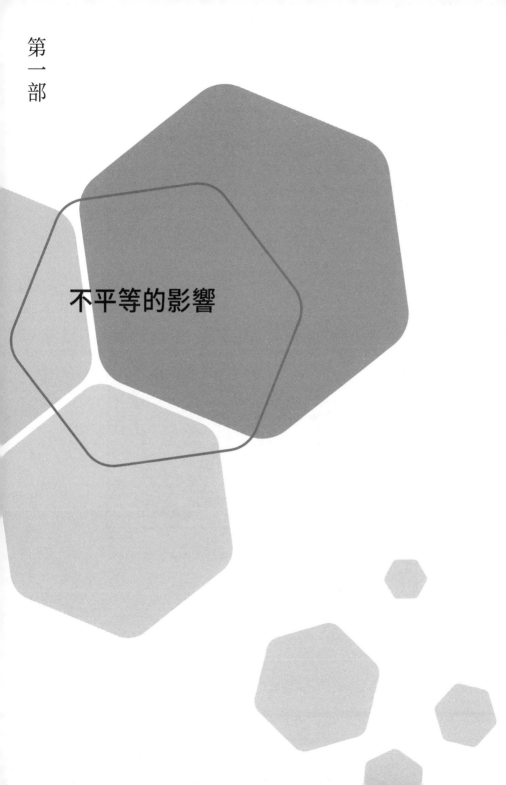

「這位先生，想試吃看看抗憂鬱劑嗎？能讓你今天心情更愉快哦！……免費試吃抗憂鬱劑，小姐想試試嗎？」

第二章

貧富差距、他人評價的焦慮與精神疾病

「其他人也有這種感覺嗎？還是我真的有問題？……我覺得自己在公眾場合都把真面目藏起來了。」

——來自網路聊天室「我只想孤單一人」（I Just Want to Be Left Alone）貼文，二〇一二年

當焦慮提升

在我們的假設中，貧富差距讓人們對身分地位與他人評價感到焦慮。為了檢視這個假設是否成立，社會學家理查・萊特（Richard Layte）與克里斯多佛・韋倫（Christopher Whelan）比較了平等程度各異的社會，研究社交焦慮的程度有何區別。他們以曾參與二〇〇七年的「歐洲生活品質普查」的三十一個國家（二十七個歐盟國，加上挪威、克羅埃西亞、馬其頓共和國

與土耳其）的三萬五千六百三十四名成年人為樣本。[1]受測者必須針對「有些人會因為我的職業或收入而瞧不起我」，以同意或不同意程度來給分，用這個方式來評估在不同社會中，人們是否會對社會地位與地位競爭感到焦慮。研究人員發現，各國受訪者表示「同意」或「強烈同意」的比例相差懸殊，對所有受訪者來說，收入越少會讓他們對社會地位更感焦慮。中上階級的人們不像底層族群那樣對身分地位感到憂心，這點大家或許早能預測；不過在貧富差距較懸殊的社會中，**無論收入多寡**，全數的人對社會地位的焦慮都比較高。懸殊的貧富差距會讓大眾的社會評價焦慮提升，讓大家對社會地位以及他人對自己的評價感到焦慮。

在圖2.1中，左右兩端分別是在十分位數歸類法下，最貧窮與最富裕的族群，最上方的實線代表貧富差距較大的國家，中間的線條是貧富差距程度適中的國家，底層的虛線則代表最平等國家。無論你是高收入或低收入族群，只要生在貧富差距較大的國家中，就更容易對身分地位感到焦慮。在這份研究裡，貧富差距較大的國家，社交焦慮感也最高，這些國家為羅馬尼亞、波蘭、立陶宛、拉脫維亞、葡萄牙與馬其頓共和國。在貧富差距較小的國家，人們的社交焦慮最低，例如丹麥、挪威、瑞典、斯洛維尼亞與馬爾他。

多數西歐國家的貧富差距被歸類為中等。貧富差距之所以會導致整體社會的地位焦慮感提升，這或許是因為人們更加相信頂層族群很重要，而底層族群一文不值。此外，因為金錢已變成衡量個體價值的重要標準，大家也越來越擔心自己會被歸類在哪個社會階級。

地位焦慮的程度差別非常重要，畢竟社會評價焦慮已被視為一大壓力來源。目前有許多

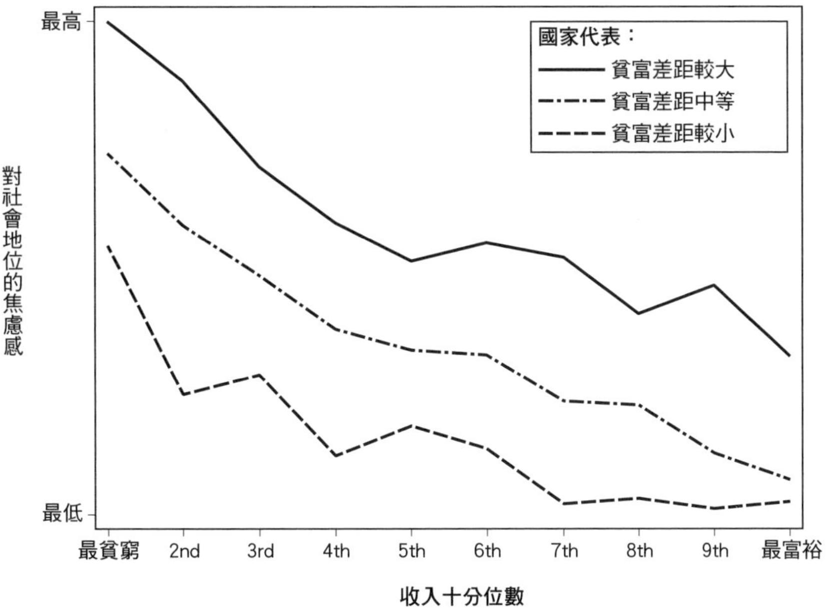

圖2.1：在貧富差距較大的國家中，各收入層級的人們對社會地位的焦慮程度更高

研究都在探討人們從事高壓活動時，壓力賀爾蒙會出現何種程度的變化；這些研究通常會測量受測者在從事高壓活動前、中與後，唾液或血液中皮質醇的濃度。它們讓受測者備感壓力的活動各自不同，有些研究請受測者解數學題，有時還會公開朗讀他們的分數，令人更尷尬；其他研究則請受測者寫下某次不愉快的經驗、或是進行口語溝通的任務，又或是擔任影片拍攝的主角，甚至是要他們忍受刺耳的噪音。加州大學心理學家莎莉・迪克遜（Sally Dickerson）與瑪格麗特・奇米尼（Margaret Kemeny）選用這些不同壓力來源的實驗數據，用以看出哪種活動最能大幅提

高皮質醇濃度。[2]他們分析了二百零八份相關研究後，發現最能讓壓力賀爾蒙濃度大幅提升的活動，是「具有社會評價威脅的活動（對自信或社會地位構成威脅的活動）。例如想到有人可能會在活動中，給予你負面評價。」在具有社會評價威脅的活動裡，皮質醇濃度上升的程度，是其他活動的整整三倍。迪克遜與奇米尼認為會造成這種差異，關鍵在於我們的社會自保能力（並非肉體自保能力）；由於我們的社會價值、自信與社會地位深受他人評價的影響，所以當這些要素在活動中遭到質疑與威脅時，就會激發我們的自保能力。

這些研究結果如圖2.1，無論人們的收入來自何種層級，都對社會地位備感焦慮。這肯定代表在貧富差距較大的國家中，人們承受的壓力會隨之劇烈增加。

精神疾病的普及率越來越高

二〇一〇年，我們將研究文章投稿至《英國精神病學期刊》（*British Journal of Psychiatry*）。以能夠取得數據的富裕國家為研究對象，我們發現若社會的貧富差距越懸殊，人們罹患精神疾病的機率更高。[3]前面我們已經提到，在貧富差距較大的社會中，精神疾病的普及率較貧富差距低的社會三倍。舉例來說，在日本與德國，過去一整年罹患精神疾病的人們比例不到十分之一，在澳洲以及英國則超過五分之一，在美國則高於四分之一。這些數據都顯示在圖2.2中。

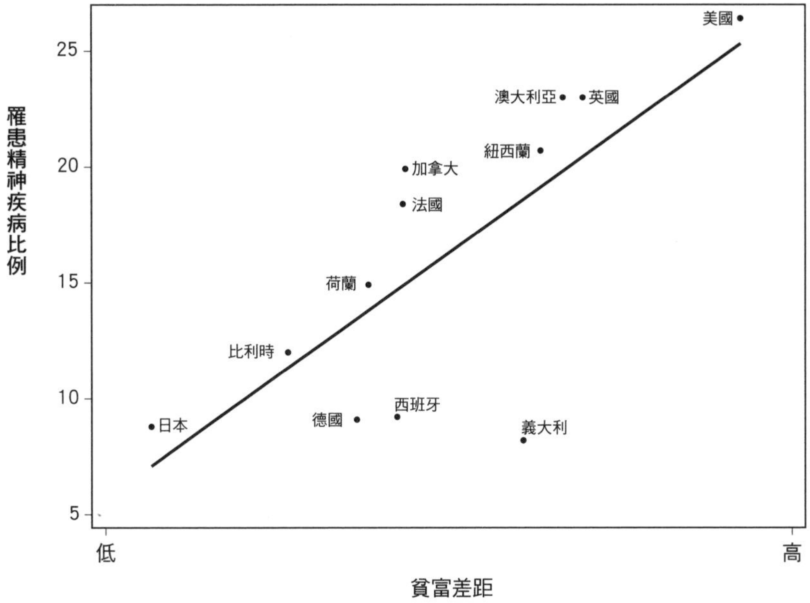

圖2.2：在貧富差距較大的社會中，精神疾病的普及率較高

另一份於二〇一七年公開的近期研究則彙整了二十七份數據，證實在貧富差距較大的社會中，精神疾病的普及率比較高。[4]不過我們刊出文章時，某位精神科醫師卻怒氣沖沖地來信[5]：我們在報告中指出貧富差距與精神疾病間呈正相關，這點他並未表示質疑；令他不滿的，是我們引用的數據顯示精神疾病的普及率相當高。他質疑我們怎麼會相信這麼不可思議的數據，有一百萬名英國學童罹患精神疾病？超過四分之一的美國成年人受精神疾病所苦？他說這些數據對身為醫師與公民的他而言太「荒謬」，而且也展現醫療詞彙在日常生活中被過度濫用的現象。他認為

現代人習慣將壓力、不自在或難熬的情緒貼上疾病的標籤。

我們使用的數據來自世界衛生組織的全球精神健康聯合調查，以及類似的精神疾病流行病學調查。[6]在所有調查中，最常見的精神疾病為憂鬱症與焦慮症。世界衛生組織估計，光是罹患憂鬱症的患者全球就有三億五千萬人，是導致整個世界無法順利運作的一大主因，因為憂鬱症會影響人的行為能力，讓人無法照顧自己與執行每日義務。罹患憂鬱症的人口中，女性的比例更高，無論是在貧窮還是富裕國家，憂鬱症都位居女性疾病負擔排行第一，普及率遠超過排名居次的HIV／愛滋病與肺結核。憂鬱症與其他生理疾病不同，常在患者年輕時就發作，情況嚴重時，憂鬱症患者甚至有可能自殺，平均每年約有一百萬人。在十八歲至三十歲的死亡人口中，自殺的比例相當高。美國中年人的死亡率逐年提升，跟憂鬱症也脫不了關係。[7]

既然如此，誰的看法才是對的？是那些認為精神疾病相當普及的調查？還是那位譴責將正常人類情緒與疾病畫上等號、怒氣難平的精神科醫師？這個世界真的深受疾病的負擔所苦嗎？還是我們只是誤把人類情緒與反應貼上疾病的標籤，將憂傷與焦慮病態化，將日常經驗視為醫療問題呢？

這位精神科醫師之所以不相信嚴謹科學調查提出的證據，是因為他對數據顯示的高普及率感到咋舌；但只要想想身邊家人、朋友與所有認識的人，都能輕鬆找到罹患憂鬱症、焦慮症、躁鬱症，以及具有自殘、飲食失調、藥物或酒精成癮等行為的實例，這跟調查結果並沒有太大差距。接下來我們就會讀到，貧富差距之所以與精神疾病息息相關，是因為人們傾向掩飾內心的痛苦與焦慮，甚至自責自己出現這些情緒。或許，這就是為什麼大家總認為精神疾病並沒有那麼普及。

如何畫出罹病與否的界線

在思考貧富差距**如何**導致憂鬱症與焦慮症前，我們得先確定研究使用的數據具有足夠的說服力，而且能用來比較不同族群的精神疾病嚴重度差異。擁有完整健保與數據儲存系統的國家不多，因此難以比較精神疾病的住院與門診病人數量；然而不管怎麼樣，這種評估方式本來就很難公正中立，因為各國醫療資源與照護制度都不盡相同，精神疾病被污名化的程度也各有差異。因此，我們不能只在調查中詢問受訪者是否曾接受精神疾病治療，或是否曾被醫師判定罹患精神疾病。

如果想知道特定的**個體**是否罹患精神疾病，我們能將其轉介給精神科醫師進行仔細的診斷，但這種方式既耗時又所費不貲。儘管精神科醫師會根據一套分類系統來對個體的精神狀況進行診斷，但如果我們想知道**全人口**的憂鬱傾向、而非單一個體的狀況，甚至是想找出憂鬱症普及率的變化趨勢、或是比較不同國家的憂鬱症普及率，就不能仰賴精神科診斷這套黃金標準，得找出更便宜、快速、精確、又可靠的方式。因此，美國研究人員在一九七〇年代末，設計出一套評估全人口精神疾病罹病率的大規模調查，該調查名為「診斷會談計畫」。研究人員設計出這套架構完善的評估流程，其問題相當明確且數量豐富，也都跟每種精神疾病的症狀相關。受訪者回答完所有問題後，就能將答案分數加總，評估他們的狀況是否符合一至多種精神疾病的標準。雖然這種方式相當費時，不過這套大規模調查之所以可行，是因為實際執行訪談的人員不必具備醫師資格，也不用經過專業訓練，因此成本相對低廉。

目前已有許多研究針對評估這套訪問計畫與正統的精神科診斷，而這套訪問內容也不斷經過修正調整。從精神病學界的文獻看來，學者認為這些訪問計畫或許會略微高估精神疾病的臨床分級*，但做為用來評估精神疾病趨勢變化與各國情況的方法，這套訪問計畫還是相當可靠。至於評估方式的主要疑慮，則是罹患精神疾病與否的界線。精神健康狀況的好壞無法斷然畫分，我們是否將過多人們貼上「罹病」的標籤？[8]有些人的憂鬱症相當嚴重，有些人病情中度，有些則較輕微，有人罹病已久，有些人的患病時間較短，到底該在哪裡畫下界線？

為何某些族群的情況較棘手？

其實這些關於標籤與界線的疑慮，都不是我們該關注的重點。如果我們都認同專家的看法，相信這些訪問計畫確實可靠，那問題就不在於罹患精神疾病的英國成年人口比例是百分之二十還是二十三？或是某群人該被歸類為重度還是中度憂鬱症患者？真正該關切的問題是：為何在某些社會中，精神疾病的普及率比較高，而憂鬱症與焦慮症尤甚。還有，為什麼普及率會隨著時間變化？在某些國家，每年有四分之一的人口具有精神痛苦的現象；如果每四人就有一人感到哀傷、不快樂、疲倦、想自殺、精神受創、懷有罪惡感、寂寞、焦慮、緊張、沒自信，那社會與環境究竟出了什麼問題，會讓人產生這種感受？此外，為什麼我們這麼容易產生這些情緒，讓我們與家人疏離，失去工作能力，無法融入社群與朋友圈中？

在回答這些問題前，我們得找出此現象的既定套路。首先，觀察精神疾病與患者的社會階級關係，就能得到初步解答。除了各種健康與社會問題，位於社會底層的人比頂層更容易罹患精神疾病；精神疾病是會受社會梯度影響的問題。在二〇〇七年，英國進行全民精神疾病調查，發現家庭所得屬於底層百分之二十的人們，罹患「常見精神疾患」的比例，比收入為前百分之二十的人們還高，而且此現象在男性身上更為顯著。[9]將年紀納入考量後，研究發現收入最低的男性族群患有精神健康問題的比例，比收入最高的男性族群高出兩倍。其中又以憂鬱症的社會梯度最明顯：底層男性罹患憂鬱症的比例，是頂層男性的三十五倍（請參考圖2.3）。不過精神疾病跟其他健康問題和社會問題相同，都不只會發生在收入最低的族群身上，「富裕程度居次」的男性族群，罹患憂鬱症的比例也明顯比最富裕的族群高。

* 譯註：意即略為高估精神疾病的嚴重程度。

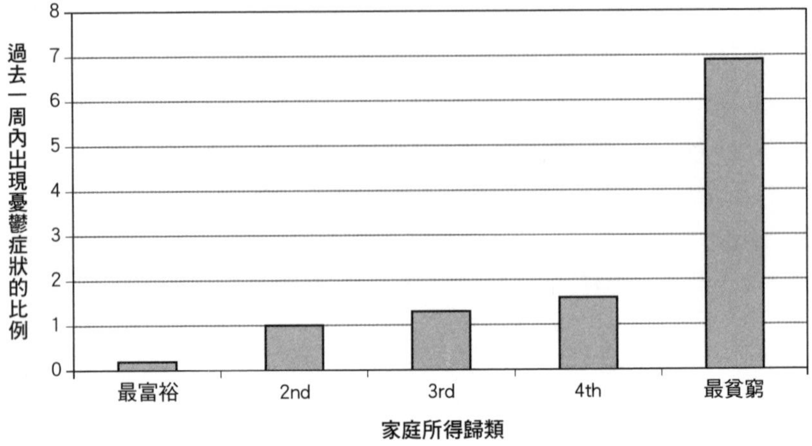

圖2.3：憂鬱症會受到社會梯度影響

支配行為系統

為了理解人類會對日常環境做出哪些規律性的反應，以及具有哪些特定互動行為，心理學家針對演化與生命經驗中人們所扮演的角色進行研究。某些行為反應系統不僅出現在動物身上，也存在於人類之中，而其中一種能讓我們更了解精神疾病的行為系統，即為支配行為系統（Dominance Behavioural System，簡稱DBS）[10]。支配與臣服在具有階級系統的物種中，是社交互動的一大依據，因此大腦已經演化出一套系統能了解支配與臣服的角色，藉以判斷互動對象的階級歸屬，歸納出適切的行為反應。

加州大學柏克萊分校的心理學家謝里‧強生（Sheri Johnson）與同事認為，我們可以將支配行為系統「視為一套建構在生物機制上的系統，能主導支配的心理動機、支配與臣服行為，並對權力與順服的感受做出反應」。[11]支配行為系統能讓我們在碰到地位較高或較低的個體時，做出最適切的反應，確保我們知道自己所屬的位階。支配行為系統也在社交互動中扮演相當重要的角色，能讓我們學到最佳的社交策略，一方面滿足自身需求，另一方面避免毫無勝算的衝突與失敗。倘若判斷失誤，讓競爭關係演變為衝突紛爭，當事雙方或整個族群都得付出極大代價；因此大腦演變出判斷階級的能力，讓我們知道何時該扮演支配者，何時又該順從屈服。

支配行為系統深受外在環境與生命經驗影響，具有漫長的演化史。每個人在年幼階段，都有過掌握權力與失去權力的經驗，因此也發展出各種行為模式，能夠影響與權力者之間相關的思維邏輯、情緒與行動。舉例來說，我們小時候就知道如果對其他小孩兇一點，或許就能把想要的玩具搶到手，但這麼做通常會導致衝突，最後就會失去玩伴；但若我們與同學一起玩玩具，同學或許會大方跟我們分享。大家都會從過往的成功與失敗經驗記取教訓，有人會發展出強烈的支配欲望，其他人則會盡可能避免。支配動機強的人，對他者的行為或許會極具侵略性，他們想確立自己的威權，對自身能力與意見過度自信；或者，他們也有可能會與他人結盟來提升支配權，對那些握有主權與權力的人逢迎討好。心理學研究人員將這種複雜的行為模式呈現在下圖2.4中：在每個人的行為中，支配與臣服的比例各不相同，但除了支配與臣服外，我們也會用社交手腕（親切）與反社交行為（敵意）來達成目標。

在現代社會中，我們已無需追逐稀有的食物或住所（雖然我們還是不斷尋找性伴侶）；但無論是從文化、政治還是經濟的角度來看，我們仍繼續追求自尊、讚譽、注目、尊敬以及力

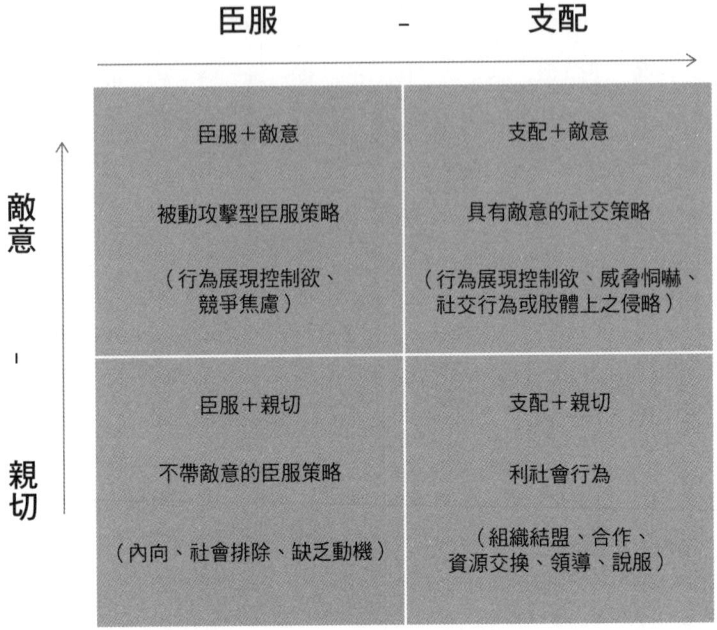

圖2.4：人類行為常在兩種行為向度間擺盪：支配／臣服、敵意／親切

量。擁有權力*時，我們的情緒較為正面、比較有自信、思考速度比較快、行為比較外向，這代表感知他人情緒與行為的能力會變得較不敏銳。[12]換個角度看，如果我們失去權力，就會變得脆弱、內向，對威脅變得相當敏銳，害怕被排擠或拒絕。

支配行為系統與情緒息息相關，尤其是與自我意識相關的情緒，例如自豪與羞愧這兩種對立反應。在他人面前表現良好、獲得尊敬與注目時，我們會感到自豪；但當遭到貶低，感到低人一等、毫無魅力、缺乏自信時，就會感到脆弱；顏面盡失、受人羞辱時，為了讓自己不要出現脆弱感，有時當事者就會出現暴力傾向。

支配行為系統又可細分為支配動機、支配行為、力量、自豪與脆弱等面向，而這些面向的程度都是可供測量的。換言之，我們能藉此看出支配行為系統與精神疾病和貧富差距的關聯性有多高。我們能觀察學齡前兒童的支配行為系統，例如將兒童與他人的互動行為做評比，看看他們碰到衝突時是比較侵略還是順服。此外，我們也能運用生物特徵，例如唾液或血液中的睪固酮濃度，有效與其他支配動機與行為的測量方式做比較。例如有項研究以七百名被監禁的犯人為主，發現曾有暴力史的犯人，睪固酮濃度比犯下金融、財產相關罪行的犯人還高。[13] 其他心理研究則顯示，睪固酮濃度較低的人，在暫時被安置到較高的位階時，心情會顯得沮喪，這也再度證明睪固酮濃度確實與支配行為息息相關。其他與情緒獎賞系統和壓力反應密切相關的賀爾蒙，例如多巴胺、血清素與皮質醇等，其實也和權力與讓人感到羞愧的社交挫敗相互連結，像是與人互動時屈居下風、顏面盡失等狀況。

* 研究支配行為系統的人在此將「權力」定義為操控物質與社會資源的能力，並將取得權力的策略細分為積極侵略、強迫占有或是利社會等種類。

困在臣服角色中

支配行為系統與精神疾病有怎樣的關聯？謝里・強生與兩名同事讀了數百份的心理學研究報告，這些報告以實驗、觀察、生物學與自我評量等方式來研究精神疾病。他們針對這些報告撰寫一份令人刮目相看的評論，證實數種精神疾病與人格障礙確實與支配行為系統相關。[14] 他們在評論中指出：

> 大量的研究結果顯示，外化行為困擾、狂躁傾向以及自戀傾向，與較激烈的支配動機與行為相關。對權力的感知上升時，也會出現狂躁和自戀的特徵。焦慮和憂鬱與臣服、順從，以及想擺脫臣服角色的渴望相關。

外化行為困擾的特徵是出現干擾行為，狂躁的症狀則是情緒激動高昂。此外，狂躁也屬於躁鬱症、憂鬱症、情緒失調，和思覺失調的一部分。

這份評論在二〇一二年完稿時，作者假設在多數社會中，讓人意識到支配／臣服角色與支配行為系統的社會階級金字塔，其實規模都大同小異。而時至今日我們終於釐清，其實作者在評論中提到的許多精神疾病與社會狀況，在貧富差距較大的社會中更常見。我們會在本章與下一章中清楚發現，憂鬱症、精神疾病症狀、思覺失調以及自戀傾向都是如此。雖然這些精神疾病障礙並非最嚴重的社會問題，但現象卻相當普遍，顯示懸殊的貧富差距已對全人口帶來不可輕忽的社會成本。許多人內心感到痛苦不已，這就是貧富差距的社會成本。因此我們更能斷定，這些不同形式的精神病態都與支配行為系統密切相關。貧富差距越大，支配和臣服角色相關問題就更加惡化，支配行為系統的反應也更激烈。

不時會聽見有些人說，在貧富差距較小的社會中，精神疾病的普及度之所以較低，是因為這些國家在公共服務上投注許多資源，讓人民免於精神疾病的困擾，或是得以妥善接受治療[15]，跟貧富差距的心理效應一點關係也沒有。曾有研究人員從三十個歐洲國家中，選出三萬五千多人作為受訪者，設計出一份評量來測試這個說法。這份研究並未找出任何可佐證公共支出的解釋，但卻證實作者提出的「心理社會假說」[16]：生活在較平等社會中的人們，精神健康狀況較佳，某種程度上是因為人民比較不會對地位感到焦慮，也更投入社會互動，更願意互助互惠、互相信賴與合作。另一份類似的研究也試圖釐清在公共支出較低的情況下，懸殊的貧富差距是否會讓社會更暴力，但研究結論同樣顯示了公共支出的影響其實不大。[17]

貧富差距之所以危及精神健康，是因為它會影響我們的感受，同時改變人際關係的本質，因此關鍵並不在於國家投注在健保體系上的資源多寡。我們應當深入探究支配／臣服與貧富差距的關係。首先，我們會在本章以貧富差距、地位焦慮、憂鬱症和焦慮症的角度來探討支配／臣服的角色。到下一章，我們會分析貧富差距導致人們出現支配行為時會出現什麼狀況。

研究人員逐漸將非自願性的臣服與順從角色，視為憂鬱症的導火線。臣服是挫敗的象徵。

在我們的演化史中，人類會透過臣服來避免肢體傷害以及死亡。臣服行為能緩解與上位者的紛爭，避免未來可能出現的衝突。即便在一段競爭關係中沒有出現肢體衝突，臣服行為還是存在，因為我們能藉此平息紛爭或是讓他人出面提供協助。

研究纖維蛋白原（凝血因子的一種）的濃度，就能發現臣服者之所以感到壓力，是因為對必然的肢體衝突感到害怕；當身體承受壓力時，纖維蛋白原的濃度會上升，讓身體受傷時血液能快速凝固。有份研究以三千三百名英國中年公務員為研究對象，發現職位越低的公務員，其體內纖維蛋白原的濃度越高，這個現象在男女身上皆成立。[18]基層公務員的血液組成彷彿是準備好要面對某種攻擊，就像階級較低的狒狒準備與支配者發生衝突那樣。

支持憂鬱症與臣服／順從角色相關的理論認為，人們正是因為無法擺脫或停止臣服或挫敗的現況，才會出現憂鬱症狀。此說法目前也獲得越來越多研究支持。在二十多項研究報告中，罹患憂鬱症的人們都自認低人一等或感到脆弱。[19]有二十三份研究發現，低睪固酮濃度其實與憂鬱症或憂鬱徵兆相關；而在一項實驗中，服用降低睪固酮藥物的男性與服用安慰劑的對照組相比，竟然出現憂鬱症狀。在另一項研究中，憂鬱症患者服用抗憂鬱劑後，同住的親友都認為他們變得比較不那麼臣服順從，在心理科學研究室與陌生人互動時，也展現出支配行為。

焦慮與憂鬱通常如影隨形，而焦慮則跟失去權力、掌控力，以及臣服與社交挫敗等現象息息相關。人們如果曾經被拒、或是童年時有過缺乏安全感的依附行為，就更有可能感到社交焦慮，對社會比較會非常敏感，並試圖避免被排擠或遭受有害的關注。感到焦慮的個體，會不時將注意力放在社會階級上，非常害怕遭到羞辱，認為自己缺乏權力。以焦慮症為主題的研究也發現，焦慮與脆弱、臣服密不可分，焦慮感極高的人們常會認為自己不如人。有些研究指出，支配動機極高、害怕社交權力受威脅的人們，非常容易感到焦慮；這個情況跟憂鬱症略有不同，因為具有憂鬱徵兆的個體，通常會盡量避免衝突。不過整體而言，避免陷入弱勢與低等處境的渴望，在焦慮症狀患者身上比較明顯，而在希望獲得支配權的個體上反而較不顯著。心理學家認為憤怒的表情通常是帶有敵意或渴望支配的潛在信號，他們讓受測者瀏覽帶有憤怒表情的圖片時，那些具有社交焦慮障礙的人們，反應都比其他人更激烈。[20]

證明支配行為系統與自我意識過剩情緒（包含易受社交威脅影響、缺乏自信等現象，以及憂鬱症與焦慮症的臨床診斷）相關的大量研究，將貧富差距、他人評價造成的焦慮，以及精神疾病這三者之間的關係，描述得相當清晰。每個人腦中都有一套內建策略，讓我們在必要時發展出相應的支配或臣服行為，或在兩者中間取得平衡。但這種思考判斷過程，有時是無意識的行為。

保羅・吉爾伯特（Paul Gilbert）是德比大學（University of Derby）的臨床與研究心理學家，他的研究範圍包含了行為模式、行為模式的演化基礎與精神疾病的關係等。他在《同理思維》（*The Compassionate Mind*）[21]這本著作中提到，人類需要在嬰兒與兒童時期受到關愛與呵護。在人類漫長的演化史中，母親的關懷與呵護讓我們免受掠食者侵襲，更提供食物與安全感，讓我們在憤怒或焦慮時得以鎮定情緒。若嬰兒或兒童失去這份呵護，就會用哭嚎或溝通的方式來抗議、表示沮喪、試圖尋求他人的協助、保護以及支持。如果還是沒辦法立即獲得協助，或是母親無法立刻趕回身邊，對嬰孩來說這種求救訊號會變得相當危險，因為噪音會招來威脅與傷害，所以最好保持沉默。吉爾伯特將這種絕望的心情描述為「抗議無效時的無動作行為。發出訊號的個體，發現必須壓制自信與正面情緒，克制自己向外探索、尋求與求助的渴望。」

生活中有很多情境或狀況會觸發這種「無動作」策略，例如受到挫敗打擊，被他人支配、霸凌或拒絕。雖然這種反應一開始具有保護作用，但我們會因此讓感覺變得遲鈍，甚至失去所有感覺，將正面與負面的情緒全都抹除。但即便這種反應已經起不了作用，有些人仍無法跳出框架，沒辦法將這種「應對」策略關起來。感到被他人排擠時，我們會一直反芻這種負面情緒，而且這個迴路不斷自我增強，讓人持續思考這種挫敗感，最後導致憂鬱症。這種從被拒、感到挫敗到罹患憂鬱症的連鎖反應，似乎是現代世界中某種大規模流行現象所致。正如前面所提，根據世界衛生組織調查，憂鬱症是造成全球失能現象的主因。[22]不管是在職場、學校或是在家，我們都有可能陷入被霸凌、被貶低、被瞧不起的狀況，而且還難以逃脫；雖然討厭現在這份工作，但我們還是得賺錢，所以繼續待在這個每天讓人備感壓力的環境；我們常常被困在這種處境中，也正是因為這種臣服／順從的圈套，讓人逐漸出現憂鬱症狀。以下摘錄的文字是來自網路聊天室「我只想孤單一人」（I Just Want to Be Left Alone）的貼文：

我不覺得自己是個逃避社交的人……但可能是心中總有一種脆弱的感覺吧，我把所有問題都當成是自己的錯。我想，如果有任何不公不義的事情發生在我身上，一定也是咎由自取（二〇〇九年）。

我太擔心別人怎麼想了。我之所以會避免社交，不只是因為我覺得大家都看不起我，也是因為我太在乎他們的看法（二〇〇八年）。

其實躲在我心中真正的自己，不像外表看起來這麼安靜、無聊，對生活各個層面感到焦慮。我好想對大家展露真正的我。害羞已經毀了我的人生，雖然我熱愛人群，但我不知道要怎麼跟他人互動、交朋友（二〇〇九年）。

心理學家設計出一套測量方式，來看看我們有多容易受臣服處境影響，這套方式稱為「擺脫自卑感量表」[23]。這套量表能看出一個人有多麼害怕被拒絕，或是害怕聽到「比不上」別人這類批評，以及擺脫自卑感的競爭壓力有多高。研究人員發現，有些人會展露出所謂「缺乏安全感的努力行為」，這是一種害怕被拒絕、被忽視、被排擠的表現，也代表這個人在潛意識中，希望尋求他人認同，內心感到自卑、脆弱，並具有臣服行為。有這種行為的人背負著較大的壓力，也更容易出現憂鬱、焦慮徵兆以及自殘行為。[24]

有很多症狀能證實缺乏自信、失去掌控權的感受會危及健康，甚至是引發自殘。其實自殘的案例不斷增加。根據英國健康行為調查，在考試期間，校園裡約有百分之二十二的十五歲青少年至少曾自殘過一次，這些有自殘經驗的青少年，其中有百分之四十三透露他們每個月自殘一次。[25]另一項根據電話訪問進行的澳洲研究顯示，在兩百萬名受訪者中，每十二人就有一人在生命的某段階段自殘過。[26]不過實際數據應該更高，因為調查的回答率相當低（僅百分之三十八），許多父母不願意讓未成年子女受訪。美國與加拿大公告的資料也顯示，大約有百分之十三至二十四的在學孩童有自殘行為。[27]在年輕族群中，有人會用器物割傷、刮傷自己、用火燒燙身體、拔頭髮、在身上擦撞出瘀青，或是刻意撞斷骨頭，最年輕者甚至只有七歲。

究竟是承受了多大的心理折磨，讓日常生活顯得如此痛苦，肉體的痛楚相較之下反而是種解脫與釋放，還讓人暫時感到一種掌握主權的感覺？這種自殘的內心情緒，對許多年輕人或成年人而言都不陌生。自我要求嚴格、心中常出現脆弱感的人，更容易出現自殘行為。當然，早年被虐待的經驗、創傷以及遭到忽視，這些都是自殘的成因；但近年來自殘的風氣日漸普遍，顯然是社會中出現了某些改變，讓問題逐漸惡化。[28]

對那些無法「滿足社會期待、達成對自我形象之要求」的人而言，隨著挫敗而來的脆弱感，最後演變為對自己的憤怒與傷害。用自殘來回應社交痛苦，或許也點出肉體痛苦與社交痛苦間緊密的關係。腦部掃描顯示，被排擠時產生的痛苦感，與肉體疼痛觸發的大腦部位相同。[29]肉體與社交痛苦的連結非常密切，因此各種常見的止痛藥，例如乙醯胺酚與撲熱息痛（行銷名稱為泰諾與普拿疼），不僅具有紓解肉體痛苦與痠痛的功能，更能有效緩解情緒的不安與焦慮，例如被拒絕後的沮喪感。[30]

回顧圖2.3，觀察富人到窮人間的憂鬱症普及度變化，就能發現其實這也顯示出不同階級的族群擁有不同程度的行動自由：也就是說，他們能讓自己擺脫高壓處境的能力不同。再看圖2.1，在貧富差距較大的社會中，人們更容易感到焦慮，出現自殘行為。我們必須將自己對個體脆弱程度的理解，與整個社會或文化中存有的有害特徵相互比較，才能深入了解現代社會中憂鬱與焦慮的普遍現象。

憂鬱與焦慮是人類發展的一項環節，是演化過程中重要的產物。我們總覺得憂鬱和焦慮像是大腦設定好的反應，怎麼樣都關不掉。但若了解支配行為系統的運作模式，就能解釋我們為何這麼容易受他人評價影響、為什麼我們對階級與地位這麼敏感、還有為什麼某些個人經驗會觸發支配／臣服行為：比如嬰兒時期未被滿足、青春期被拒絕或霸凌，或是不受周遭人們的重視等。

比上不足，比下有餘

在競爭激烈、貧富差距大、注重物質的社會中，社會階級的影響力更大，人們也更容易比較自己與他人。因此，在別人眼中好好表現、披上成功的表象，也就成為功成名就的真正意義。

我們藉助支配行為系統了解為何人類會變得這麼容易受社交威脅影響，從這個論述出發，我們可以假設如果社會階級較高、感覺自己握有掌控權、受到別人的賞識，就比較不容易感到憂鬱或焦慮；若情況相反，則比較容易出現憂鬱或焦慮的症狀。

一般來說，大家都相信職位越高的領導者，背負較多期望與責任，因此壓力肯定比其他人還大；但是，假如領導階層因為階級較高，因而感到自己握有較多掌控權，那壓力程度照理來說應該要比較小。

研究人員研究了參與哈佛大學管理教育課程的學員，比較領導者（管理他人者）與非領導者之間的差異。[31]將年齡、性別、教育程度、收入與心情等變數排除後，他們發現領導者體內的皮質醇濃度較低，焦慮程度也比非領導者還低。若單看領導者群體，研究領導角色、對掌控權的感知以及壓力三者間的交互關係，會發現位階較高的領導者（管理更多員工、負責之團隊規模較大、職權較大），皮質醇的濃度和焦慮感都比較低。領導位階較高的人會感覺自己擁有較大的主控權，因此能推斷他們的皮質醇濃度與焦慮程度相對較低。結論是社會階級較高者，掌握較大的權力與主控權，因此感受到的壓力也較少。

另外，斯德靈大學（University of Stirling）心理學家艾力克斯·伍德（Alex Wood）與其同事的研究，也讓我們更了解社會階級的重要性[32]：他們指出，如果社會階級對生活幸福感影響甚巨，那麼也應該將收入視為影響心理健康的要素，因為收入幾乎等於階級、或是可做為階級的指標。收入多寡基本上決定一個人的社會階級定位。

他們以三萬名英國人為研究對象，進行大規模樣本分析，透過一套統計模型來比較絕對收入水準與收入等級。若要預估個體精神痛苦的程度，以收入等級做為指標會比收入水準更為準確。在考量年齡、性別、教育程度、婚姻狀況、房屋所有權或其他因素之下，此結論仍未改變：研究人員證實，無論個體原先的精神狀況為何，在某個時間點的收入等級，與他隔年的精神痛苦程度息息相關。這個結論在曾考慮／試圖自殺的人身上也適用：所得等級遠比實際擁有的財產多寡還重要。[33]美國的研究也得到相同結論，他們發現隨時間進展，能從一個人的收入在社會中的相對位置，看出其憂鬱症狀會如何發展。絕對收入是沒辦法做出這項預測的。[34]

收入等級不只能決定一個人的痛苦程度、憂鬱症的發展軌跡、以及自殺念頭的萌生與否，收入等級還能在人體上留下印記。伍德的研究團隊發現，他們也能用收入等級來預估疾病的生物標誌，例如膽固醇指數、血壓、體脂率以及血糖濃度等。這些指標同樣無法單靠絕對收入來推估。[35]

另一份類似研究分析八個國家的四萬八千名青少年，其心理症狀（例如情緒低落或緊張）與生理症狀（例如頭痛）之相關數據。研究目標是想看出這些症狀發生率究竟是受家庭實質所得影響，還是受家庭所得的相對位置左右。研究結果證實，若與同校或同社區的家庭收入進行比較，對青少年心理、生理因素的影響，遠大過家庭實質收入多寡。[36]另一項英國研究以十一歲兒童為主，也證實了此結論，該研究發現生在所得較高的家庭中，兒童的自信以及生活滿意度都比較高，符合研究人員的預期。而那些自覺家境比朋友差的年輕人，即便兩家的實際所得一模一樣，還是會覺得生活不幸福。[37]

我們在前段提到，領導位階越高的人，身上背負的壓力越小。每個人在社會位階上的位置，對身心理健康來說，影響力遠大過於實質財富。若我們認為收入非常重要是因為收入會決定個體在社會階級上的位置，那麼就不可輕忽貧富差距的影響力。不管在哪個社會中，就算階級不流動，貧富差距還是能被拉開或縮小。假如每個人的所得差距能有明顯縮減，我們就不會意識到個體之間的差別如此明顯，大家看起來跟感覺起來就會在同一個位階上；但假如貧富差距懸殊，人們就更難對其視而不見，每個人的相對位階會變得非常清楚、地位差別也會更顯而易見。因此貧富差距的程度會決定收入等級、社會地位與位階的影響力。

日漸顯著的精神疾病

我們在本章之初曾談到不同社會裡的貧富差距與地位焦慮、精神疾病的強烈連結。清楚了解貧富差距如何加深社會評價威脅的影響力、以及如何觸發支配行為系統之後，接著就能探討貧富差距對精神疾病帶來的後果。目前已經有幾份研究證實，謝里・強生與同事發現精神疾病／障礙與支配行為系統的關聯性，在貧富差距較大的社會中確實更普遍。

二〇〇七年的蓋洛普意見調查（Gallup Opinion Poll），有來自九十三國的八萬名受訪者接受訪問。[38]美洲開發銀行（Inter-American Development Bank）的研究人員則利用這些數據進行研究，其結果發人深省（美中不足之處是受訪者皆以自我評估的方式來判斷是否患有憂鬱症）：整體而言，有百分之十五的受訪者表示自己在前一天感到憂鬱；不僅如此，有些國家的憂鬱程度明顯比其他國家還高。這種差距跟平均收入沒什麼關係，反而跟貧富差距緊密相連。貧富差距的影響力對大城市的居民來說也比較強烈，鄉間人們反而比較沒感覺。有些研究以特定族群為對象，在控制家庭富裕程度與其他變數後，研究發現對二十三個高、中與低收入國家的一萬七千三百四十八名大學生而言，貧富差距會讓憂鬱症惡化、變得更普及。[39] 世界衛生組織曾在二〇〇二年至二〇〇三年間，針對六十五國的二十五萬一千一百五十八人進行訪問，而一份二〇〇八年的研究分析了這份調查數據，發現在高收入國家中，貧富差距與憂鬱症息息相關，但在中低收入國家中卻不是如此。[40] 在一份跨美國四十五州的研究中[41]，研究人員發現懸殊的貧富差距確實會導致憂鬱症普及率上升（請見圖2.5），這個論述也獲得學者范艾美（Amy Fan）與同事的研究證實[42]，同樣的，另一項以老年人憂鬱症為題的研究也獲得此結論[43]。另一份研究也發現，在人們認為社會地位差距較大的歐洲社會中，憂鬱症也較普及。[44]

圖2.5為憂鬱症普及度的圖表。在用來判斷憂鬱症嚴重度的問卷中，許多問題也涵蓋了躁鬱症的症狀。在官方於二〇一三年修正精神疾病的分類前，躁鬱症被視為憂鬱症的次類。躁鬱症以前名為「躁狂抑鬱症」（manic depression），症狀就是患者具有極端的情緒起伏，在幾天至幾個月不等的時間內，患者有可能從鬱鬱寡歡突然變得很快樂甚至是狂喜，最後再跌回谷底。在強生（Johnson）與卡佛（Carver）合撰的報告中，有一連串實驗的結果都顯示，具有狂躁症狀的人們會出現許多支配動機的徵兆，而且也會高估自己握有的權力。換言之，他們會認為

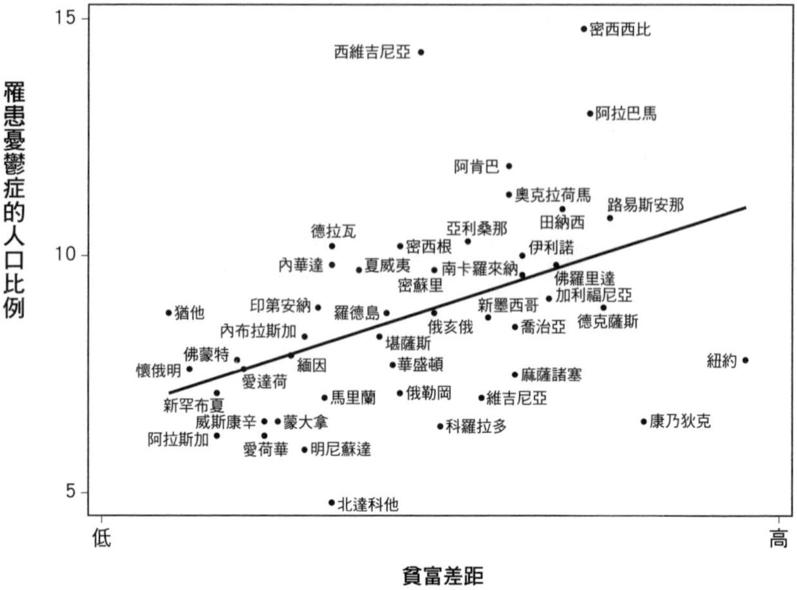

圖2.5：美國四十五州的貧富差距與憂鬱症普及率關係圖 46

自己具有相當的支配權和聲望。[45]此外，他們也會顯得比較傲慢自大。其他研究認為，這些人格特徵其原因或許來自於過度樂觀的社會比較、過度自信以及對身分高貴的幻想所致。不過，躁鬱症狀中也包含自殘、藥物成癮以及自殺。學界對支配行為系統的了解，似乎讓人對躁鬱症中的抑鬱狂躁期有更進一步的認識。

另外，多項研究證實在貧富差距較大的社會中，思覺失調症的現象也較為普遍。其中規模最大的研究，是透過一百零七種評估方式，研究思覺失調症在二十六國的普及率。研究發現在貧富差距懸殊的國家中，思覺失調症的罹病率較高。[47]此份研究的作者認為，這或許是不平等社會裡低落

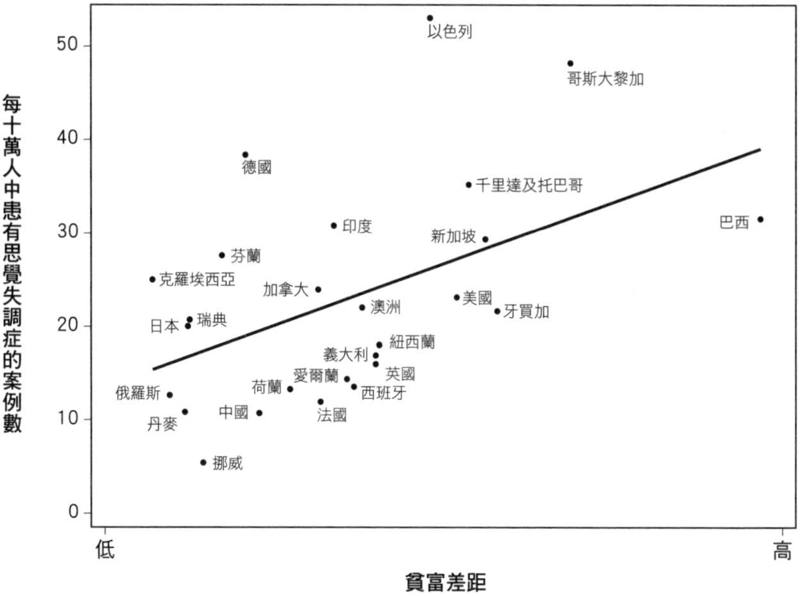

圖2.6：一九七五年至二○○一年，貧富差距與思覺失調的發生率

的社會凝聚力、以及無所不在的階級比較所致。

世界衛生組織從五十國選取具有代表性的樣本（約二十五萬人），透過診斷取得精神病症狀的數據。有份大型跨國研究分析了這些數據[48]，數據中包含的精神症狀有：幻聽、認為別人對自己「過度感興趣」、別人企圖耍手段來傷害自己，或是思緒被他者或奇異的力量給控制等。而在極權國家中，大眾對於被迫害或控制的恐懼感更顯著，因此這份研究也會考量每個國家的民主時期長短。

研究發現，在貧富差距大的國家中，這些症狀的普及率明顯較高。無論是哪個國家，只要前百分之一富裕的人口收入增加，患有幻覺、妄想情緒、幻想自己思緒被控制等症狀者，就會隨之增加。此外，人們身上出現的症狀數量也會上升。

心理學家所謂的「外控性格」（external locus of control）與「內控性格」（internal locus of control），就像一段連續的漸變光譜。如果一個人的性格坐落在外控這個端點，他或許就會認為自己的思緒被外人或外在力量控制。何謂「外控性格」與「內控性格」？每個個體對於自己會發生什麼事、以及生命中會出現什麼狀況，其實都有不同的看法，若個體認為控制點在外部，他們會覺得生命是受到運氣、命運與他人操控的影響；若個體認為命運是掌握在自己的行動、選擇與努力上，那這個人的控制點就在內部。五十多年來，心理學家試圖找出人類的內外控制點的極限為何。為了進行評估，研究人員設計二十三組相對的說法，像是：「每個人遭遇的不幸，都是他們犯的錯誤所引起，」與對立說法：「生命中很多不愉快的事件，都是因為運氣差所致。」研究人員會觀察受測者對每組陳述的反應。心理學者珍・圖溫吉（Jean Twenge）蒐集測量內外控制點的數據，樣本則是一九六〇年至二〇〇二年的四十一名美國兒童（年齡為九到十四歲）與九十七位大學生。[49]她觀察這段時間的變化，發現年輕人認為能掌控自己生命的感受有大幅下降的趨勢。圖溫吉指出：「外在控制點的比例大幅上升，這絕對不是個好現象。」外控性格的人們，比較容易感到焦慮、憂鬱，他們小時候的在校表現也較不理想。她認為外在控制點比例上升，顯示人們越來越憤世嫉俗、互不信任，以及彼此疏離。

美國的貧富差距自一九六〇年代起越來越懸殊，直到今日仍是如此。而這個趨勢佐證了貧富差距越大，人們會更加朝外控性格發展。不過截至目前為止，只有一份研究試圖釐清控制點與貧富差距是否相關，該研究分析四十三個國家的數據，發現貧富差距越懸殊，該國人民就更堅信自己無法掌控人生。[50]該研究也發現，若是社會階級越低，人們會更相信控制點在外部。最富裕的族群最相信自己能掌握人生，最窮困的族群則相反。

不管如何定義身心痛苦、不管這些痛苦稱不稱得上是疾病，貧富差距確實帶來許多苦難。懸殊的貧富差距讓社交威脅與地位焦慮更為強烈，讓人產生脆弱的念頭，讓人本能地退縮、臣服與順從；社會金字塔變得越高聳陡峭、對身分地位的安全感逐漸流失，這種現象也會讓許多人付出心理代價：地位競爭與焦慮的現象越嚴重，人們就會對彼此更不友善，不願互相扶持，反而極盡所能將他人鬥垮。

研究人員證實，在這種社會氛圍的催化下，受迫害的不僅是少數群眾，而是整個社會的人口。除了內心感到沮喪痛苦之外，奮力追趕上層階級的行為，也讓我們失去同理心。懸殊的貧富差距造成的一大後果，就是逐漸弱化的社會凝聚力。肯特大學（University of Kent）社會學家羅伯特．德維斯（Robert de Vries）與他的同事，假設貧富差距會讓社會環境更競爭、更缺乏凝聚力，並利用網路人格調查募集許多自願受訪者為樣本。[51]他們請受訪者在「和藹可親」量表上作答，並請他們評估自己對他人的行為與態度，例如是否樂於助人、體貼、信任，而非試圖指責他人、漠不關心、無禮或挑起紛爭。研究人員想了解在貧富差距較大的社會中，人們受到社會階級分化的影響後，「和藹可親」的分數是否較低：事實證明他們的假設是正確的，即便將年齡、性別、教育程度、都市化程度、平均收入與少數民族比例等因素納入考量，都不影響研究結果。在美國，來自貧富差距較大的州的居民，其「和藹可親」分數明顯比來自較平等的州的居民還低。

另一份由牛津大學社會學家瑪莉・帕斯科夫（Marii Paskov）進行的研究也得到相同結論。她發現歐洲較不平等的國家中，富人與窮人都比較不願意幫助鄰居、老人、移民，以及生病、殘障的人們。[52]帕斯科夫和同事也發現，人們並不會為了地位而力爭上游，反而受到貧富差距的阻礙而喪氣、失志。[53]另一份研究進一步使用二十四個歐盟國的數據，顯示在較不平等的國家中（圖2.7），公民參與率明顯較低（參加團體、俱樂部或組織，例如娛樂性、政治性、慈善、宗教或專業團體）。[54]此研究的另一項結論我們也已在前面提過，就是在貧富差距較大的國家中，人們的信任度相對較低，顯然貧富差距對社會凝聚力也是種傷害。

在較不平等的社會中，社群生活之所以不活絡，關鍵原因或許是人們容易感受到社會評價威脅，社交生活帶來更多壓力，讓人們避而遠之。社會距離越大，貧富差距懸殊的社會就更難凝聚團結，人們相處起來也比較不和睦，大家都擔心自己長得不好看、怕會給人錯誤印象、想將自己「隱藏起來」。當人們感到被排擠、受威脅時，心理與生理上出現的反應，也同樣印證在政治環境中。

推特官方曾提出挑戰，要《經濟學人》（*The Economist*）預測在二〇一六年總統大選

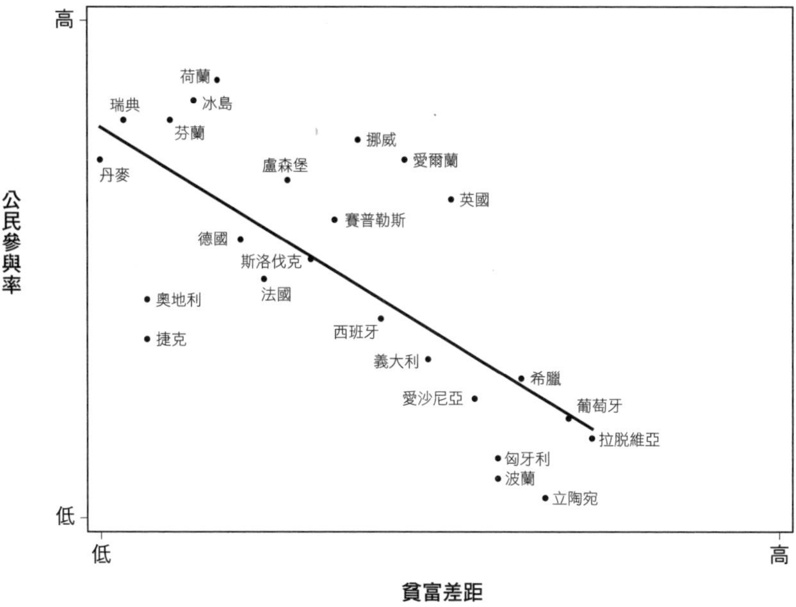

圖2.7：在貧富差距較大（貧富差距程度以吉尼係數衡量）的歐洲國家中，公民參與率較低 55

中，能以哪些身心因素做為指標，判斷美國有哪些郡會轉而支持川普（Donald Trump）。《經濟學人》因此刊出了下頁的2.8這張圖。

這份報告認為，綜合肥胖、糖尿病、飲酒過量、缺乏運動以及平均壽命較短等因素的評估法，是他們研究出最理想的預測標準。這些因素全是會隨貧富差距擴大而惡化的現象。歐洲經濟智庫布魯蓋爾（Bruegel）的經濟學家也予以證實：在貧富差距較大的州，川普的支持率確實比較高。57

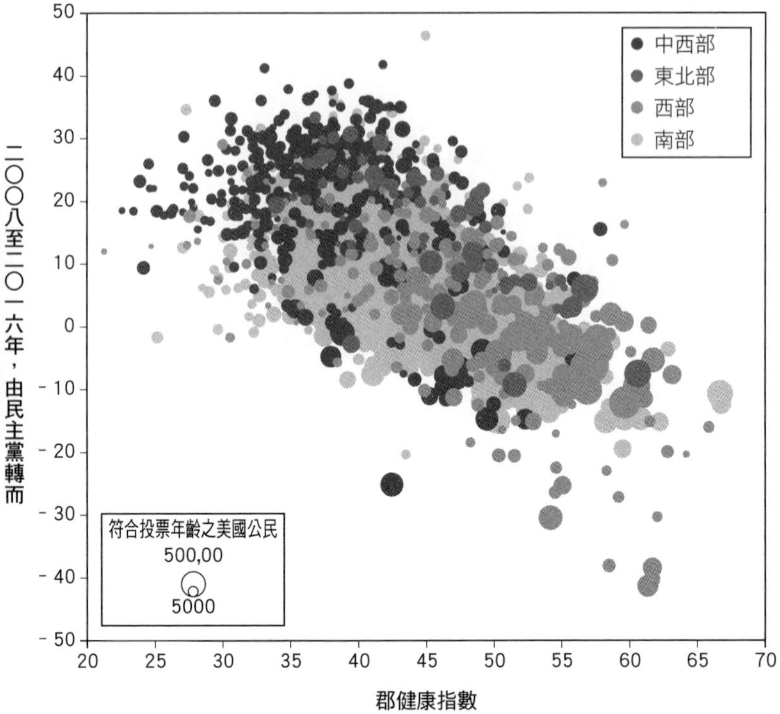

圖2.8：在人們健康程度較差的郡中，轉而支持川普的選民比例較高 *56*

第三章

自戀、自我膨脹與地位顯赫的幻覺

「我是個很會投機取巧的人。我不太會對人產生情感，我只為自己而活。每次採取行動前，我都會想：『能怎麼利用這個活動／人／這件事？』」

「我渴望獲得尊重。我沒什麼才華、長得不美、也沒什麼技巧能加以彌補……既然如此，我只能用自己唯一知道的武器，那就是謊言、詐欺、痛苦與折磨，藉此力爭上游。」

——二〇一二年張貼於網路論壇「自戀狂就是我」（I Am A Narcissist）

「爺爺，以前沒有社群媒體跟自拍風氣的時候，大家都怎麼宣傳自己啊？」

假裝樂觀

幾年前，我們致力於尋找比較各國貧富差距與健康關係的新研究，在過程中，我們發現了一個非常有趣的現象：有九份近期報告都以富裕的已開發國家為研究對象。當然，其中七份以死亡率、平均壽命等客觀評估法進行，證明在貧富差距較大的國家中，人民確實較不健康。[1] 另外兩份得出不同結論的研究，探討的是貧富差距與「自我評估健康狀況」的關係。這兩份研究使用的調查問卷，會請受訪者從「好」到「差」來評估自身健康狀況。

這兩份研究立刻引起我們的好奇：如果死亡和疾病等客觀因素與貧富差距有關的話，那自我判定的健康程度，應該也會與貧富差距產生關聯。地理學家安娜・巴佛（Anna Barford）與丹尼・杜林（Danny Dorling）發現，在平均壽命較短的國家中，人們自我判斷的平均健康狀況較佳。[2] 這個結果完全違背預期。舉例來說，在日本這種相對平等的國家中，僅百分之五十四的人們認為自己的健康狀況良好，而美國卻有百分之八十；但日本的平均壽命幾乎可說是世界之冠（僅小輸摩納哥）。二〇〇五年，日本人的平均壽命為八十二歲，而平均壽命僅七十七歲的美國在所有富裕國家中吊車尾。顯然在貧富差距較大的國家中，人們會想用較正面、樂觀的態度來看待自身健康；而在較平等的社會中，人們比較謙虛，願意承認缺陷與不完美。

當然，不同文化之間必然存在差異，人們看待與描述健康的方式確實不盡相同，這和確切的罹病率和死亡率也無關。不過此項研究指出自評健康狀況與貧富差距並非毫無瓜葛，只不過結果與我們的預期相反。在貧富差距較大的社會中，地位競爭激烈，因此我們能從研究數據發現，裝出強悍、獨立的形象是非常重要的。堅信自己非常健康，是在競爭激烈的環境中維護自我形象的手段。在平等的社會中，人們比較謹慎、謙虛，不會認為自己狀況極佳。此現象不僅出現在健康方面，在日本，人們也比較少公開表示對生活很滿意，或是活得很快樂；但在美國卻相反，美國人們不會預期聽到別人抱怨生活，表示自己過得不快樂。[3]這不禁令我們反思，生在平等社會中的人們，是否比較少用「最棒」或「優秀」等形容詞。

「烏比岡湖效應」

二〇一一年，澳洲心理學家史蒂夫・拉夫南（Steve Loughnan）與同事的研究證實了這個假設。[4]這支團隊以「自我提升」（self-enhancement bias，或譯「自我拉抬」）或「幻想優越感」（illusory superiority）等理論為研究。這兩項術語的意思是：與他人相較之下，人們會傾向強調、誇大自己渴望擁有的特質。我們常聽人說自己開車技術超棒這種令人莞爾的情境，就是自我感覺良好的例證。自我感覺良好也有另一個說法，那就是「烏比岡湖效應」，美國喜劇演員加里森・凱勒（Garrison Keillor）在表演時，捏造了一個虛構的小鎮，那個鎮上「所有的小孩都比較優秀」。這個效應大家都不陌生，也不斷在各種生活領域中上演。舉例來說，一間大學裡約莫有七成的教師會自評是最擅長教學的前四分之一。[5]另外有四分之一的美國學生也認為，自己是最會與他人相處的前百分之一。[6]

雖然「自我提升」存在於世界各國，也會被套用在各種能力與個性上，但人們誇大自身才能的程度卻有文化差異。九成的美國人認為自己開車技術比別人好，但在瑞典只有七成的人們這麼認為。[7]

很多解釋會認為此種差異跟個人主義與群體主義等觀念有關：有些文化強調個體自治、獨立，期待每個人都展現自信；但其他文化中，家庭、社群與職場中的關係和需求比較重要。與東方文化相比，西方文化比較重視個人主義，因此「自我提升」的現象也較顯著。

為了檢視我們對貧富差距影響的看法是否成立，拉夫南跟十八個國際團隊合作，測試自我提升行為是否跟貧富差距相關。[8]他的推論過程如下：「在貧富差距較大的國家中，每個人都渴望能出頭，展現自己比別人優越。達成這種渴望的一種方式，就是大幅自我提升。在財富較均等的國家中，比他人優越並不會帶來多大的益處，因此人們認為自己優於常人的信念也不會這麼堅定。」在某份十五國的研究中，拉夫南跟同事證實自我提升與貧富差距密切相關，他們發現比起個人／群體主義的評估方法，貧富差距更能預測該國自我提升的程度（見圖3.1）。心理學研究顯示，在貧富差距較大的國家中，自我提升現象較普遍，而在死亡率較高的國家中，自評健康狀況較佳；這兩種矛盾的現象，就是人們面對社會評價威脅時的反應。許多確切的證據顯示，人們面對較大的社會評價威脅時，自我提升的動機也會增加。[9]在典型的心理學研究中，我們會告訴受測學生有多少同學對他們較有／無好感，並且刻意給出較高或較低的答案，

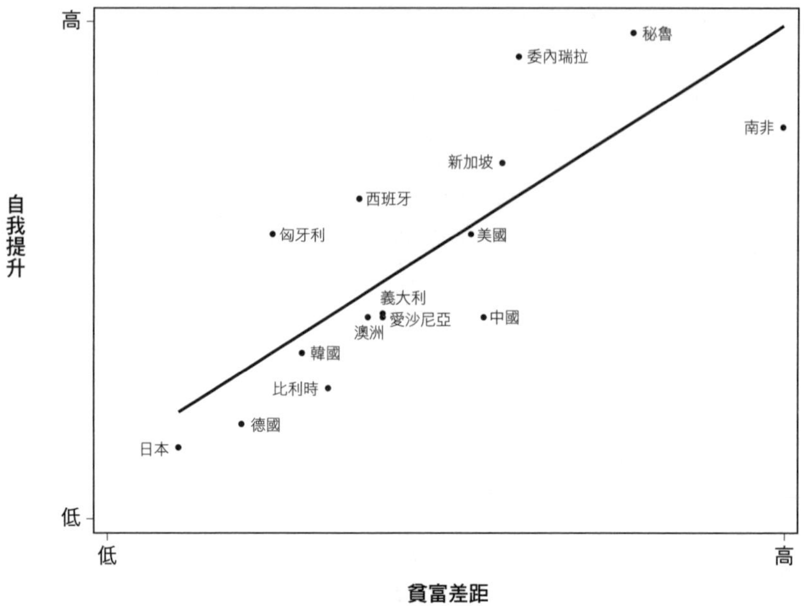

圖3.1：貧富差距會造成自我提升[10]

聽完答案後，他們需要評比自己與同學的各項特質，例如有多小氣、多容易嫉妒、生活習慣有多糟或多霸道等。實驗結果其實大同小異，那些被引導相信自己不受同儕青睞的人，會在第二階段的評比中給自己較正面的評價。在研究文獻中，學界認為這是一種自我防衛機制，其實說穿了，這就跟小狗碰到威脅時會讓毛髮膨脹起來，或是其他動物會試圖漲大體積是一樣的道理。

我們在上一章（如圖2.1）發現，地位焦慮會隨貧富差距拉大而升高；而本章則論證在不平等社會中人們會增加自我提升行為，證實了貧富差距確實會提高社會評價威脅。因此，人們會努力膨脹自己。

到底何謂自尊？

自我提升的傾向只不過是文化差異、是調侃愛自誇的美國人和嚴肅的日本人而已嗎？還是這種傾向其實反映出貧富差距的危險，點出其不斷發酵的效應，讓我們看清這種心態會傷害個人幸福感與社會凝聚力呢？每個人都以正面的角度看待自己，相信自己能力超群、極具自信，難道不好嗎？

現代流行心理學相當推崇自尊與自信，對自己懷抱良好的感覺，被視為是身體健康與幸福感的重要基石，也是功成名就的必備條件。自信讓我們有能力也有信念來發揮潛力，如果我們相信自己獨一無二，就一定會**變得**獨一無二。但，真的是這樣嗎？

不過現在看來，我們平常談論的自尊，或許跟我們自我評估時所測量的那個自尊截然不同。心理學家曾認為焦慮與自尊之間具有矛盾的成長關係：焦慮感上升時，自尊也會隨之提升。在一九五〇年代，只有百分之十二的美國青少年認為自己是重要的大人物；到了一九八〇年代，有百分之八十的青少年這麼認為。[11]同時，青少年的焦慮感也大幅提升。

數十年來，羅森伯格量表（Rosenberg Scale）一直是衡量自尊最標準的方法。此量表會詢問受訪者對量表中的十個陳述是同意或不同意，例如：「我覺得自己是有價值的人」、「我容易覺得自己是個失敗者」、「我希望能更尊重自己」、「我對自己懷抱正面態度」等。但這個量表無法分辨「具有安全感的自尊」與「缺乏安全感的自尊」：具有安全感的自尊是根據自我效能與能力評估而來，缺乏安全感的自尊則是一種自保、自我提升的行為，例如：明明都快應付不來了，嘴巴上卻逞強說沒問題。清楚區分後，我們才能探討自尊隨焦慮感一同上升的矛盾關係。

另外，更令人費解的是，在社會地位較低、常受歧視或遭受不公平待遇的族群身上，自尊心卻比較高，這跟我們的預期相反。多年來，數項研究顯示非裔美籍男性的自尊比白人高出許多（非裔美籍女性也比白人女性高，但差別較不顯著）。《華盛頓郵報》（*Washington Post*）與凱薩家族基金會（Kaiser Family Foundation）在二〇一一年共同舉辦一項普查，發現百分之七十二的非裔美籍男性自尊心相當高，而白人只有百分之五十九。[12]不過在同一份調查中，非裔美籍男性也表示自己比較容易擔心像是失去工作、沒錢繳帳單、沒辦法獲得需要的健康照護、感染ＨＩＶ或愛滋、遭到暴力對待、被他人歧視，以及無法提供下一代良好的教育資源等。

這種矛盾的連結，能從問卷調查中關於尊敬的題目看出端倪。[13]百分之七十二的非裔美籍男性認為，受到他人尊敬是非常重要的事，但白人男性僅百分之五十五這麼認為；同時，非裔美籍男性也比較常表示自己不受他人尊敬，在餐廳或商店裡消費時，遭到服務生差別待遇，容易被無視或忽略。有百分之二十八的非裔美國人認為，在這個年代當美國黑人非常不幸。

社會階級較低、不受尊重、遭到歧視與不平等待遇的族群，會盡可能維持自尊，避免掉入缺乏安全感與自我懷疑的境地。這種心態其實不難理解，在心理學上也完全成立。日益懸殊的貧富差距，似乎讓人們在面對地位競爭以及他人的評價時感到焦慮時，更需要維護自我價值。貧富差距或許增強了這種防衛型的自尊，卻未必能提升真實的自尊心。

「愛自己」的黑暗面

如果要用精確的詞彙來表達我們的想法，就得捨棄「自尊」的籠統評估方式，找出能將真正的自信心與帶有防衛、自戀傾向的自尊區隔開來的方法。我們需要一種量表，讓真正在不同情況下能對自己能力具有正面、合理判斷的受測者獲得高分，並另外設計一套量表給自戀主義者。

對自己有信心、認為自己具有價值，這顯然是件好事，但前提是這種自信是建立在真實情況上，而且同時還能保有同理心，與他人維持良好的關係。若缺乏同理心，不願正面承認自己的弱點，甚至還加以否認，面對批評時激烈反抗，過度以自我為中心，在別人眼中只看得見自己的成功、外貌和形象，那這種自我感覺良好就相當危險。

這種病態、不健康，自尊心過剩的現象，其實就是自戀。自戀人格特質包含尋求注意力、對批評反彈極大、自負、企圖誇大自己的才華與成就、缺乏同理心，以及樂於占他人便宜。

在一九八〇年代，加州大學柏克萊分校的心理學家，設計出了所謂的自戀人格量表（Narcissistic Personality Inventory; NPI）。受訪者必須從四十組兩兩成對的陳述句中選擇最符合自己的描述（受測者並未被告知這是自戀人格測驗）。例如受測者會碰到以下組合：

A：跟多數人相比，我沒有比較好也沒有比較差
B：我認為自己與眾不同

以及

A：我偏好融入人群
B：我希望成為團體的注目焦點

有些組合中的兩個句子看起來都很古怪，似乎找不到符合自己的描述，例如：「我喜歡看著鏡中的自己」或「我並不會特別喜歡看著鏡中的自己」，很多人無法從這組描述中找出自己對鏡子的真正感覺。很多人喜歡在妝容完整、髮型完美、或是光線極佳時欣賞鏡中的自己；但其他時候並不會特別想照鏡子。另外，我們在讀到「如果世界由我統治，一定會變得更好（或至少比現在好）」這個句子時，很有可能會坦然地表示認同，但讀到對照組「想到要統治世界，我就嚇得魂飛魄散」時，卻也能感同身受。

確實，前面的段落提到兩種自尊不容易清楚畫分。不過多數研究人員在研究自戀傾向時，

都會使用這份自戀人格量表，也發現此量表能有效判斷自戀的態度、價值觀與行為，進而辨識出缺乏安全感的自尊。這個量表評估的是人格特質的傾向，而非判斷受測者是否具有精神疾病障礙（由精神科醫師診斷出的自戀人格障礙，是針對自我中心、自大、缺乏同理心的長期病態診斷結果）。雖然多數人偶爾都有些自戀，但自戀人格量表的價值就在於我們能用這個量表來評估全人口的自戀程度。正如我們在第二章提到，這種測量方式能取代診斷，更省時、省成本。因此我們能藉由這個量表來判斷是否有某些社會與文化特別自戀，以及自戀程度是否隨時間消長，還有其消長的原因。

自戀傾向的盛行

珍・圖溫吉與基斯・坎貝爾（Keith Campbell）兩位教授，是專門研究自尊與自戀的心理學家。在第一章中，我們已引用圖溫吉的部分研究，來證實焦慮感劇烈成長的幅度。他們在二〇〇九年出版的著作《自戀時代：現代人，你為何這麼愛自己？》（*The Narcissism Epidemic: Living in the Age of Entitlement*），就提到美國人日益普遍的自戀傾向，更表示這點令人憂心。[14]書中列出許多實際案例，告訴大家自尊心過剩到走火入魔會是什麼模樣，像是有位新娘在婚禮上端出自己的人形蛋糕，還有一家公司叫「一日名人」（Celeb4ADay），讓人們聘請假扮的狗仔隊跟拍自己，請他們在街上喊自己的名字。在這本書探討虛榮、人際關係問題與反社交行為的章節中，我們也能看出自戀情節在美國文化中有多普遍。作者提到：「在一九六〇年代，人們爭取的是共同利益；但到了八〇年代，大家都想爭第一。」

圖溫吉、坎貝爾與同事蒐集八十五份研究的數據，這些研究都以自戀人格量來分析一九八二年至二〇〇六年間的美國人口樣本。[15]他們發現這段期間，人們的自戀傾向陡然上升了百分之三十。考量到自我提升與貧富差距的關係，還有防衛型自尊會導致自戀傾向的事實，我們預期自戀傾向能反映出貧富差距的變化。在圖溫吉研究的年分，美國人的自戀傾向大幅上升，國內的貧富差距也比以往更為懸殊。在圖3.2中，我們將兩個趨勢的曲線並置，其中貧富差距數據是來自世界頂端所得資料庫（World Top Incomes Database）。[16]

我們早已預測到自戀與自我提升受到懸殊的貧富差距影響，因為貧富差距會凸顯社會地位的重要性：如果有人的「價值」比其他人高，我們就更容易用地位來評價他人。自戀的行為與人格特質，其實是打擊自我懷疑與自卑感、以及在社會上求生存最極端的手段，在令人焦慮、害羞與缺乏自信的環境中，人們也容易出現自戀傾向。圖溫吉與坎貝爾在書中提到，競爭以及對地位的追求，在美國社會中日益顯著，人們因此更堅信「必須奮力往上爬，不然就得背負永遠沉淪在貧窮中的風險。」[18]另外，有研究指出在貧窮環境中成長的個體會有追求地位的動機，而生在富裕環境的人容易出現自戀傾向。這些研究也證實貧富差距必然與自戀傾向有所關聯，生活富裕、認為自己是有錢人、以及收入較高等因素，都更有可能讓人出現自戀心態。波士頓學院（Boston College）的尚恩・馬丁（Sean Martin）和同事研究美軍現役軍人的數據，發

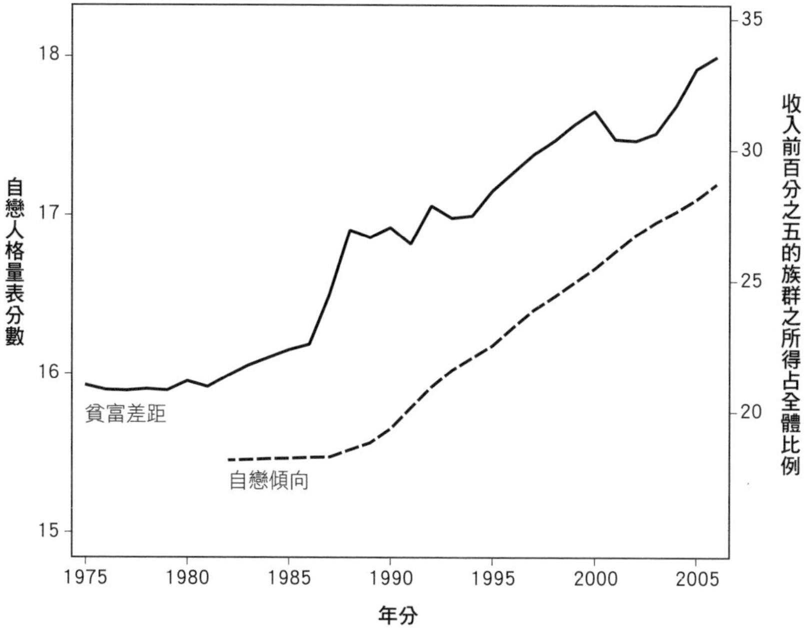

圖3.2：長年來，大學生的自戀人格量表分數的變化，反映出美國日益懸殊的貧富差距 *17*

現父母的收入等級會影響下一代長大後是否具有自戀傾向。[19]家境富裕的軍人都比較能認同以下說法：「因為大家都說我很特別，所以我覺得自己獨一無二。而且沒有我，團體活動就會變得無聊乏味。」

調查數據顯示，人們對收入水準的期望比以往還高，因此也可看出日漸懸殊的貧富差距，確實讓人們對社會地位更執著。從一九八〇年代中期到一九九〇年代中期，貧富差距在這十年間不斷拉大，人們心中的理想收入水準也翻倍成長，從五萬美元成長為十萬兩千美元。[20]

圖溫吉與同事比較不同世代在同年紀時的態度與目標，他們以「嬰兒潮世代」（一九四六年至一九六一年）、「X世代」（一九六二年至一九八一年）與「千禧世代」（一九八二年後）做為研究對象。較晚出生的人們，比較重視金錢、形象與名聲，認為自我接納、團結合作與社群較不重要；這幾十年來，貧富差距相當懸殊，上大學的主要動機已不是獲得知識，而是賺錢。[21]

面對貧富差距帶來的社會評價威脅，大家都進退兩難，不知道是該屈服於焦慮和憂鬱，還是努力靠著自我提升與自戀往上爬。光看人們有多常受思覺失調症或躁鬱症所苦、以及時常出現自我感覺良好的心態，就能發現上述兩個選項之間有多麼衝突、令人難以抉擇。半數出現這些症狀的人，最後真的相信自己是知名大人物、政治或宗教領袖，甚至幻想是大型跨國集團的執行長。雖然這些幻覺似乎能將人從低落的自尊和憂鬱中解救出來，但為了在現實的缺陷與對名聲的追求間取得平衡，接受這種幻想出來的身分無疑是個龐大的代價。

競爭與重塑自我

自戀的某些特質包含自我迷戀、不斷需要他人的注意與誇讚，對成功、外貌與愛情有不切實際的幻想。在地位焦慮與競爭觸發自戀傾向時，我們不僅會從他人的眼中看出自己的氣質、個性、成功等各項要素，也更容易將自己與他人的身體相互比較、擔心他人對自己的看法、不曉得自己看起來有多少價值。

記者萊奧拉・坦恩鮑姆（Leora Tanenbaum）曾描述，女性為了讓自己符合社會期待的嚴苛審美標準，去接受整形手術，把臉上與身上自認為是「缺陷」的特點抹去。[22] 整形源於十九世紀，當時猶太男性為避免在商場或職場上遭歧視，試圖除去具有種族特色的臉部特徵。當代社會對女性施壓，期望大家符合標準美感，這無異於當時猶太人的處境：我們每天被雜誌上、廣告中、電影裡、電視中還有伸展台上的女性形象轟炸，這些資訊不斷強調唯有符合理想審美觀、以及不斷自我提升，女人才會受到重視。少女進入青春期後，這種壓力的影響就越來越明顯。千禧群組研究（Millennium Cohort Study）發現，十一歲到十四歲的英國青少女，具有情緒問題者，比例從百分之十二上升為百分之十八。此研究的資料是由青少女的雙親提供。而來到十四歲，少女能夠自行判斷症狀後，有百分之二十四表示自己曾陷入憂鬱。[23]

男性也未能倖免。在電影、電視節目、音樂錄影帶和男性雜誌中，理想的男性形象都具有寬厚的肩膀和肌肉發達的健美身形。現在，無論是內褲廣告還是汽車廣告，裡頭的男人都有分明的腹肌與發達的二頭肌，形象近乎完美，讓現代男性的處境越來越艱難。在一般超市中，陳列健身營養補給品的架數越來越多，很多男性出現飲食失調的現象，也有越來越多男人開始除毛、漂白膚色、注射肉毒桿菌以及進行各種醫美療程，從這些現象就能察覺男人維持身材的壓力。有句報紙文章標題就說：想看起來跟肯尼一樣帥氣，就跟達到芭比的水準一樣難。[24]

二〇一三年，約莫有兩百萬名美國人接受整形手術，十四萬人進行非侵入性的醫美療程，例如注射肉毒桿菌以及填平皺紋等。[25]最受歡迎的整形手術為隆乳、隆鼻、割雙眼皮、抽脂以及拉皮。而成長最迅速的手術為隆胸（二〇〇〇年後超過百分之七十）、腹部抽脂（超過百分之七十九）、臀部拉提（超過百分之八十）、下半身拉提（百分之三千四百一十七）與上手臂拉提（百分之四千五百六十五）。美國美容整形外科學會指出，陰唇整形術（重塑陰唇周圍皮膚皺摺的形狀）是時下漸趨熱門的整形手術。[26]同年的英國進行整形手術的人次約五萬，最受歡迎的整形部位為胸部、鼻子、雙眼皮以及臉部，情況與美國相同。[27]光是在當年度，從體內抽出多餘脂肪的抽脂手術，成長就超過百分之四十。

我們該為這些數據感到憂心嗎？或許接受動刀、以及允許醫生將有毒物質注進體內，也代表這些人為的介入手段漸漸去污名化，越來越多人選擇滿足心中健康的欲望，擁有自己渴求的外貌。不過有份在二〇一二年公開的研究卻不這麼認為。[28]這份報告研究挪威青少女的青春期，團隊蒐集她們對外貌的滿意度、精神健康狀況以及整形手術史等資訊，研究發現，從憂鬱與焦慮症狀的有無、自殘紀錄、是否有自殺念頭以及非法用藥習慣，就能推斷出這些年輕女子是否選擇整形。在研究期間整形的青少女，焦慮與憂鬱的症狀會越發顯著，跟未整容的青少女相比，也容易有飲食問題與酒精成癮的情況。早期美國研究顯示，選擇整形的患者，擁有精神病史的機率是其他手術患者的五倍。其實，有百分之十八的整形患者在進行手術諮商時，就已在服用精神疾病藥物。[29]我們不該對日益盛行的整形潮流感到自豪，因為整形反映出人們焦慮、不快樂和低落的安全感。如果這種現象跟社會競爭相關，那肯定又是一場零和博弈，因為跟別人相比，我們永遠不可能是最迷人的那個。

自我感覺良好

讓我們回頭探討愛自己、對自己感覺良好，這到底重不重要。難道我們不需要讓自己充滿信心、繼續前進，有勇氣「闖出一片天」嗎？

圖溫吉與坎貝爾的研究在美國獲得許多正面評價，不過他們表示還是有一些「相當激進的批評」。發出批判聲浪的人，相當推崇自尊的表現與正面思維，他們反問：「難道我們該厭惡自己嗎？」有位學生在媒體上抗議：「我們真的很特別，而且知道自己特別又不是錯。這個世代展現出來的不是浮誇，而是自豪。」沒有人樂意被指控自我中心，就算年輕人承認自己比父母輩更自戀，研究仍顯示他們特別排斥被貼上自戀的標籤。[30]

正如圖溫吉與同事在書中提到，自戀者缺乏同理心，代表他們難以維持長期戀愛關係或友誼。研究也發現自戀傾向與智力測驗的結果並無關聯，自戀者並沒有比非自戀者更迷人，而且自戀並不會讓人擁有長久的成功。自戀者比較容易休學，對於經商風險的忍受力過高，通常也不是討喜的上司，在團體中的表現並不出色。實際上，自戀者並沒有比較優越，他們對自己的欣賞並非立基於實質性格或成就，他們的行為只會對家人、朋友和同事帶來苦難。「大家都是彼此的敵人」的思維，以及由貧富差距所致、團結合作被地位競爭取代的現象，即為自戀心態的成因。

上層階級與精神病態傾向

所有社會都認為自己提供的環境，能讓誠實、奉公守法、努力向上的公民能擁有安穩的生活，並對社會有所貢獻，同時還能實現自我。我們期望各種機關例如學校、公司或政府，能鼓勵合乎倫理道德的行為、鼓勵人們勤奮合作。不過貧富差距、地位競爭以及個人主義，似乎讓社會文化中出現「貪婪至上」、冒險投機的風氣，而過度支配行為和領導才能之間的界線也逐漸模糊。

在這種氛圍中，難怪有說謊、支配、詐欺、自我中心和冷酷無情等人格障礙者，常在現代企業中擔任領導階層。心理學家保羅・巴比亞克（Paul Babiak）與羅伯特・海爾（Robert Hare）將這種現象稱為「穿西裝的蛇」，描述具有精神病態人格的「蛇」，是如何利用他者，在這個步調繁忙、競爭激烈的現代企業中爬到上位。[31]

懸殊的貧富差距不僅讓更多人出現精神病態傾向，更讓這些症狀在殘酷的大環境中被視為值得追求、珍貴無比的特質，讓彼此鬥爭取代團隊合作。在商界領導階層中，出現越來越多具有精神病態傾向的人，這點不僅引起心理學家的注意，普羅大眾也察覺到了。記者強・

朗森（Jon Ronson）在二〇一一年出版的《灰色人性：發現潛伏在日常生活中的瘋狂》（*The Psychopath Test*）[32]中，描述自己是如何學會辨識精神病患的。他使用的方法就是羅伯特・海爾的精神病態量表（Psychopath Checklist）。判斷精神病態的依據並非受測者是否具備每項病態特質，而是受測者的量表分數是否高過一個門檻。因此就算受測者沒有犯罪紀錄、童年時也沒有行為問題，還是有可能符合精神病態的條件。這麼看來，若是在某個文化中，**某些**精神病態行為的**某種表現**會受到賞識，那帶有這些特質的人能在短期內有良好的發展，似乎也是說得過去。

奧士達（Sunbeam-Oster）這家美國企業生產各種家電用品，例如烤吐司機與鬆餅機等，朗森就回憶他當時與該企業前執行長艾爾・鄧勒普（Al Dunlap）會面的情境。鄧勒普以其改造企業的能力聞名，也是眾所周知的裁員專家。根據維基百科資料，他的縮編手法冷酷無情，大家都稱他為「電鋸艾爾」與「穿著條紋西裝的藍波」。雖然鄧勒普起初不願意，但最後他還是同意在會面時陪朗森一起瀏覽海爾的修正版精神病態量表。他表示量表中的許多描述跟他的特質相符，但他認為那些描述都是正面的人格特質。艾爾認為自己「超級迷人」，也相信認為自己價值非凡是非常重要的信念，因為「人一定要相信自己」，而且他還將操縱控制視為「領導」：

會面繼續進行，接艾爾著將許多精神病態的特質解讀為正面領導要素。「衝動」其實是「快速分析的另一種說法。有些人花一整個星期分析一項決策的優缺點。我勒？花十分鐘看就好了。如果利大於弊，那就不要猶豫啊！」「膚淺的情感」能阻止你感受「無意義的情緒」，沒有懊悔之心與自責感的干擾，人才能繼續往上爬，成就更了不起的事業。[33]

午餐時，鄧勒普對朗森講了幾個有關裁員的趣事。鄧勒普將這些故事當成笑話，他的妻子聽了也咯咯笑，朗森心中想著：「像他這種享受裁員快感的人，對這家公司來說應該是及時雨吧。」

當然，對許多資深員工來說，鄧勒普才不是什麼及時雨。大規模關閉工廠與製造廠、開除員工，這種做法或許深受股東歡迎，卻會讓許多人痛不欲生，更會破壞許多小鎮的經濟。長期來看，鄧勒普自我感覺良好的行事作風、狡猾違法的多端詭計，也讓奧士達公司深受其害。他利用會計詐欺手法，讓股東誤信公司已東山再起，成功賺進大把利潤。二〇〇一年，美國證券交易委員會將他起訴，奧士達也在二〇〇二年宣告破產。全案經仔細調查後，發現鄧勒普先前已有類似違法紀錄，也曾因過於激進的管理風格被解聘。《潛力企業》（*Fast Company*）雜誌編輯約翰・柏恩（John Byrne）寫了一本專門介紹鄧勒普的書，他說自己從未碰過「像艾爾・鄧勒普這樣具有強大控制欲、無情冷酷的執行長，他對企業而言只有百害而無一利。」[34]

鄧勒普是否還有一小群同類呢？在頂層領導階級中，精神病態的比例真的比中下階級高嗎？英國心理學家貝琳達・博德（Belinda Board）與卡塔琳娜・傅里岑（Katarina Fritzon）將三十九名資深經理（皆為男性）的人格特質，與布羅德莫高度戒備精神醫院（Broadmoor High Security Hospital）的七百六十八名患者進行比較。布羅德莫的所有病患都經過正式的法律判定患有精神疾病、精神病態疾患，或是曾被判犯下重罪、或在審理案件時狀態不適合進行答辯。[35]然而其結果是這些企業經理在回答關於負面人格特質的提問時，總分比羅病的患者還高，例如做作（具有非常膚淺的魅力、虛偽、自我中心、控制欲）、自戀（自我感覺良好、缺乏同理心、獨立、剝削壓榨欲）與強迫（完美主義、過度投入於工作、堅持、固執、自大獨裁）等特質。在第二章的圖2.4中，我們用兩種向度的特質來分類所有人：支配／臣服、敵意／親切。而具有自戀與精神病態特徵的人，就位於該圖表的右上方，有著支配與敵意的行為模式。如果這些人的家庭或所處社會環境提供佳機，他就有可能靠著專權控制、冷酷無情的管理手法往上爬，成為穿著西裝的蛇。如果早年困苦的經歷讓他無法克制過度侵略的行事作風，就有可能因為違法與侵犯等罪行入獄，最後跌到社會底層。

巴比亞克與海爾認為，一九七〇年代成立的美國企業，行事作風都以接收、合併、收購、縮編與解散為主，主張擺脫官僚制度、快速轉變、效率和創新。在這種氛圍下，團隊合作以及對整個組織的忠誠不見了，雇主與雇員和企業與社會之間的社會契約也不存在。這種企業經營模式的轉變，與當時的政治與經濟意識形態有關：人們越來越推崇日漸盛行的個人主義和自由市場，讓貧富階級之間的差距逐漸擴大，社會競爭也越來越激烈。二〇〇三年的紀錄片《企業人格診斷書》（*The Corporation*）是根據法律系教授喬爾・巴肯（Joel Bakan）的著作拍攝而成，描述現代企業樂於聘用具有自戀、精神病態特質的員工，導致企業本身也帶有這些色彩。[36]從前公司企業是具有社會功能的合法組織，後來卻獲得與一般人相同的個人權利（例如收受政治獻金）。巴肯用分析人格特質的方式來評估企業結構，認為現代企業也算精神病態。在二〇〇三年，這種說法還能被當成黑色幽默來看待，但自從二〇〇七年至二〇〇八年的金融危機後，書市上出現不少相關著作，相關紀錄片也如雨後春筍般冒出，像是《天啟四騎士》（*The Four Horsemen*）和《黑金風暴》（*Inside Job*）等。這些紀錄片全都是在描述企業投機領導者和不負社會責任的商業模式，如何對全球數百萬人構成極大傷害。

哲學家賽門・布雷克本（Simon Blackburn）在談論自愛的書《魔鏡，魔鏡》（*Mirror, Mirror*）中，談到貧富差距日漸懸殊、頂層前百分之一獲取的利潤也不斷增加時，他問：「他們怎麼能夠攬鏡自照後，又泰然自若地走在大街上？他們心中難道沒有寬容氣度？看著那些被他們強取豪奪，而且持續被剝削的人，他們難道沒有一點憐憫？連這種同理心也沒有嗎？」[37]在文章後段，他認為這些人之所以沒有同理心，是因為他們堅信自己「具有超群的能力、判斷力和智商，因此值得過得比別人更好。如果公司付給他們的薪水，沒有比基層員工的平均薪水高個三百多倍，對他們無與倫比的才能彷彿是種侮辱。」但是，就算是笨蛋也知道經營銀行時，提供存款客戶的利率只能是百分之一，借款時則要跟人收百分之十六點五的利息。總而言之，在可行範圍內盡量剝削就是準則。

在如此不平等的世界中，我們怎麼還願意盼望公司企業能再度提倡人們堅信的理念？我們將會在第九章提到，只有透過各種形式的經濟改革，才能讓公司重視社會契約，並將社會契約的重要性看得比股東價值還高。透過員工持有公司所有權、共同營運、員工持股、穩健的工會以及增設員工意見代表等方式，就能改善懸殊的薪資差距，消除高層分紅的文化。此外，經濟制度層面的改革，也能避免讓精神病態、自戀的個體擔任企業「領導人」，或進而遏止他們冷酷無情的作風，不讓他們操控員工、剝奪其自由，避免他們使用投機取巧的高風險營運手法，以非法手段粉飾錯誤。而具有照顧員工職責的企業領導者，可以用親切的方式，採取正面的支配策略（如圖2.4右下角），藉此獲得應有的社會地位。他們能運用技能和專業知識，來與企業結盟、團隊合作，用專業能力來說服員工，秉持盡責、勤奮的心態，讓員工有所啟發，藉此展現真正的領導才能，而非一味使用恫嚇、掌控的方式。最後，領導階層也應該用真誠的心來發展業務、讓企業茁壯，並讓企業供人們與社會所用，而不是反過來剝削員工、消耗社會資源。

有錢人真的不一樣：貧富差距與特權意識

雖然研究結果顯示，貧富差距讓整個社會的自戀傾向越來越顯著，但多數人並不自戀，精神病態者的比例也非常小。話雖如此，高層與基層精神病態者造成的情緒傷害與犯罪行為，卻也不可輕忽。有人因為身處優越地位，就覺得自己值得擁有比別人更好的生活，這種邏輯對社會造成巨大損傷。加州大學柏克萊分校的社會心理學家保羅•皮福（Paul Piff）進行一連串實驗，研究社會階級、情緒、以及社會團體與「利社會」行為之間的關係。心理學家所謂的「利社會」行為，指的是對整體社會或他人有益的行為，像是分享、志願參與公眾事務、合作或協助他人等。

在前幾組實驗中，皮福跟同事觀察底層族群的利社會行為。實驗中的底層定義為因為困苦的生活（教育程度差、沒錢、社會階級低，以及其他破壞生活品質的因素，例如緊張的家庭關係等）而覺得無法掌控人生的族群。[38]他們想知道即便受到社會地位的影響，這些人是否會較那些收入與教育程度高的人更關心他人的需求、更願意給予協助。他們發現在美國，清寒家庭捐獻給慈善單位的款項，比富裕人家還要高（這或許反映出他們曾仰賴社會組織網絡的協助，得以勉強度日的經驗）。[39]研究人員記錄受測者的年齡、種族與宗教傾向，發現在經濟分配上，底層的人較願意分錢給伴侶、對他人也比較信任，家庭所得中列為慈善捐款的金額比例也比較高。研究人員特別設計了一個情境，讓他們相信伴侶的心情低落，在這個模擬的情境中他們也比較願意協助伴侶。

底層人們的行為不僅更利於社會，也更符合道德倫理。在第二輪實驗中，皮福和同事運用實驗與觀察研究手法，來研究汽車駕駛在十字路口與行人穿越道前的反應。[40]他們發現駕駛較高檔或昂貴汽車的人（根據型號、車齡與外觀來判斷），比較容易超車而非按順序等待轉彎，也比較不願禮讓等待過馬路的行人（見圖3.3）。

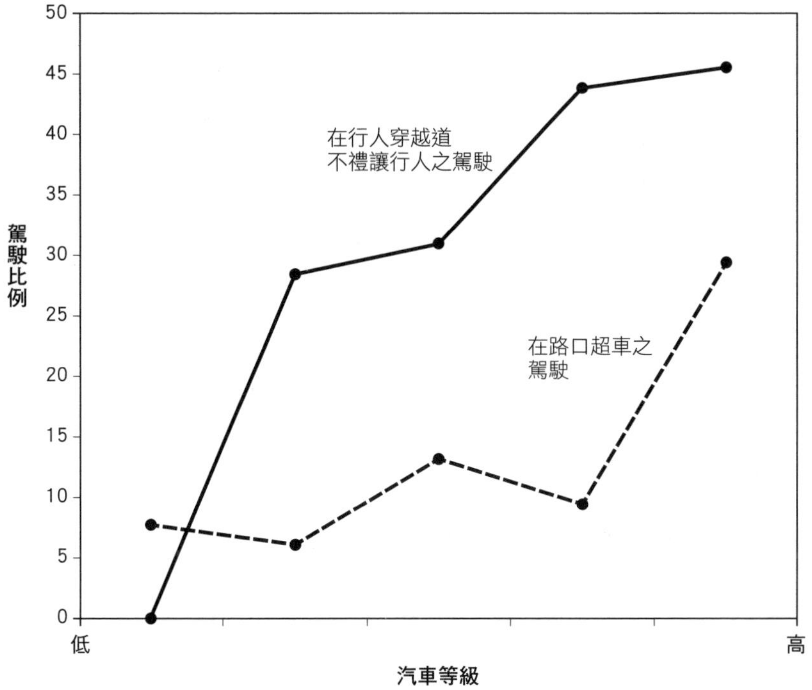

圖3.3：根據汽車等級畫分，在路口超車、在人行道不禮讓行人的駕駛比例

皮福也觀察頂層階級與底層階級的特權意識。[41]在心理學特權意識量表中（量表中的問題例如：「我發自內心覺得自己比別人值得更多、更好」），來自頂層族群的受訪者，分數比底層族群還高。而在自戀人格量表中、且在不受他人觀察的獨處情況下，頂層族群的受訪者比較會花時間照鏡子。

在經過設計的實驗中，研究人員會描述一個假設情境，情境中的人物會將自己沒資格擁有的物件占為己有，或是利用這個物件從中獲得好處。其結果是：跟來自底層的受測者相比，頂層階級受測者比較認同虛構人物的做法。雖然這可能代表頂層族群比較不在乎研究人員的看法，但他們確實更容易在其他情境中騙人，例如在面試時對應徵者說謊等。他們在擲骰子遊戲中也比較容易說謊。此外，研究人員跟他們說隔壁研究室有要給小孩的糖果時，頂層族群也比較容易跑過去偷拿。42

皮福的研究顯示，只要勾起頂層族群受測者本質中較良好的一面，就能改變這種不道德、反社會、自戀的行為模式。研究人員請受測者寫下三個平等的好處，並反思「貪婪是好事」這句話。完成這項任務後，頂層族群與下層族群之間的不道德行為差異就消失了。研究人員的結論是：這兩個不同受測族群其實都有能力進行不道德的行為，只不過他們默許自己的程度不同。藉由要求頂層族群受測者思考平等的價值，研究人員也能成功消滅他們的自戀心態。頂層族群受測者在填寫自戀人格量表前，會被分為兩個組別，其中一組（平等組）必須寫下平等對待他人的三個益處，另一組（控制組）只需寫下他們平常從事的三件活動；結論是控制組的自戀量表分數較高，符合研究人員對頂層族群自戀程度的期待，而被要求寫下平等益處的組別，自戀量表測驗出來的分數明顯較低（見圖3.4）。

有兩種說法或許能解釋為何在皮福的研究中，社會地位較高的人似乎對他人比較差。其一是，那些有強烈動機彰顯自身地位的人，可能在本質與個性上本來就比較反社會；另一個說法是，所有人都對社會地位比自己低的人不友善。而我們跟位階較高者的唯一差別，是被他們當

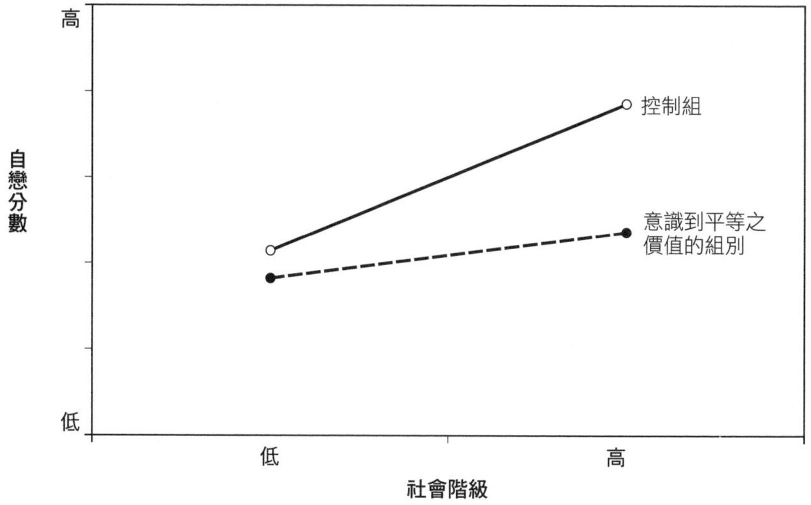

圖3.4：被要求思考平等的價值後，上層階級的自戀分數因而降低 [43]

成次等族群的人**更多**而已。

不過位階較高的富人習慣以不友善的方式與他人互動，真正原因應該是貧富差距，而非與生俱來的個性，因為皮福的觀察與研究都是在美國進行。而平等國家中的富人，行為表現似乎較無反社會傾向。研究人員發現在荷蘭、德國與日本這些比美國平等的國家中，富人跟窮人心中的信任感與慷慨程度沒有太大差距。[44] 這份二〇一五年的研究也證實另一個現象，就是只有在美國較不平等的州，有錢人才會比較吝嗇[45]：研究人員使用全美適用的調查問卷，讓受測者有機會能捐錢給他人，發現在多數貧富差距大的州中，收入較高的人比收入較低者小氣；但是在貧富差距較小的州中，收入高的族群卻比較慷慨。研究人員在另一個實驗中，將受測者所屬州別的貧富差距刻意描述得比實際狀況來的更高或更低：在實驗中，如果研究人員稱該州的貧富差距較大，有錢人就會比窮人更吝嗇；但如果研究人員表示他們居住的州相當平等，兩者之間就不會有這種差距。

被自戀打敗的領導才能

雖然缺乏信任感、以及較為吝嗇，但若是貧富差距大的社會中，上層階級的人們都是才能極佳的領導者，問題或許就沒這麼嚴重。動筆寫這本書時，我們沒料到明顯具有自戀特質的人，竟然也能當選國家元首。如今，美國總統川普的領導特質已讓全球甚感憂心。通常我們很難光靠一個人在社群媒體上的發言來判斷他是否具有自戀傾向；不過川普在推特上的無數貼文，都顯示他自我感覺良好、冷酷無情，沒什麼自制力，還具有其他精神病態與自戀的人格特質。以下用幾則推特貼文為例：

「我能理解很多事情，理解力非常好，幾乎比所有人都好。」

「沒有人比我更懂稅務法。」

「地球上沒人比我更懂可再生資源。」

「銀行業我最懂。」

「在美國史上，沒有人比唐納‧川普更熟悉基礎建設。」

「在軍中，沒有人比我行、比我更強大。」

其中最好笑（或是最哀傷）的大概是：

「新上任的教皇很謙遜，跟我差不多。」

在大家的第一印象裡，常認為自戀者是能力超群的領導人才，這大概是因為我們都很欣賞他們散發的自信。不過長久來看，一旦自戀者展露出傲慢的態度以及侵略行為後，就會越來越不受歡迎。[46]

在我們前面提到的現役美軍研究中，研究人員發現來自富裕家庭的軍人比較容易發展出自戀人格，而且自戀也會讓一個人的領導能力打折扣。[47]假如真如研究所說，貧富差距讓社會更加分裂，使得民粹主義在現代社會逐漸崛起，這種具有特權意識與自戀心態的領導者，其實也有可能被推翻，因為人們相信他們無法有效領導，更缺乏謙卑與同情心。

同理心：社會對貧富差距做何反應

貧富差距對同理心造成的效果，與其對自戀傾向、精神病態與特權意識構成的影響同等強烈。理解彼此、同情他人的感受，這是社群生活與人際關係的基礎。同理心不只是人類的重要特質，其他社交動物也具有同理心。因為同理心，這些物種才得以在社群中維繫關係。與人類最相近的物種為猴子和猩猩，這兩種動物都會展現對其他個體的依附，也會彼此分享情緒。當群體中有一個成員感到興奮時，其他人的情緒也會變得更激昂；某個個體受驚嚇或心情低落時，其他個體也會予以安撫。靈長類動物學家法蘭斯・德瓦爾（Frans de Waal）就舉了個例子，黑猩猩與倭黑猩猩會向被困在動物園壕溝中的動物拋鐵鍊，或是幫無法自行取水的動物拿水。[48]同理心是存活的關鍵，因為團結合作的力量不容小覷。[49]

無論是小孩還是成人，一旦遭到忽略或虐待，所有個體的同理心都會被摧毀。衝突解決專家瑪莉・克拉克（Mary Clark）認為，由同理衍生的同情心，是人類的**首要特質**。[50]精神科醫師西蒙・伯龍—科恩（Simon Baron-Cohen）提到，一旦缺乏同理心，「人就會變成物品，」我們就會進入「自我模式」。缺乏同理心更會造就冷酷無情的性格。[51]伯龍—科恩在《零同理心》（*Zero Degrees of Empathy*）中提供許多實例，描述在不同文化中缺乏同理心的個體會有哪些行為，以及具有多麼極端殘忍的心態。在他的定義之下，在「收起單一專注力、開啟雙重注意力的時候，辨識出他人當下的思維與情緒，並用適切的情緒予以回應，」這就是同理心。

由於貧富差距減少整體社會的同理心，令人無法縮減不同族群之間的差距與社會距離，人們漸漸忽略其實每個人的處境都差不多，應該要保護最不具發言權的脆弱群體。

普林斯頓大學心理學家蘇珊·費斯克（Susan Fiske）指出，某些讓受測者感受自己掌握權力的心理學實驗發現，受測者理解他人情緒與想法的能力會因此減弱。因為大權在握、具有支配地位的人，會泰然自若地忽略他人。[52]她表示：「權力會讓人心生藐視。」另外，她也指出藐視的心態對於被藐視者以及藐視者而言都是傷害，因為藐視會讓雙方難以交換經驗。從道德上來看，她認為藐視他人是位高者的危險特徵，輕則讓人在無意間不尊重他者，重則羞辱他者的人格。藐視的對立面則是嫉妒，嫉妒同樣會對嫉妒者與被嫉妒者構成傷害。嫉妒者心懷恥辱、憎恨、憤怒，被嫉妒者則會被視為冷酷無情、善於心計、具有威脅性。

個人經驗會形塑我們的同理與同情心，那麼貧富差距是否也會對集體社會的同理心構成影響？我們先前已提過，貧富差距會拉大社會距離，凸顯地位的重要性，讓地位競爭越發激烈。費斯克在《嫉妒上層，藐視下層》（*Envy Up, Scorn Down*）這本書中，頭兩句話就說：「群眾被嫉妒與藐視的心態分化，在擔憂身分地位的社會風氣中求生存。綜觀歷史，貧富差距如今攀上高峰，也讓地位落差日漸懸殊。」[53]不過時至今日，仍未有證據顯示同理心會受不同程度的貧富差距影響。但是，有兩份二〇一二年發表的研究，針對這個議題進行探討。

第一份研究由米蘭大學心理學家菲德列卡·杜蘭特（Federica Durante）與同事所主持，以三十七國的人們為研究對象，探討人們是如何對「他者」產生刻板印象。[54]研究人員想探討為何貧富差距導致各式各樣的災難與問題，卻沒有人主動積極對抗，而是在一成不變的生活中忍耐。他們認為若能用一種矛盾的觀點來看待「他者」，或是讓他者同時具有好壞兩種特質，人們就能夠合理化貧富差距的存在。舉例來說，如果我們認為所有富人都自私小氣，或許就不會容忍貧富差距，因為貧富差距讓富人更富有；但如果我們相信有錢人特別有才華，也為整個經濟付出貢獻，那我們就能接受這群人的存在。

某種程度上來說，我們都對「他者」帶有刻板印象，認為不同族群擁有不同長處與缺陷。在賦予他人刻板印象時，我們認為對方會具有哪種人格特質，其實跟我們心中認為對方地位高低、能力強弱、能互相合作還是競爭、親切溫暖還是冷酷敵對等判斷有關。杜蘭特和同事假設，在貧富差距較大的國家，人們比較容易對他人帶有**矛盾**的刻板印象，例如專斷地認為女性柔和溫暖，但能力不足；有錢人能力很強，但是個性冷酷、善於算計。這個假設後來獲得研究證實：在較不平等的社會中，人們對他人會帶有矛盾的觀點。隨著貧富差距拉大，人們更認為要維護這個現象、將之合理化。人們相信雖然有錢人很自私，但他們還是多少有點貢獻；窮人就算生活無以為繼，但他們還是親切待人。如果不這麼想，整個社會結構就會令人感到不公不義、無法忍受。我們在心中替不同族群貼上各種標籤，相信某些人值得更好，某些人則相反；認為某些人比較道德，某些人則比較不道德。透過這些刻板印象，我們在腦中合理化貧富差距。正如作者所言：「貧富差距越大，就有越多社會團體需要被獎勵。」*貧富差距改變人們對他人的看法。

這些刻板印象重要嗎？其實這份研究只評估人們對他人的思維邏輯（更精確來說，是他們覺得其他人是如何看待其他人），並未歸納出人們的行為模式與和他人的互動方式。當然，真正要看出一個人是否具有同理心，其實得觀察他與他者的互動模式：是否願意以同情心來理解他人，而不是戴上冷酷的面具？他是否在行動時顧慮、關懷他者，還是只想與他人競爭？

在第二章中，我們提到社會學家瑪莉・帕斯科夫和卡洛琳・德維德（Caroline Dewilde）進行的研究。他們用歐洲價值觀調查（European Values Survey）來探討貧富差距與團結度的關係。[55]他們將「團結度」定義為人們對他人福利的奉獻意願，這是同理心的一大重要面向。來自二十六個歐盟國的人們必須回答以下問題：「你已經準備好協助以下族群改變生活現狀嗎？⑴社區鄰居／社群居民⑵國內的年長者⑶國內罹病／殘障人士⑷外來移民。」研究團隊在分析數據時，都有控制以下變數：各國平均收入、社會扶助支出和福利制度，還有受測者的年齡、性別、婚姻狀態、工作狀態、移民身分、宗教信仰、教育水準以及收入水準。

將這些變數納入考量後，研究結果發現一個非常顯著的趨勢：在較平等的國家，人們比較願意幫助他人，助人的動機是出於道德義務和同情心，而不是為了整體社會或個人的利益。人們最願意幫忙的族群為病患、殘障人士以及老人，幫助外來人口的意願較低。各國願意幫助

＊譯註：這段的意思是指，有越來越多人變得更有錢，大家也會替這些人找理由，合理化他們漸趨富裕的事實。

他人的比例也相差懸殊：在瑞典，百分之八十五的人們願意協助老年人口，英國只有百分之五十四，愛沙尼亞剩百分之三十三；願意幫助移民的瑞典人有百分之六十八，英國僅十四，立陶宛則只有百分之四。大家都深知貧富差距對社會凝聚力、族群分化和社會信任感的影響[56]，許多各自獨立的研究更證實，日益顯著的貧富差距會破壞群眾信任感。帕斯科夫與德維德透過研究顯示，團結與親切、和睦的社會氛圍，其實是從程度不等的社會凝聚力與信任感而來。無論自身收入水準高低，在貧富差距較大的社會中，人們幫助他人的意願的確較低。

在本章，我們描述貧富差距是如何帶給人們壓力，讓大家覺得一定得讓別人覺得自己比他者優秀；現代普遍氾濫的自戀傾向，是如何反映出逐漸拉大的貧富差距；商業文化是如何讓具有精神病態的人，一步一步爬上企業領導階級；最後，為何在貧富差距較大的社會中，人們對身分地位更感焦慮。此外，我們也了解到如何鼓勵富人放下反社會的行為，讓他們在思索平等價值的同時，試著更符合道德倫理，不要覺得自己擁有特權。研究也向我們證實，同理心以及幫助他人的意願，被貧富差距給消耗殆盡。

這些現象顯示，社會不平等讓地位、自我提升與自身利益都對人們產生更大的影響，彷彿在這個競爭激烈的不平等世界中，唯一的立足方式是不斷自我膨脹、不斷競爭、往上爬。不過我們也在本章中讀到，自我提升和自戀傾向，很有可能是極度缺乏安全感的表象，讓人無法快樂、獲得幸福與滿足的人際關係。而對於上層與下層階級的嫉妒和藐視心態，會破壞生活幸福感；無論是你藐視別人還是被藐視，是你嫉妒別人還是別人嫉妒你，絕對都是兩敗俱傷。

同理心是人類社會關係與福利的基石。賽門・布雷克本認為同理心是全球適用的解方。只要懷抱同理心，人際關係問題、婚姻問題、職場問題、鄰里間的紛爭、政治僵局以及國際衝突，全部都能迎刃而解。同理心不用錢，也不會壓迫到任何人。雖然同理心已受到貧富差距的摧殘，但若能積極運用同理心，將其效用發揮到最大值，就有可能縮減貧富之間的差距。如此一來，我們就能懷抱滿滿信心，相信世界將能變得更好。

「老實講，我不覺得自己窮，也不覺得自己有錢。但只要我看上什麼東西，就一定得拿到手。」

第四章

成癮社會：對酒精、甜食、電玩電視與購物的依賴

「我每天晚上躺在床上，告訴自己明天會更好。『明天肯定不一樣』。但這根本是狗屁……每天都一樣糟，根本就是惡性循環。我一點價值也沒有。朋友看起來都開開心心，我卻過得差強人意，跟他們之間感覺隔了一道牆。我活在自己的世界裡，看著別人過著我也能擁有的生活……我也應該擁有那種生活才對。」

——二〇一四年網路貼文

「肚裡的黑洞又出現了，那個洞不斷向我需索。它要的不是食物，而是一次碰觸、一次愛撫，這樣就夠了。不過看來今晚是得不到了，還是去吃東西吧……」

——二〇一四年，網路聊天室「上癮」（*I Have An Addiciton*）貼文

購物狂、酒鬼、工作狂、巧克力狂、性愛成癮、家電用品狂。能讓人上癮的東西根本無窮無盡。很多人表示自己對最新的電玩或影集上癮了，有的人則酷愛培根、杯子蛋糕，或是怎麼睡都睡不夠。線上流行用語字典（Urban Dictionary）嗤之以鼻地指出「holic」這個字尾（意指「狂」或「癮」），「正確來說此字尾只能用來描述酒癮，但現在都被大肆濫用了。」不過很多人顯然樂於分享自己對某件事物過度癡迷的現象，當他們擁有或沉浸在那件事物中，就能暫時改善對自己以及對人生的感覺。

如我們所見，在貧富差距極大的社會中，要維持自尊與地位實在累人。不管最後結果是信心崩盤、被越演越烈的社會比較給擊敗，還是奮力維持出成功的表象、說服全世界自己過得很好（通常這種人的自我意識極為脆弱），在掙扎過程中累積的壓力，都會讓人更想獲得讓自己更愉快、輕鬆的事物，例如酒精、藥物、放縱大吃、「購物療法」等精神依靠。許多人被永無止盡的焦慮感所困擾，但這種讓自己暫時喘口氣的應對方式非常不健康。

許多治療毒品或酒精成癮者的專業人士，認為不應該將其他行為描述為成癮或貼上成癮的標籤。不過我們在此套用心理學家布魯斯・亞歷山大（Bruce Alexander）的定義，他最著名的研究是一系列稱為「老鼠樂園」（Rat Park）的實驗：實驗發現，被以群體為單位安置的老鼠，食用的鴉片類藥物比被單獨孤立的老鼠還少。亞歷山大認為這些藥物本身的特性（成癮性），只是「藥物問題」的一小部分；事實上成癮既是社會問題，也是個人問題。本章接下來提供的證據會證實此說法。亞歷山大在著作《成癮全球化：論精神世界的貧乏》（*The*

Globalization of Addiction: A Study in Poverty of the Spirit）中，探討成癮現象的歷史，他認為成癮「是一種對任何事物的過度投入與追求，會對成癮者、社會，或是同時對兩者造成傷害。」[1]這個定義相當廣泛，並且將人們不斷重複、對自己與他人皆造成傷害的各種行為定義為成癮。不過這個定義也讓我們能以社會為角度來思考成癮現象，反思為何現代人的成癮行為不斷增加，對越來越多事物感到無法自拔。

亞歷山大以廣義的角度來看待成癮，他認為成癮是現代性的副產品。由於自由市場經濟摧毀社會凝聚力，造成「心理錯位」（dislocation），他也將這個現象稱為「精神世界的貧乏」；對亞歷山大來說，上癮行為是我們適應心理錯位、孤立與疏離的方式。所謂的「心理錯位」，指的是格格不入、被排擠、缺乏良好的人際關係，並對自己不滿意、不快樂的現象。在現代主張自由市場的社會中，他認為心理錯位不是只發生在少數人身上的狀況，而是一種普世現象。「經濟人」（economic man）*這種反社會、反社交的觀念，讓心理錯位日漸普及；這種觀念認為人類的天性是理性的，我們會以自我利益為出發點來採取行為，注重個人目標，完全不考慮群體利益。這種想法在過去半世紀來備受擁戴，但亞歷山大認為，只要有尊嚴就能忍耐物質生活的貧乏，但精神生活的貧乏或心理錯位，卻不是單靠尊嚴或物質享受能克服的。

* 譯註：「經濟人」的概念由英國經濟學家亞當・斯密（Adam Smith）提出。他認為人的行為動機都是為了最大化自身利益，工作的目的則是為獲取經濟報酬。

亞歷山大對成癮的詮釋，其實是立基於心理學界長年來對健康個體的認知：個體對自治與成就的需求、以及他們對社會連結和歸屬感的需求，這兩種需求同等重要。一個健康的個體，能夠在這兩者間取得平衡。[2]根據亞歷山大的說法，「自由市場社會無法破除成癮現象，也沒辦法消除激烈的競爭與懸殊的貧富差距。」被過度推崇的個體競爭，已經對社會凝聚力構成傷害，而且誠如我們所見，日益懸殊的貧富差距也提高人們對地位的焦慮。在這些情況下，大眾無法達成心理整合，只好轉而求助會令人上癮的事物，這種行為就像程度不等的自我毀滅，加深內心的痛苦與挫折，導致我們對成癮事物更加依賴，形成惡性循環。

逃離自我

假如自由市場以及來自社群媒體毫不停歇的社會評價威脅，讓我們更難與他人維持心理整合、保有穩固的自我意識[3]，就代表我們更需要獲得歸屬感以及被重視。佛羅里達州立大學心理系教授羅伊・鮑邁斯特（Roy Baumeister）在一九九一年出版《逃離自我》（*Escaping the Self*），在書中點出人們是透過哪些方式來維持自我形象、以及呈現在他人面前的樣貌[4]：

> 我們努力獲得好評價以及他人的認可：為了學習如何給人好印象，我們不斷參考相關書籍，選修相關課程；我們把根本還沒穿舊的衣服扔掉，不斷購入更新潮的服飾；我

們勤奮努力，目的只是想找出能替自己辯護的理由，好在失敗或不幸降臨時把責任推給他人；大家甘願餓肚子，只為了看起來符合時尚產業的審美觀；與人談話或發表演說前，我們不斷預演，事後又不斷反思哪裡可能出了錯；我們接受整形手術，不斷打探別人的消息，進行自我比較；有人打擊我們的體面形象或優越感時，就捲起袖子和對方奮力一搏。我們渴求合理的解釋，我們一直買雜誌來參考如何打扮得更迷人，如何在做愛時表現得更好，在職場上、玩樂或節食的時候都能成功順利，最好還能避免講出一些蠢話。維持自尊聽起來根本是一份全職工作！

與居高不下的社會評價威脅共存相當累人，不僅如此，我們還要努力經營自己在網路上的形象與身分，這根本是不可能的任務。鮑邁斯特在書中描述了這些事物或現象，會讓人們想逃離自我、不願再勞心費神在他人面前經營形象，大家不僅想擺脫一連串的痛苦災難、更想跳脫他人期望帶來的長期心理負擔。

文藝復興前，群眾會試圖遵照標準或**理想品行**來行事；時至今日，我們心中掛念的事物越來越膚淺，大家只想滿足時下的審美觀，擁有群眾熱烈追捧的物品。

在我們被輕視、自覺一文不值、感到無能、被拒絕的時候，藥物、酒精、電玩與電視的花花世界、垃圾食物、購物療法甚至是賭博，就會像黑洞一樣將我們吸入，令人無法自拔。有些產品承諾能讓我們獲得期盼已久的身分形象，將消費者迷得團團轉。不過這些活動與購物行為，只能讓人暫時擺脫長久背負的壓力與焦慮，其他什麼忙也幫不上。

以物質取代人際關係

具有「以物質取代人際關係」特色的成癮現象與強迫行為，早在一九八〇年代末期就已出現。這個說法是由心理治療師克雷格・納肯（Craig Nakken）所提出，並在記者達米安・湯普森（Damian Thompson）的《癮頭》（*The Fix*）中多次出現。以物質取代人際關係的說法，指的是人們逐漸對手機、甜膩膩的杯子蛋糕、電玩遊戲、冰咖啡與線上購物上癮的現象。[5]

湯普森在書中談到，駐紮在越南的美軍感到寂寞，他們身上背負極大壓力、而且過得提心吊膽，因此施打海洛因來讓自己放鬆。不過當他們安全回家、離開當初的環境後，全都戒掉毒癮了。對湯普森而言，現代社會的消費者具有上癮般的消費行為，「就像被派遣到越南的士兵一樣，感到迷惘、害怕，一直被各種令人上癮的事物迷惑，因為他們相信這些事物能讓現實更令人願意忍受。就算你沒病，也會染上各種癮，而且人人都是如此。」不過這個類比會讓人更感困擾，因為我們本來就「在家」了。如果我們想逃離湯普森描述的毀滅性模式，就得了解為何貧富差距懸殊的社會，會讓人掉進上癮的黑洞中。

做足準備、擺好架勢

雖然「預喝」或「預飲」等說法才問世不久，但其描述的現象早已相當普遍。這兩個詞彙指的是在出外社交前先灌下大量酒精，與其到酒吧或夜店才點酒來喝，年輕人會先在家喝酒，事先喝下的量大概是不省人事前總飲酒量的三分之一。這種現象已改變年輕人的飲酒模式。這麼做的主要動機是為了省錢，超市買來的酒其價格是夜店飲料的一半，所以在家先喝這種酒，再到夜店、酒吧或酒館續攤，就能用較低的成本達到理想中的醉度。不過他們也坦承，在微醺的狀態外出，其實更容易在稍後的活動中出現非理性的消費行為。不過，預喝還有另外一個動機，就是社交焦慮，對多數年輕人而言，喝醉再出門，就不用在清醒的狀態下面對社會評價威脅。女性受訪者在一項研究中表示：「我在夜店裡都膽顫心驚，所以出門前先喝醉，就有勇氣面對了。」[6] 以及「酒吧太多人又太混亂，我跟朋友沒辦法在清醒的狀態下待在那裡。」在一項紐西蘭研究中，研究人員指出，「人們每天都受到害羞、膽怯的心態困擾，發現若要享受夜生活，就不能保持清醒。這些因素就是大家預飲到爛醉的動機。」[7]

對年輕人來說，社交活動總是伴隨著焦慮感。他們心中沒有穩固的身分認同，卻又必須尋找能接納自己的交友圈、戀愛關係或是性伴侶，總是感到被他人評價、打量。在較為不平等的社會，這種現象更顯著嗎？我們在第二章談到，在貧富差距較大的社會中，各階層的群眾都會對地位更感焦慮。另外，我們也知道焦慮、憂鬱以及藥物酒精濫用其實密不可分。[8] 但我們要如何釐清預飲、狂飲、酗酒、藥物成癮與其他癮頭是貧富差距造成的？活在較不平等社會中的人們，真的比平等社會的人們更容易沉迷於賭博、電玩、杯子蛋糕嗎？

評估社會可接受範圍

在《社會不平等》，我們提到在富裕國家裡，許多精神疾病（包含成癮在內）與貧富差距高度相關，而貧富差距也會影響綜合藥物濫用指數，例如海洛因、古柯鹼與安非他命。在美國，貧富差距最大的州，藥物成癮與因用藥過量而死的比例都比較高。[9]一份研究紐約社區的報告發現，貧富差距最大的社區，人們吸食大麻[10]和用藥過量致死[11]的比例都相對較高。貧富差距與不當用藥的關聯顯而易見。但飲酒的社會模式就比較複雜了，在英美，社會階級越高，喝各種酒精飲料的比例就越高，但**飲酒行為問題**卻是在底層比較普遍。在研究各國酒精飲料用量時，因為人們自己提供的飲酒量評估並不可靠，因此研究通常會使用酒類產品的銷售數據，而非人們的自評飲酒量。除了有些人不願意公開飲酒量之外，其實很多人根本無法準確評估自己喝了多少；這不難理解，因為很多人都不清楚一大杯紅酒、半品脫啤酒或兩杯琴通寧裡，到底有多少「酒精單位」*。

儘管如此，貧富差距還是與紐約社區的高頻率飲酒習慣相關[12]、與富裕國家成年人的過度飲酒與醉酒現象相關[13]、與十三個歐洲國家的人均酒精消耗量相關[14]，以及與澳洲飲酒身亡的現象相關（模式較為複雜）[15]。不過，並非每份研究都能提出直截了當的結論，舉例來說，研究十三個歐盟國的報告指出，貧富差距確實與酒精消耗量相關，但與酒精引起的肝病無關。有份研究發現在美國各州，跟整體的貧富差距相比，種族（白人與窮困的弱勢族群相比）造成的貧富差距與酒精問題連結更緊密。[16]整體而言，貧富差距與危險飲酒習慣的關聯雖然較複雜，但卻顯而易見。此外，再加上針對藥物濫用與成癮現象的研究，就能解釋貧富差距造成的社交焦慮，是如何對人類構成傷害。

至於賭博、電玩與杯子蛋糕，目前還缺乏質量俱佳的數據來顯示這些行為在不同社會的普及度為何。正如我們在《社會不平等》中所提，在貧富差距較大的國家與州中，肥胖的比例比較高，因此我們傾向將這個現象視為強迫性暴飲暴食的指標；這麼看確實沒錯，因為在較不平等的國家中，每人平均攝取之熱量也比較高。[17]現今有數量龐大且經過嚴謹實驗的研究證實，整體的焦慮現象（包含貧富差距催生之焦慮感在內），會加強人們進食的衝動，也讓人更偏好油分與糖分高的不健康食物[18]；安慰性進食是一種碰到壓力時，體內根深柢固的自然反應，這點已在許多動物研究中獲得證實。研究也發現糖與油脂具有舒緩的功效，它們所能到達的大腦區域跟鎮靜劑相同。

賭博與電玩跟飲酒類似，它們本身都不是問題，但確實能令人上癮，而且可能製造後續麻煩。所以，了解不同地區的人們下注了多少金額與玩了多少遊戲，這對我們來說沒什麼意義；我們真正需要知道的是有多少人無法克制地賭博、打電動。幸運的是，有份二〇一二年公開的

---

* 編註：根據世界衛生組織的定義，一個「酒精單位」大約等於十到十二公克的純酒精量。計算公式如下：酒精含量（克）=%（濃度或酒精度數）×c.c.（毫升數）×0.79（密度）×0.01。

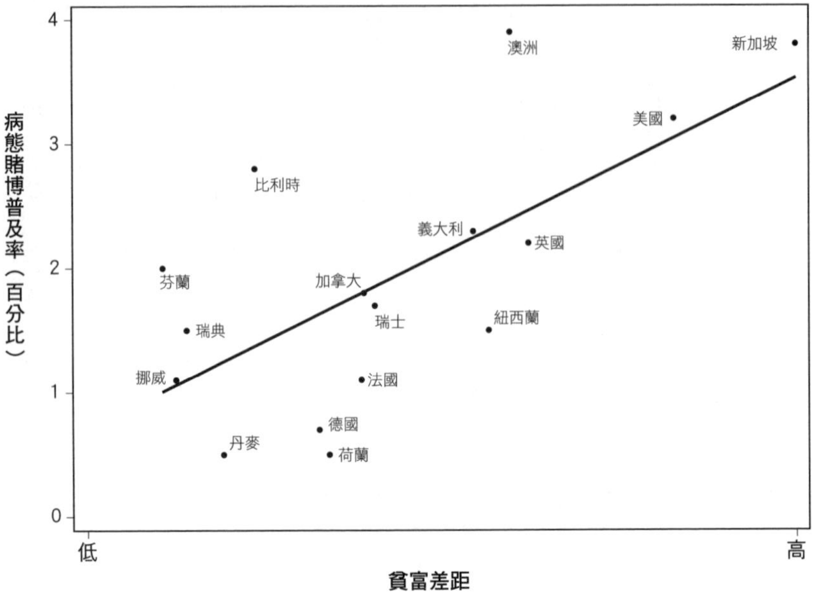

圖4.1：在富裕國家中，貧富差距與嚴重的賭博問題相關 23

報告，不辭辛勞地依據人口年齡組成調整其統計方式，計算出究竟有多少人有病態賭博的習慣。18 我們發現統計出來的數字與貧富差距緊密相關，圖4.1顯示出在每個國家中，前百分之二十富有與後百分之二十貧窮的家庭比例，他們與病態賭博之間的關聯（數據來自二〇〇七至二〇〇九年聯合國人類發展報告）。*目前沒有可靠統計顯示電玩成癮的現象有多普遍，因此無法推估在不同國家中，電玩成癮與貧富差距的關係。不過透過一份二〇〇九年的美國研究，至少可窺知電玩成癮的狀況：研究顯示，美國有百分之八的年輕電玩玩家出現病態電玩行為的症狀。19 在其他研究中，新加坡的比例為百分之九，德國百分之十二，澳洲百分之八[20]，挪威則不到百分之一[21]。日本與南韓等國已將電玩成癮視為公共健康問題，不過我們還是無法確定電玩成癮在這兩國的規模與嚴重度。[22]

在富裕國家中，貧富差距與成人的抽菸行為並無關聯，這點令人匪夷所思。或許其中的原因是抽菸帶來的心理逃逸與逃離自我感太輕微。面對貧富差距造成的無力感、信心不足以及無能，抽菸大概幫不上忙；而如同鎮靜劑的酒精、以及提振精神的古柯鹼和遊戲與賭博，能讓我們覺得握有權力、能力十足，讓人逃離社交恐懼與無助感。[24]不過研究也發現，對於生在中低收入國家的年輕人，買菸與抽菸是身分地位的象徵，因此在這種情況下，貧富差距就與較高的抽菸率相關。[25]我們能看出，地位焦慮以及貧富差距帶來的激烈競爭，會讓人們傾向購買能象徵身分地位的物品；貧富差距越大，人們就更重視自尊與自我肯定，當然相對的，被他人輕視造成的心理效應也會更強烈。

---

* Wilkinson, R. G. and Pickett, K. E., 'The enemy between us: the psychological and social costs of inequality', *European Journal of Social Psychology* 2017; 47: 11–24. ：雖然以全國的角度來看，美國貧富差距等級已足以讓我們預測其賭博的嚴重性，但我們並沒有在美國各州找出貧富差距與病態賭博的關聯，這或許是因為賭博在各州的合法程度不同。一九六四年前，賭博只在內華達州合法。即便是今日，猶他州與夏威夷仍禁止賭博。而在許多州中，在保留區內由獨立美國原住民設置的賭場，於一九八七年獲政府核准。此後，賭博行為就只局限在這些區域中。這些賭場基本上都是設在貧富差距較小的中西部與西部各州。

購物狂

「少女玩遊戲」（GirlsGoGames.co.uk）這個網站上，有許多可供下載的遊戲與應用程式，主力客群則為青少女。網站上有親親遊戲、美容遊戲、打扮遊戲以及時尚改造遊戲、杯子蛋糕與甜甜圈製作遊戲等，更另闢一個專放「購物狂」遊戲的分頁。你能選擇要在紐約、巴黎、倫敦還是東京當購物狂，盡情採購婚紗、泳衣或聖誕節禮物。「購物狂婚禮模特兒」（Shopaholic Wedding Models）遊戲的首頁，帶玩家來到「永遠幸福快樂鎮」，並反問玩家：「你肯定是購物專家吧？」接下來遊戲會提供七百美金與五百美金的「紅利」，請你替特定場合採購服裝，例如參加「花卉主題的威爾斯式婚禮」。底下的評論欄位中，暱稱為「公主童話蛋糕」（PrincessFairyCake）或「咯咯笑123」（Giggles123）的遊戲玩家，表示自己超愛這些遊戲，愛到無法自拔；不過，也有玩家抱怨遊戲提供的金額不夠高。這些少女玩家有暴露自己年齡者，似乎都介於青春期前或剛邁入青春期，遊戲的最低註冊年齡限制則為八歲。

擁有「少女玩遊戲」的荷蘭手遊公司「史畢爾」（Spil Games）指出，這些遊戲能讓「少女從玩樂中實驗與學習，嘗試個人發展以及自我表達。」不過遊戲公司最在乎的，當然是這些少女能吸引大量潛在廣告客戶，每個月，這個網路平台就有三千九百萬名訪客。史畢爾公司向廣告客戶表示：「從小孩、少女到熟女，所有客群一網打盡。」這些少女長大後，就能轉為閱讀一系列暢銷、略帶諷刺意味的購物狂小說，比如蘇菲・金索拉（Sophie Kinsella）的「購物狂系列」，故事主角麗貝卡・布魯姆伍德（Rebecca Bloomwood）有別於傳統小說的女主角，她是位驕縱、享有特權的女子，她的消費習慣已徹底失控，當然也帶來同等嚴重的債務問題。

政治評論家尼爾・勞森（Neal Lawson）在《消費熱潮》（*All Consuming*）中，描述全球金融危機前十年間，英國發展成形的「超級消費主義」現象。[26]隨著營業時間拉長、現金借貸越來越方便，低廉的進口成本與日漸普及的電商平台，購物行為以及購買的物品逐漸成為定義自己的方式，讓人將更多時間與金錢消耗在購物上。我們陷入消費、無法滿足，又繼續消費的惡性循環，永遠無法振作，人生目標不停改變。勞森的著作在二〇〇九年出版，書寫期間人們都認為現況會有所改變：購物街的精品連鎖店一家接著一家關門，人們的荷包不斷縮水，工作也岌岌可危，情況糟到似乎必須有所調整；大環境需要透過不同於以往的經濟模式和價值觀來帶出「新常態」。但是在金融危機的大規模震盪效應影響下，改變遲遲未出現，勞森懷抱的希望也迅速破滅。「金融危機摧毀一切，」他在書中提到：「我相信一定有另一種值得追尋的解決辦法……我們能讓以消費為導向的生活方式重獲平衡，讓人們有時間、空間來追尋真正長久的快樂，定義出新的常態。」

勞森的著作與圖溫吉談自戀的書（見第三章）相仿，書中全是令人瞠目結舌的實際案例：人們竟然願意花巨額購買包包；竟然願意在購物網站上買精品專賣店的二手購物袋，讓人以為他們曾在該品牌消費；少女竟然表示男孩身上的服飾品牌，比他穿起來的整體造型還重要；為數不少的人們竟然花一大筆錢租個人倉庫，用來擺放那些就算沒地方放、卻還是不斷購入的物品。不過正如自戀傾向，在這些層出不窮的實例背後，隱藏著令人痛心的動機和情緒：我們藉由購物讓自己有歸屬感，找到屬於自己的社會位置，展示優秀超群的形象。對窮人而言，無法跟上潮流、購買時下流行商品，似乎是失敗的象徵。使用二流商品的人，肯定就是平庸之輩。

當然，我們都很享受擁有優質的物品，無論是用好價錢買到東西、挑到質感極佳的商品、還是獲得渴望已久的產品，享有愉快購物體驗後的雀躍感是普世共有的。不過我們很難找出購物的壓力是從何而來。即使家裡的裝潢與設備都能正常使用，人們心中翻新整修的渴望還是越來越強烈。替住家「改頭換面」的衝動，與住家實際狀況一點關係也沒有，真正的原因其實是想讓房子看起來「跟得上時代」。人們很容易就能找到藉口來翻新家中設備（例如水槽的小污點好難清洗），不過大改造的真正衝動，根本是來自報紙副刊與電視節目中誇大的潛在宣傳廣告，或是因為親戚家新整修的浴室讓自家相形見絀。沒人願意承認自己花出去的錢有多少比例是拿來維持地位形象，讓自己走在時代尖端。不過廣告商了解群眾心理，深知貧富差距加深人們的地位焦慮，於是抓住這個把柄盡情剝削。

消費的祕密

有些書籍或電視節目，專門探討如何從購物行為了解一個人，這種內容似乎頗受人們青睞。記者哈利・沃勒普（Harry Wallop）就在二〇一三年出版社會評論著作《買！買！買！》

（*Consumed*）。[27]這本有趣的讀物，比較了在連鎖平價超市消費的群眾，以及講究生活品味、附庸風雅的族群，在消費行為上有何差異。其他比較嚴肅正經的作品，包含福克斯（Kate Fox）的《瞧這些英國佬》（*Watching the English*）[28]，還有公開擺出高姿態的書籍，例如蜜亞・華樂斯（Mia Wallace）與克林特・斯班納（Clint Spanner）的《喂，沒水準的年輕人！英國新統治階級指南》（*Chav! A User's Guide To Britain's New Ruling Class*）[29]。另外，還有窮盡畢生研究的學術巨作，像是法蘭克・倫曼（Frank Trentmann）的《物質帝國》（*Empire of Things*）[30]。這些著作都清楚指出，我們的消費方式會讓他人對我們產生既定印象：我們吃些什麼、穿些什麼、讀些什麼書、聽哪些音樂、去哪裡度假，或是花園裡都種什麼植物等。哈利・沃勒普認為，現在群眾判斷他人社會階級的方式，不是從對方的職業來判斷，而是先看他怎麼花錢，這種風氣也對某些人「帶來極大的社交焦慮和財務危機」。[31]花錢絕不是非同小可的瑣事，就算會帶來財務困難，很多人還是願意花大錢讓小孩進入私立學校，或購買私人健康保險。他們認為免費的公立學校與國民健保不僅品質不佳，更會讓使用者被貼上底層族群的標籤。但是無論將錢花在哪種刀口上，想透過消費行為來提升社會地位，其實相當不容易。法國社會學家布赫迪厄曾提出理論，表示在任何時期與任何社會中，決定品味標準的，永遠都是教育水準高、具有其他社會資產以及「文化資本」的族群。[32]底層族群倘若試著定義自己的審美觀與品味，都會受上層階級的壓迫。等到上層階級的品味與審美觀也在中下階級流行後，那些曾經備受追捧的事物就會立刻退流行，失去原有的指標地位。

在Google上搜尋「UGG雪靴的興衰史」（the rise and fall of the Ugg boot），就能了解這款澳洲品牌獨特綿羊毛雪靴的興衰過程。一九三〇年代起，某些喜歡舒適鞋履的人們就就已對這個品牌耳熟能詳，但來到二〇〇〇年初，這款靴子突然異軍突起，成為時尚潮流單品，所有A咖名人腳上都有一雙雪靴，像是電影明星卡麥蓉・狄亞（Cameron Diaz）與名模凱特・摩絲（Kate Moss）。一夕之間，廉價的仿冒品充斥大街小巷；但當這款靴子在群眾之間流傳開來後，就再也沒有任何一線明星願意穿它了。雪靴頓時失去時尚魔力，只有三線或四線的實境節目明星會穿。到了二〇一二年，雪靴銷量下跌，品牌為了努力維持當年活絡的買氣，甚至推出新娘雪靴（白色鞋身、淺藍色鞋底，鞋底邊緣鑲有水鑽）。自視甚高者將這種搶手品牌一落千丈的現象，稱為「勞工流行」（prole drift）。如果想要維持或拉抬社會地位，就必須密切追蹤時尚的消長，不停研究時尚雜誌、報紙專欄或是部落格；這種過程從不停歇，你必須不斷花錢購物，才能稍稍趕上時尚潮流。這種此起彼落的消長現象不一定是線性發展，品牌有可能會再重新翻紅，成為品味或尖端時尚的代表；但只要你是來自低下階層，無論花多少錢治裝、無論買了哪些單品，永遠還是有可能會被嘲笑或輕視。

在富裕社會中，消費已取代人際關係，成為不可或缺的日常行為。我們藉由他者之眼來定義自己，認為別人觀察的都不是我們的內涵，而是外在物質堆砌出來的形象。許多人非得逛到累倒或將信用卡刷爆才甘願罷手。若無法真正改善社會環境，平息焦慮感與地位競爭、縮減貧富差距、減輕強迫性消費行為，這種購物熱潮只會持續延燒，繼續對人們的財務狀況與健康構成損傷。接下來我們還會談到，其實自然環境也難逃此現象的摧殘。

如何當個大人物

為了提升地位，我們花錢購買的不僅是物質商品而已。東倫敦大學（University of East London）的丹尼爾・布里斯（Daniel Briggs）研究英國勞工階級到伊比薩島（Ibiza）度假時的行為模式。[33]布里斯表示，這群英國勞工遊客不知節制的酗酒、嗑藥、性愛還有暴力，已對自己與觀光勝地造成影響。不過更值得注意的是，他提到這些遊客的行為與選擇，其實都受到英國文化的影響，而且他們的社會焦慮也被旅遊勝地的商家給利用、剝削。雖然他們的度假目的是「活在夢裡」以及「徹底做自己」，但這群遊客的行為跟周末在家的行徑類似，只不過程度更誇張罷了。

布里斯指出，他們的行為彷彿是「事先經過縝密的訓練與社會建構，經過二度包裝後再重新向自己推銷。在旅遊勝地度假的這段期間，這種商業壓力就被無所不用其極地強加在他們身上。」

對這些人而言，度假是一個能暫時跳脫日常例行公事的空間與時間，能盡情享受陽光、海洋、沙灘以及自由，不用被日常生活環境的工作與人際關係綑綁。在這段短暫的時間內，他們暫時擺脫原本的基層身分，就像中世紀短暫的嘉年華時期社會階級被暫時擱置一樣。布里斯花時間與一些年輕人相處，發現他們崇尚享樂與消費主義的生活，而且這是種身分地位的象徵：這代表他們有點分量，社會身分受到同儕的認可；能到伊比薩島度假代表你的日子過得很不錯、有能力享樂。遺憾的是，每逢度假高峰期，很多人都在當地受傷、被騷擾、強暴甚至是喪命。但這些人的選擇、行為、消費模式，都被商業利益與壓力影響了；旅遊產業和媒體（尤其是實境秀）都不斷向人們洗腦：只有花更多錢，才能玩得更快樂。如果每天穿的比基尼都不一樣、戴支名錶或穿件名牌牛仔褲，心情就會更好。倘若花錢購買「額外享受」，就能享有更多樂子，例如帆船派對、日落郵輪之旅、進入專屬俱樂部、搭乘水上摩托車、龍舌蘭品酒會，或是進入私人海灘夜店。布里斯指出許多年輕人在假期結束前就將現金花得精光，只能靠信用卡撐下去。雖然返家時負債累累，但明年他們還是迫切地帶著更多現金回來，這樣才能在伊比薩島縱情享樂。

盡情享樂代表他們要花更多錢換取獨家體驗，像是VIP的日光浴專區、或進入頂級夜店的VIP區域等。錢再怎麼花都不嫌多，只要你想**撒更多錢**，絕對找得到更頂級、更獨家的空間與設備，所以大家最在乎的，永遠都是自己付得起多高級的VIP服務？明年回來的時候，能比今年買到更多地位象徵嗎？布里斯將這種現象稱為「極端資本主義」，這種以商業利益為導向的行銷手法，讓那些被勞動與低薪摧殘、生活過得相當沮喪的年輕人深陷其中，不斷鼓勵他們盡情享樂、超支消費。

販賣夢想

許多研究者與評論家陸續將討論焦點擺在商品設計師與供應商經驗老道的行銷手法上。他們鎖定消費者的神經回饋系統，誘導我們對事物產生連結，讓人暫時從長期的壓力和焦慮中獲得紓解。消費帶來的效果，或許還比人際關係更強烈。經過演化後，人類能在缺乏食物、性與安適感的情況、以及必須主動爭取資源的環境下生存。但在現代社會中，我們擁有豐富資源，卻不擅於節制，這也讓我們的生活暴露許多弱點。奧利佛・詹姆斯（Oliver James）在探討過度消費現象的《富流感》（*Affluenza*）中，引用了一段丹麥報紙編輯的話：

> 跨國企業都知道，奢侈品在丹麥完全沒有市場。新產品上市時，頭幾年絕對無法在社會上流通，因為價格太高昂，不適合討厭鋪張炫富的我們，只有少數特立獨行的潮流人士會擁有。等到價格下降後，中間階層的丹麥人就買得起了。不出一年半，這項商品就能觸及百分之七十的人口。[34]

詹姆斯認為對丹麥人而言，購買奢侈品不是身分地位的來源。丹麥社會貧富差距小，兩性也較為平等，但是，難道這代表了他們不容易受行銷廣告的影響？不會被酷炫的新車或潮流商品迷惑？真的是這樣嗎？廣告商人在較平等的社會中，真的比較沒那麼賣力宣傳嗎？

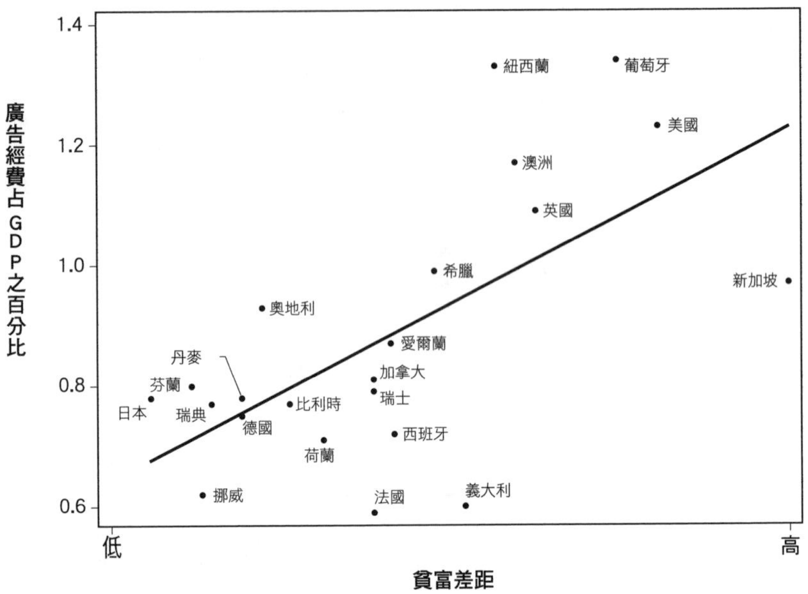

圖4.2：廣告預算占GDP之百分比，隨著貧富差距增加而上升 [35]

看來似乎是如此。從廣告經費占國內生產毛額（GDP）百分比來看，就能發現數字隨貧富差距上升（見圖4.2）。在貧富差距較大的國家中，企業投注在廣告上的預算確實較高。

注定就是要買

從各方證據就能清楚得知，物質主義與地位競爭，讓貧富差距較大的社會中的兒童，過得越來越不幸福。二〇〇七年，聯合國兒童基金會（UNICEF）報告顯示，在富裕國家裡，英國兒童最不幸福，這讓英國人相當吃驚。[36] 我們整理了二〇〇七年與

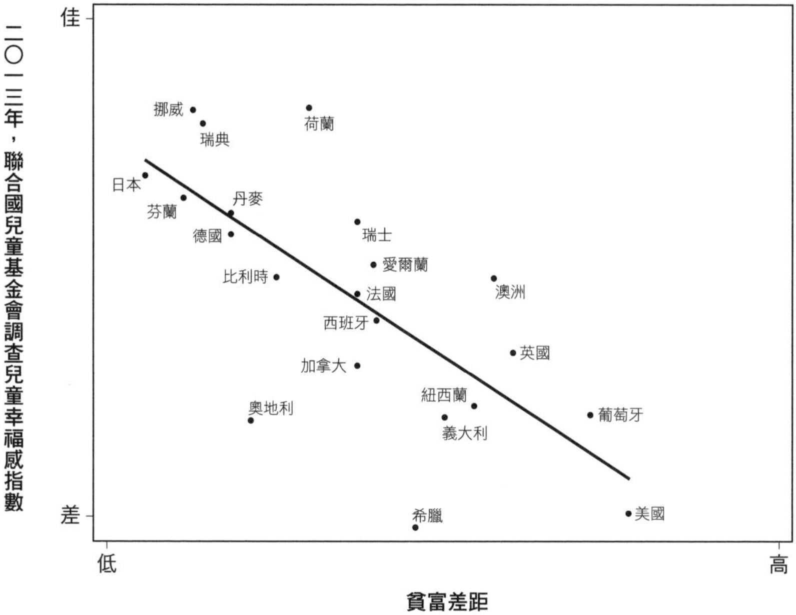

圖4.3：在貧富差距較大的富裕國家中，兒童的幸福感較低

二〇一三年兩份研究報告，其中顯示了兒童幸福感指數與貧富差距緊密相關（見圖4.3）。[37] 二〇〇七年擔任執政黨的工黨，批評第一份報告使用的數據已經過時（這個問題永遠存在，因為研究報告需要時間來蒐集、整理與分析，這個問題也存在於報告中其他國家身上），並澄清英國兒童的福利已有改善。半官方機構「英國兒童專員」（Children's Commissioner for England）則希望「這份報告能讓我們跳脫統計數據，思考是哪些因素讓我們無法養育出快樂、健康的孩童。」[38]

認為需要深入了解兒童生活的聯合國兒童基金會英國分會，

展開第二份研究，探討三個國家的家庭生活狀況。這三個國家分別是：貧富差距低、兒童福利佳的瑞典；貧富差距中等、兒童福利佳的西班牙；貧富差距高、兒童福利差的英國。[39]這份報告的目的是「運用兒童福利的統計資料，深入研究並了解兒童的生活狀況」。研究方法則是與兒童的交友圈交談、討論，並仔細觀察他們的家庭生活。

觀賞完為了研究而拍攝的影片後，我們同時感到振奮和沮喪。振奮是因為畫面中父母與兒童傾吐的思想與感受，都證實我們的論點，貧富差距的確會對人們帶來各種影響。多年來，我們研究的對象就是數據背後的真實故事。不過這些影片也令人沮喪，因為英國家庭辛苦度日的模樣，與西班牙和瑞典根本是天壤之別：在瑞典，父母表示兒童會把錢存起來買特別有意義的物品，或是用來製作、修補玩具；在西班牙，孩子非常寶貝書本和有教育意義的玩具，會把這些東西放進特別的箱子裡妥善保管；在英國，家長看起來都一臉疲態，家中滿是箱子與被棄置的玩具。報告內容如下：

> 英國家庭都在艱難的生活中掙扎，努力擠出時間給孩子。
>
> 許多英國兒童在聊到快樂的來源時，並不會特別提到有形的物質、他們也了解購物必須適度的原則；但許多兒童的父母，會在失去理智的情況下強迫性消費。
>
> 孩子升上中學後就開始有了貧富差距的概念，也發現消費行為與商品具有辨識身分地位的功能，能讓社會地位相近的青少年們形成小圈圈……

同時，這種現象也出現在英國家長身上，他們會購買象徵身分地位的商品來隱藏對社交的不安全感，而這種行為在西班牙與瑞典相當罕見。

第二項研究引發的反應相當兩極，有些媒體評論家認這份報告是在責備家長。聯合國兒童基金會的第一份報告，因為研究方法而遭到批評，第二份報告也是如此：評論認為這份報告僅根據一小群家庭的經驗來判斷，而非以即時統計數字為依據（這份報告呼籲，法律應禁止業者對十二歲以下的兒童進行廣告推銷。而來自行銷與廣告業的評論者對此都表示反對，認為報告的證據「站不住腳」，這種反應實在不令人意外）。我們則認為必須將兩份研究並置、相互比較，才能看清全貌。參考兩份報告後，量性與質性研究結果都顯示，貧富差距確實對家庭生活造成負擔，人際關係與相處時間也被物質所取代；這些實例與統計數據相符，統計數據也反映出實際情形。父母的精神痛苦、超長的工時、高額負債與家庭衝突，這些現象都讓父母經歷的慘況繼承到兒女身上。

如今我們已能清楚看出，物質主義嚴重破壞人們的幸福感。伊利諾州諾克斯學院（Knox College）心理系教授提姆・凱瑟（Tim Kasser），提出所謂的「願望指數量表」（Aspiration Index），目的是在漸進量表上找出人們的價值觀定位。藉由指數中的一條重要軸線，就能看出受訪者的人生志向是偏向外在表象與物質主義，例如財務狀況、形象以及受歡迎程度等；還是偏向內在價值，例如個人成長、團隊合作、社群歸屬感。經過多年研究後，凱瑟發現物質主義與以下特質密切相關：焦慮、憂鬱、藥物濫用、缺乏同理心、社會優勢取向量表分數較高、容易產生偏見、馬基維利主義（Machiavellian）*、反社會行為，以及寧願選擇競爭而捨棄合作。物質主義讓人鬱鬱寡歡，但心情沮喪又會讓我們變得更看重物質。[40]觀察不同國家的狀況，他發現在重視平等與和諧、較不重視階級與支配統治的社會中，兒童的幸福感明顯比較強烈。[41]與圖溫吉合作後，凱瑟發現自一九七六年後，美國兒童越來越拜金、看重金錢，也更在乎自己是否擁有昂貴的物品。[42]

在二〇〇〇年至二〇〇九年這十年間，愛爾蘭與瑞典等富裕國家的貧富差距逐漸拉大，但義大利、比利時等國卻越來越平等，荷蘭與日本的狀況則未有明顯變動。仔細觀察這段期間貧富差距與兒童幸福感變化的相互關係，就能發現在越來越不平等的國家中，兒童幸福感也隨之下降；而在朝向平等邁進的社會中，兒童幸福感則有所改善。從中就可清楚看出兩者之間的連結絕非偶然。[43]

二〇一五年，約克大學社會政策教授喬納森．布瑞銷（Jonathan Bradshaw）公開一份報告，該報告研究十五國的五萬五千名兒童，發現英國兒童的幸福感排名又是倒數第一。他在報告中指出：

> 兒童的幸福感對全民來說都相當重要。從整體國家角度來看，我們在經濟體、氣候、運動賽事、倫敦跟股市上投注大把精力，媒體版面天天都在報導、談論上述事物；但

其實我們必須花更多心思來關注兒童生活福利，也必須投注更多資源來了解兒童的生活狀況，確保他們的童年能夠盡善盡美。[44]

有一系列研究顯示，物質主義會導致自尊心低落、憂鬱症，甚至會引發寂寞感。這些研究包含多項對照實驗，研究人員在實驗中提供青少年經過特別設計的教育計畫，目的是將他們的重心從花錢引導到分享與儲蓄上。記者喬治・蒙比爾特（George Monbiot）在評論這些研究時指出，物質主義「令社會備受折磨，政府政策、企業策略、社群與公民生活的崩解，再加上我們默許這種體制將自己掏空，造就如今金錢與物質為重的風氣。」[45]不過用物質主義來稱呼這種痛苦的社會現象，其實並不恰當。這種現象並非人類貪婪天性的展現，而是一種疏離、向他人展示自我價值的方式。貧富差距造成地位競爭，進而讓人們用這種手段來凸顯自身價值。

讓消費文化適可而止

除了追尋幾乎無法提升幸福感的虛無目標之外，地位焦慮與競爭引起的極端物質主義和消

* 譯註：馬基維利是義大利文藝復興時期的重要人物，被譽為近代政治學之父。他在著作《君王論》（*Il Principe*）中，提出現實主義的政治理論，其中「政治無道德」的權術思想則被稱為「馬基維利主義」。

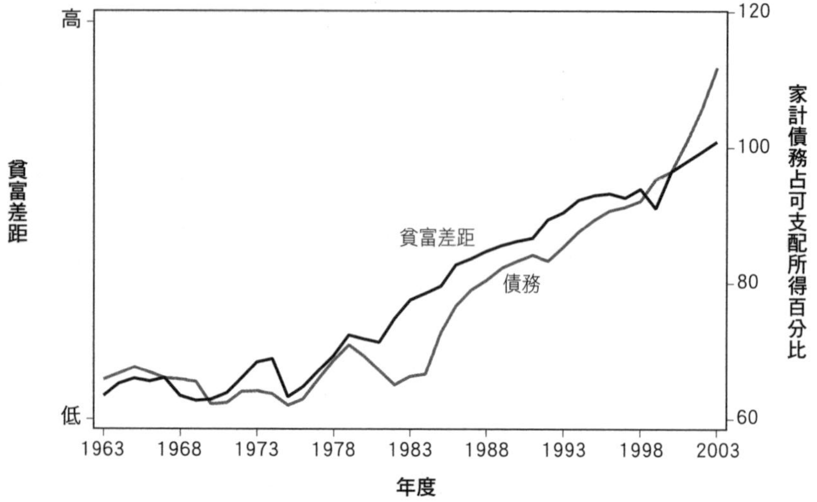

圖4.4：一九六三年至二〇〇三年的美國，貧富差距導致家計債務增加 47

費文化，也讓已開發國家中的許多家庭背負債務。除了在現今房價水漲船高的市場中背負貸款外，許多勞工的薪資也已多年未見調漲，大家只好靠借貸來維持身分地位。

全球爆發金融危機前，貧富差距已逐漸拉大，家計負債金額也急速竄升（見圖4.4美國的情況）。二〇〇五年至二〇〇九年，除了德國、奧地利與冰島之外，全歐洲國家的家計負債水準也陸續上升。金融危機後，未繳清房貸、信用卡帳單與公用事業帳單的家庭，數量也不斷增加，政府卻在此時縮減社會福利和公共支出。46

雖然債務、健康問題與精神疾病的關係相當複雜，但大多數研究者和評論家仍試著理出之間的惡性循環：債務讓人備感壓力，對健康造成負擔，接著又製造更多債務。身體不好的窮人之所以不容易清償債務，是因為疾病讓他們無法以健全的身心來面對問題，更減損他們增加收入與資產的能力。家計債務對兒童同樣有所影響，在背負債務的家庭中，兒童與青少年都能敏銳察覺父母承擔的債務壓力，因此更容易出現精神健康問題。

關於大公司窮兇惡極的手段，目前已有相當豐富的專門文獻探討，針對跨國企業的研究更是不勝枚舉。多數跨國企業支付員工低薪，以高薪和紅利獎賞管理階層，再無所不用其極地使用行銷手段，讓我們認同該公司的理念，以為花錢購買他們的品牌生活風格，就能讓空洞的心靈更有意義。許多跨國企業就是用這種手段掏空整個社會以及社群。娜歐蜜·克萊恩（Naomi Klein）的暢銷著作《NO LOGO：顛覆品牌統治的反抗運動聖經》（*No Logo*）等書籍，就向廣大讀者揭露這些企業策略。[48]大家都知道自己的恐懼與渴望都被企業利用，現在又有多項研究證實他們的承諾根本不可靠，雖然我們謹記「快樂用錢是買不到的」這句古老格言，但還是不斷掏錢購物。

出於宗教、環保意識或是其他理由，世界上有一小群人拒絕追著錢跑，也屏棄物質為上的價值觀。不過若想改善全人口的福利，就得先改善零售業的風氣，替多數人找出另一種生活型態。波士頓學院社會學教授茱麗葉·修爾（Juliet Schor）提出所謂「富餘」（plentitude）概念，這是一種專注於人際關係而非物質的生活方式。[49]羅伯特（Robert Skidelsky）與艾德華·史紀德斯基（Edward Skidelsky）這對父子檔，除了是經濟學家也是社會哲學家，他們也在《多少才滿足？決定美好生活的7大指標》（*How Much is Enough?*）這本書中提出類似論點。[50] 近期相當熱門的瑞典生活理念「lagom」，同樣主張不多不少、適量最好。[51] 不過對我們來說，要推動這些改變，以更永續、能給予自己更多養分的方式生活，或許是困難重重的課題，尤其這些改變可能有違人類本性。我們是如何演化到對身分地位這麼敏感、即使傷痕累累也要努力追尋的呢？在下一章我們會進一步檢視，為何身分地位如此重要？為什麼他人的評價對我們而言影響這麼大？

第二部

為何身分地位如此重要？菁英主義與階級迷思

無意識暴力的好處，就是讓人
發展出無意識的利他行為。
FIRST AID
CHRIS MADDEN

第五章

演化帶來的心理遺產

懸殊的貧富差距讓正常社會互動逐漸充滿焦慮感，在之前的章節我們介紹了焦慮感會引發的反應：有的人會被低落的自尊心、自信與抑鬱感束縛；有人會越來越自戀，透過各種自我膨脹的手段，拉抬自己在他人眼中的地位。不過這兩種反應都是因逐漸擴大的焦慮感而起，人們會自主「開藥」，例如尋求毒品或酒精的協助，也有可能會為了改善自我形象，而淪為消費主義的俘虜。社交生活逐漸變成嚴峻的考驗，彷彿像在表演似的，人們都盡量避免社交接觸，社群生活逐漸萎縮。更關鍵的是，我們都已熟知只要貧富差距越大，這些狀況就會繼續惡化。

對於他人看法的深層焦慮感究竟從何而來？為何他人的評價這麼容易刺傷我們？為什麼某些人會有這些弱點與痛處，導致他們無法正常進行社會接觸？更讓其中少部分人失去行為能力？了解這些弱點的來由，或許有助於消滅這些令人生活失衡的負面效應；這麼做不僅能幫助每個個體，更能透過政策改革影響社會。雖然富裕社會特別受社交焦慮摧殘，但從「國王的新衣」這個故事來看，就能看出此現象並非現代世界獨有。最知名的「國王的新衣」版本，收錄於一八三七年問世的安徒生童話，但其歷史可追溯至中世紀時期。這個具有警世意味的寓言故事，探討的是每個人心中的虛榮心與對地位的執著，就連國王這種位高權重的人，也因為怕被別人誤以為是傻蛋，被這兩個內在因素給耍得團團轉。當小男孩將真相脫口而出，國王還是寧願假裝自己有穿衣服、繼續遊行；為了逃避被他人當成傻子所衍生的羞愧感，他就裝出一副傻子的模樣。

金字塔頂端的國王被羞辱的故事，大家都讀得津津有味，不過這個童話之所以能有今天的知名度，甚至被轉譯為數十種語言、在不同文化中也有相對應的版本，是因為故事中的國王反映出我們都會碰到的狀況：困窘，以及對困窘感的強烈反彈。很多人曾夢過自己在大庭廣眾下赤裸身軀，這個故事簡直就是夢境的翻版。而在夢境中，最常見的情節就是我們希望沒人發現自己裸體，能躲過暴露真面目的羞愧感。我們總是害怕自己想經營完美形象的意圖被識破，因此這種夢境就反映出我們的恐懼與焦慮。佛洛伊德（Sigmund Freud）在《夢的解析》（*The Interpretation of Dreams*）裡探討此類夢境時，想法令人出乎意料地天真：他認為這種夢是因為棉被或枕頭在睡覺時滑落所致，也有可能是腦中出現嬰兒時期裸體的記憶。佛洛伊德的自我呈現，準確符合他所屬的階級與時代，因此每回探討與階級和地位相關的心理學時，他的觀點都相當狹隘。

美國社會學家與心理學家湯瑪斯・謝夫（Thomas Scheff），將羞愧形容為「原始社交情緒」。[1]他在羞愧這個大分類底下，又列出幾種常見的自我意識過剩情緒，這些次分類從自豪排列到羞愧，其中包含難堪、丟臉、害羞、尷尬、自慚形穢與自卑感。無論他人是否真的對我們帶有負面評價，只要有害怕負面評價的心態，心中就會產生羞愧。他指出人類為了避免被拒絕，隨時都會控制自己在他人眼中的行為舉止。謝夫也在第一章開頭引用早期美國社會學權威顧里的話，顧里曾說：「我們在無意識中產生的自我評價，會讓我們感到自豪或羞愧，但更具影響的是他人對於我們形象的評價。我們心中會有一套想像，這個因素的影響力更大。」[2]我們密切觀察他人對自己的反應，深怕任何負面評價會讓自己被拒絕、排擠。

收入、社會地位等外顯因素，會讓我們擔心他人對自己的評語，讓我們感到難堪或羞愧；但美貌、知識、迷人程度、智商、能力，這些要素其實也影響甚巨。我們會在從正面到負面、美麗到醜陋、聰明到愚笨等向度中替他人定位，簡言之，我們會綜合以上因素，來判斷一個人的優劣，每個人都會獲得不同的評價。社會地位以及我們被喜歡或被討厭的原因，各項因素就這樣互相糾結。

我們因為意識到這些評價的影響力，因此更害怕自己無法在評價中獲得高分，在他人心中留下負面印象。儘管如此，我們還是無法完全地感受他人評價對我們的重要度。或許我們可以試著參考顧里的建議，想想如果今天做錯事或出糗，身旁的人立刻變得冷酷、輕視，不像以前那樣親切、懷抱敬意，你會有什麼感受？[3]雖然顧里清楚點出他人態度的轉折，能讓大家意識到這些評價因素的重要，但他並未深入討論那些尚未被徹底排擠、但長期都處在這種壓力下的人，內心有多痛苦。這些人具備的外顯成功象徵不多，因此無法從他人身上獲得尊重；他們被拒絕的經驗，或許比被認可的次數還多。

湯瑪斯・謝夫跟優秀的前輩社會學家一樣（包含顧里、愛里亞思〔Norbert Elias〕、高夫曼〔Erving Goffman〕、林德〔Robert Lynd〕、路易斯〔Helen Lewis〕與桑內特〔Richard Sennett〕），他認為從他人的角度來感知自我行為，其實是社會互動中非常基本、再正常不過的要素；除了某些特別尷尬或難堪的時刻，我們通常不會意識到自己正在進行的事，就像魚不會意識到自己在水裡游是一樣的道理。換言之，這就是我們生存的社會媒介。

路易斯是耶魯大學心理系教授與精神分析師，她最備受讚譽的學術成就，是率先辨識出潛在難堪感的連續行為（或是可預測出難堪感的行為特徵），並證實這些行為特徵幾乎存在於所有類型的對話中[4]，這項發現並引起科學界的關注與討論。

她辛苦地逐字瀏覽上百份精神分析談話紀錄的逐字稿，發現其中使用了許多顯示內心潛藏羞愧感的詞語，談話過程中也頻繁出現尷尬、自我意識過剩以及難堪的跡象，例如不自在的笑聲、中斷、口吃、轉變的態度和語調，還有說話音量過小等。路易斯證實了其他學者的臆測，她的研究也迅速為學界所用。[5]這種現象被點破後，大家就能清楚發現在尷尬或生硬的談話中，我們有多容易被脆弱與難堪感所影響。

顧里將藉由他者之眼來感受自我的行為稱作「鏡中自我」。但為什麼鏡中自我對大家來說這麼不可或缺？為何我們總渴望他人給予正面評價，害怕被當成怪咖或笨蛋，讓人感到自己格格不入、低人一等呢？

社會腦

若要找出解答，得先思索在人類演化過程中，社會與經濟的關係是如何變得日益緊密。人類演化不僅是自然環境的天擇所致，生存之於人類，不僅止於逃離掠食者、承受極端氣候、忍耐飢餓以及抵禦疾病的能力。**社會環境**以及人際關係，其實也帶來相當強大的選汰壓力。

科學證實為了應付複雜的社會生活，人類大腦必須不斷擴展，從這個現象就可看出社會環境對演化的影響。在近代人類演化史中發展出來的大腦區塊，是名為新皮質的大腦外層；人類大腦之所以比靈長類還大，主要是歸因於這個體積較大的新皮質。主持牛津大學社會與演化神經科學研究團隊（Social and Evolutionary Neuroscience Research Group）的羅賓・鄧巴（Robin Dunbar），在其研究中顯示新皮質占大腦組成的百分比，跟靈長類動物的族群規模密切相關：非群居類的猩猩，其大腦中僅少部分為新皮質；但是在具有較多社會互動的物種身上，新皮質的體積明顯較大。[6]就新皮質占大腦體積而言，人腦的新皮質比例最高，而且在史前時代以狩獵採集方式維生的人類，也是靈長類動物中社會群體規模最大的物種。新皮質與社會群體規模的關係可見圖5.1。

兩者的關連該如何解釋？這是因為進行社交互動時，精神與心智運作需要保持高度活躍。社會群體規模越大，對心理與精神層面的負擔就越大：每個人不僅得認出不同個體、辨識出大家在社會上的位階，更得分辨敵友。你必須搞清楚自己能信任誰、誰又是不可靠的。基於上述

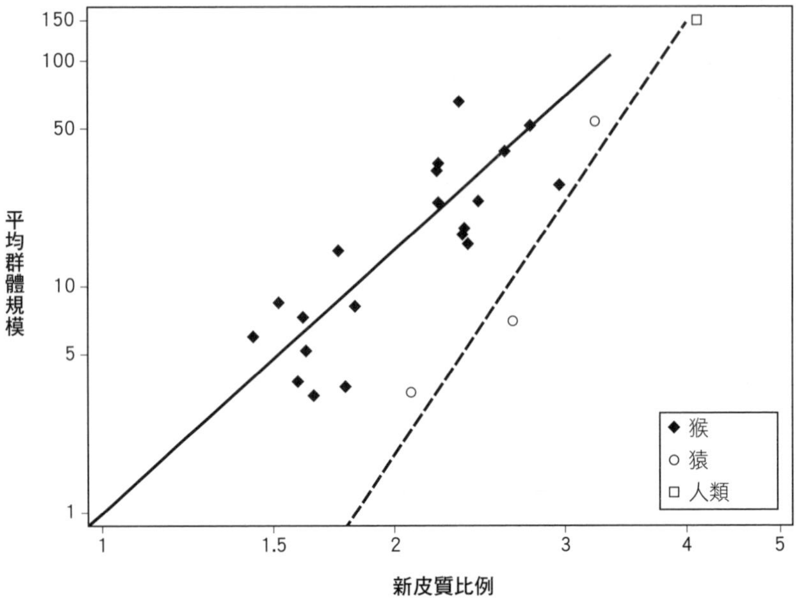

圖5.1：新皮質占大腦的比例，與不同靈長類物種的社會群體規模相關 [7]

原因，我們都必須具備解讀他人心思的能力，從對方的臉部表情與肢體語言看出他們的動機。鄧巴提出「社會腦假說」之後，就陸續有其他研究發現，在非人類的靈長類物種中，社會群體規模較大的物種，確實在智力測驗中獲得較高分數。[8]

人類的大腦確實是如假包換的社交器官。社交生活的需求讓大腦持續成長擴張。人際關係的品質對我們的生存、生活幸福感與生殖成就影響極大，因此大腦必須做出相應的演化。

是敵是友？

在同一個物種裡，總是有發生衝突的潛在可能。相同物種的個體具有相同需求，因此當要取得食物、築巢地點、領地、性伴侶、陰影中的休憩處等各種資源時，就有可能出現競爭與衝突。人類的獨特之處，就是我們在取得資源時，會展現完全相反的行為：我們會協助彼此，提供安全感和愛，並從中獲取經驗。與其他物種相比，人類具有照顧罹病或無行為能力個體的能力，否則他們會無法生存。

無論是照顧他人，還是分享生活必需資源，這些行為免不了都與人類社交互動的本質緊密相依。分享和友誼之所以密切相關，是因為在從競爭到合作的漸進光譜上，這兩者具有相同定位，而且能讓我們獲取資源和其他必需品。同伴（companion）這個英文字，在西班牙文和法文中分別為「compañero」與「copain」，這兩個詞都是由拉丁字根「com」（一起、共同）與「panis」（麵包）所組成，因此同伴指的就是能一起分享食物的對象。美國社會人類學家馬歇爾・薩林斯（Marshall Sahlins）也藉由研究證實，社交互動與物質生活確實有所連結，在探討狩獵採集社會中「禮物」的功用以及交換禮物的制度時，他說，「禮物能帶來朋友，友誼則造就禮物。」[9]他還指出在某些社會中，拒絕他人贈送的禮物，甚至有宣戰的意味，代表你拒絕一段友善的人際關係。禮物之所以是友誼的重要象徵，是因為禮物是雙方都意識到彼此的需求並願意分享的代表，而不是靠打鬥競爭來獲得必要資源。

在現代社會中，利用禮物來鞏固友誼，仍然是社交生活中相當重要的環節。分享基本必需品對人類來說，具有非常重要的心理與象徵地位，無論是家庭聚餐或跟賓客共食，一起用餐的行為就是這種心態的延續。許多不同的宗教習俗，也印證著這層深植人心的動機：錫克教的廟宇會提供訪客食物，而錫克教參拜者也會互相分享食物；在基督教聖餐習俗中，分享紅酒與麵包的行為，也象徵分享必需品是生命的基礎；先知穆罕默德也曾教導信眾必須分享食物；對猶太教來說，共同用餐與食物分享也非常重要。除了被各地宗教奉為重要的道德圭臬外，互相合作的需求也早已深植於人類心理。

對世界各地的人類來說，在物質上相互依存的現象以及社交互動的行為，其實都是與生俱來的，只不過我們從未主動意識到罷了。交換禮物、分享事物或是一起進食，這些都是社會連結緊密與友誼的展現。如果每個人都不分享資源、不顧慮他人的需求，就代表我們不將他人的生活幸福感放在心上，導致族群間無法形成緊密的社會連結。如果人們甚至互相欺騙、偷取彼此擁有的物質資源，這種在物質上敵對的現象就會導致衝突。從宏觀的角度來看，爭奪物質資源常是各國開戰的主因。無論是分享還是掠奪，物質資源與社會互動必然互相牽扯。雖然經濟學與社會、社交生活的研究看似是彼此獨立的領域，但兩者之間顯然不是毫無瓜葛，物質生活與社會互動的關係已經難以畫分。我們能從書中清楚看出，社會上類型各異的交換關係以及商品，其分配方式都蘊含非常強烈的社會與心理意涵。

十七世紀政治學者湯瑪斯・霍布斯（Thomas Hobbes）認為，既然每個人都有基本需求，若無強而有力的政府施壓維持社會和平，人民的生活就會陷入「與所有人為敵」的衝突狀態：「如果有兩個人渴求同一樣事物，而這件事物又無法同時讓兩人擁有，他們就會成為彼此的敵人，渴望能摧毀或克制對方。」[10]在他的觀念裡，人類是彼此天生的敵人；生活在英國內戰時期的他，會有這種想法不令人意外。他認為政治的核心課題就是要維持一個掌握最高主權的政府，這個政府必須能夠平息敵對個體間的爭端、維持和平。不過，霍布斯卻沒看出人類與生俱來的社交本性：雖然人類可能是彼此的頭號勁敵，但我們這個物種之所以獨特，就是會給予彼此協助、分享生活必要資源。接下來我們就會讀到，這種關係不僅存在於個體之間，在史前祖先的社會組織間更是普遍。對於他人與自己的關係是友善還是敵對，大家的感覺其實都相當敏銳，因為在人類演化史中，人際關係品質是個體生活幸福感的一大基礎。無論人們是彼此分享信任、還是為了必需品而撕破臉，人類祖先都靠著人際關係成功存活至今，也因此形塑出我們的演化模式，確立人際關係的本質與重要性。正如我們在第一章所見，這也是為何在現今社會中，友誼與對社群生活的投入能改善健康、讓人更快樂，而敵對的人際關係又會對生活構成傷害。

平等與不平等

只要快速瀏覽人類演化史上某些社會組織的主要特徵，就能找出平等與不平等對人類心理與行為構成的影響。廣義來說，人類發展史上有三種主要的社會組織：前人類的優勢階層、史前人類的平等狩獵採集社會，最後是更近代的農業與工業階級社會。

優勢階層的制度在動物間非常普遍，像是狒狒、獼猴、黑猩猩、狼與鬣狗等皆有。在階級排行系統中，位階高低從最優勢的雄性個體往下排到能力最弱的低階個體。這個制度決定族群中取得稀有資源的順序，優勢的雄性個體也會試著獨占雌性個體，掌握繁衍後代的機會。雖然化石紀錄並未透露社會組織的線索，但我們還是認為身為人類前身的猿，肯定跟黑猩猩和其他非人類靈長類動物一樣，活在具有優勢階層的社會中。而從埃及金字塔和歐洲青銅時代的古墓遺蹟中，我們終於確定在這些社會裡，有些人比其他人重要。不過關於前人類祖先的證據仍不夠豐富，目前少數能證明這些前人類物種生活方式的線索，就是雄性與雌性個體的相對體積大小。在以優勢階層為規範的族群裡，優勢雄性個體通常體積較大、比較強壯，因為優勢雄性個體比較能親近雌性個體，而雌性個體也比較願意與優勢的雄性當性伴侶，這種選擇育種的現象，最後常會導致雄性個體的體積比雌性還大。雌雄的個體體積差異，大到足以證明在該物種間具有優勢階層的制度（雄性動物的體積會因為競爭交配機會而增大，但這種狀況並不會發生在雌性個體上。而角或犬齒等構造之所以體積較大，其實也與性擇相關）。若是雄性與雌性個體的體積相當，就代表在該物種中「綁定」配偶是常態。目前學界已從足夠的化石紀錄中，推論現代人類前身（阿法南方古猿）的兩性體積差異，「在該物種的社會結構裡，幾乎不可能存有嚴格的單一伴侶制。」[11] 雄性個體體積大於雌性的現象，顯示體積較大的雄性個體繁衍後代的機會較多，更代表人類祖先的社會制度，應該跟黑猩猩與大猩猩一樣具有高低階級。

生活在具有階級分層的社會中，顯然就會感到社交焦慮：低階個體需要以戒慎恐懼的心態來面對高階個體。靈長類動物學家提出，低階個體若是惹怒高階個體，他們就會在低階個體身上留下咬傷的疤痕做為警示。因此許多低階個體總是過得如履薄冰、緊張兮兮。[12]雖然證據顯示前人類祖先活在具有階級之分的社會中，現代人的心理甚至還可能存有階級差異的蛛絲馬跡，但在史前時期，**人類**也確實曾活在非常平等的狩獵採集社會。在以狩獵採集方式維生的社會裡，人類會分享食物與資源，而且並非以物易物，而是以禮物互換的互惠制度來分享。[13]在這種社會中，人們不會再因優勢與低等地位而感到害怕。

人類社會組織有許多相當重要、但始終遭到忽視的特徵，其中一項就是在人類存在的過去二十萬年至二十五萬年間，有百分之九十五的時間，人類社會相當平等。而且當時人類的大腦體積已與現在相同。雖然已經有好幾代的人類學家發現這個特徵並加以研究，也出版著作介紹平等的狩獵採集社會，但人類那段平等的過往仍不為大眾所知。在多數人的想像裡，人類天性就是無所不用其極地競爭和追逐私利。

有份研究審閱一百多份人類學紀錄，這些紀錄是關於四大洲裡二十四個相對近代的狩獵採集社會。這份研究總結：

> 在獵人與採集者之間，並沒有孰優孰劣之分。沒有任何個體有優先取得食物的權利，食物是以分享的方式在社會上流通。除了有少數女性偏好選擇強悍的獵人做為伴侶之外，挑選性伴侶的權力與階級並無關聯。基本上在獵人與採集者之間看不出明顯的階級差異。這個跨文化的普遍現象，在人誌學研究文獻中有時是相當獨特且引人深思的。[14]

在此種社會中，「分享食物的行為不單只在近親或曾互換禮物的對象，更包含那些急需食物的個體，就連在食物稀少的情況下也不例外。」[15]這段史前時期的現象應該被納入基本教育，成為經濟學、政治學與社會科學的入門基礎單元。狩獵採集社會的考古證據，完全沒有顯示當時的人類像其他靈長類動物那樣，出現優勢個體能夠先獲取食物、獨占雌性個體的現象，或是低階個體必須等其他人都吃飽後才能撿剩食的規範。

很多人聽到史前時期人類社會極為平等時，都傾向認為這論點證據貧乏、過度臆測與一廂情願。多數人難以接受人類曾有過這麼平等的過往，主因或許是大家都誤以為這種說法是在否定人類渴望競爭地位與支配權。但這種觀念才是對社會運作模式的最大誤解。[16]這個論述並不是指人類以前（或一直以來）會自然而然去追求平等，而是這些平等與合作現象，並非屬於某些曾經存在、如今卻不復存在的基因。人類學家逐漸達成共識，認為這些社會之所以能維持平等，是歸因於所謂的「逆支配策略」或「反支配策略」：只要有任何個體出現支配欲，族群中的其他成員就會有效地加以壓制，藉此保護自己的自主權，不讓自己被支配。這種方式就像位階高的狒狒或獼猴三兩成群，一起罷免團體中位階最高的個體。早期社會中的人們會團結合作，打壓那些行為過於支配者。

這個結論是由克里斯多夫・伯姆（Christopher Boehm）教授所提出，他也是目前將狩獵採集社會資料整理得最完整、豐富的人類學家。匯整資料時，他選用自己能找到的歷史與當代紀錄，像是早期探險家、傳教士、殖民地管理者和人類學家留下來的文獻。現在這套資料已經有可供搜尋的電子版資料庫，裡頭包含約莫一百五十個世界各地社會的社交與政治行為，像是卡拉哈里（Kalahari）的布希曼族、澳洲原住民、北極的因紐特人以及美國原住民等。

完成這項計畫前，伯姆檢視四十八個平等社會的數據，目標是分析他們如何維持平等。[17]他發現這些社會為了防止有過度支配的行為，都特別設計出相應策略。他提出的結論是，這些社會的平等制度是來自對被支配的厭惡，以及希望保有個人主權的渴望：只要有人意圖掌控他人，其他人就會合力對抗。[18]

讓社會變得更為平等的關鍵其實不在於人性，而是應該打造有效的社會制約，不讓個體過度支配，成為自私的強勢雄性個體。只要有個體展現過多的支配欲、試著取得超出應得分量的資源時，這種心態與作風就會被強烈壓制。在「反支配」或「逆支配」策略中，都有各種約束反社會行為的方式，較輕微的包含批評、嘲笑或公開表示反對等，較激烈的手段則為放逐、被社群排除或處死。

在調查這些狩獵採集社會維持平等的方式時，伯姆發現文獻紀錄裡有幾份案例顯示，若族群裡有人變得過度支配或是不願意分享資源，社群就會合力將他殺死。在某些案例中，社群會要求由近親來將惡霸處死。在其他石洞壁畫中，處決場面看起來像是由弓箭手組成的小隊，將著火的箭射向被處刑者。在評估這些史實證據的數量時，伯姆發現在狩獵採集社會中，死於這種類似司法審判的比例，大概跟現在芝加哥的謀殺率相仿——此數據比例之高，讓這種判刑方式成為強大的選汰壓力，讓行為心態較有利於社會的個體得以繼續生存。[19]

研究近代以及現存狩獵採集社會的人類學家發現，這些社會中的成員不僅發覺團結合作能打壓過度支配的行為，他們更是在完全自覺的情況下，主張百分之百的平等。[20]他們不只希望不平等現象能在社會上消失，更將平等視為道德準則。身為社會人類學家、也是全球首屈一指的狩獵採集社會理論家的詹姆斯・伍德本恩（James Woodburn）寫道：

> 人們都意識到平等社會中的個體或團體，有可能會試著爭取更多財富、掌握更多權力，獲得比他者更高的社會地位。大家對這個現象相當戒備，並努力阻止、壓制這種情況。雖然他們不會將平等概念掛在嘴邊，卻會透過行動、反覆在公開場合抵制任何不平等的可能。[21]

正因為這些社會中的人們都清楚認知人人平等，因此在做決策時也會考慮是否達成團體共識。

伯姆認為，如果較無私、樂意助人的個體都能被選為性伴侶，或在團體活動中受到重視，再加上反社會行為受到壓制，這樣一來經過淘汰篩選而留在社會上的個體，就會是那些天生具有公共意識、較不自私以及樂於互助的人。近期關於兒童發展的研究，也發現類似的汰選過程。在一系列研究中，行為與神經經濟學家恩斯特・費爾（Ernst Fehr）和同事證實，雖然多數三至四歲的兒童其行為都相對自私，但是經過五年的發展後，他們就會出現排斥不公平現象的行為。研究顯示，當他們來到七歲或八歲時，就算在對個人不利的情況下，多數兒童還是寧願以較平等的方式來分配資源。[22]

伯姆更進一步指出，史前時期狩獵採集社會打壓支配行為、維持平等風氣的策略，其實是近代史上打壓專權手段的前身。歷史上都有為法治而戰以及推動民主政體的實例，群眾都期盼能藉此讓社會免於暴政與獨裁的摧殘。

儘管學界至今尚未達成共識，人類祖先究竟是如何維持社會平等、屏棄優勢階層制度，但目前最具說服力的解釋是：人類在約莫二十五萬年前發展出獵捕大型獵物的方法時，平等的概念也變得越來越普及。為何從依賴小型動物維生到改為捕捉大型獵物的轉變，就能讓社會更平等？有以下兩種解釋：最顯而易見的原因，是因為在這些狩獵社會中，每個人都知道如何獵捕大型動物，身上也配有獵捕用的武器，因此都能對他人性命構成威脅，無關乎被威脅者是優勢個體還是低階個體。

狩獵技術的推陳出新，讓個體的體能強度差異變得不再重要。體能在許多動物物種中，是階級高低和優勢與否的重要依據；但既然每個人都有可能在睡夢中被社群的其他個體用刀刺背或以棍棒打頭，優勢個體就再也不敢讓弱者心生恨意。渴望成為團體統治者的人，必須克服的不再只是個體單槍匹馬的挑戰，他根本沒辦法應付一群備有武器、隨時可能會起身反抗的人們。進入這種單靠肢體暴力已無法讓人橫行霸道的階段，社會關係的本質也發生巨大轉變。[23]

獵捕大型動物的行為之所以能讓小規模社會趨向平等，第二個關鍵因素是：個體或小家庭無法在大型動物的屍體腐敗前將所有的肉吃進肚子。既然肉吃不完，那人們勢必得與他人分享。要是讓獵捕這頭獵物的獵人來分配，把肉當成是他獨有的財產，那就有可能因為偏袒而導致資源分配不平均；因此在許多狩獵採集社會中，分配食物的工作會交由他人來負責，這就是所謂的「警惕式分享」：每個人都會盯著分配比例，確保公允。[24]

藉由第一手人類學紀錄，伯姆描述「分享大型獵物」對族群造成的影響。他表示雖然人們偶爾會有瑣碎的紛爭，但將肉分享出去時，「大家都在參與過程中感到非常愉快——人們都很珍惜這塊肉，而且沒有人被排擠在外，一起吃肉也是最完美的社交方式。」這跟黑猩猩社群截然不同。黑猩猩以小型獵物維生，基於某些原因只會將獵物分享給少數自己偏愛的黑猩猩；牠們通常會控制分享對象的數量，只要分享者數量能夠不讓肉被周圍乞食的黑猩猩搶走就好。可想而知，科學家都用「極為緊張」[25]來形容黑猩猩社群的氛圍。

以前學界總認為人類社會組織的制度一向不平等，但這個思維已被推翻；如今人類學家幾乎都認同，現代社會的不平等現象是農業社會所致。從演化的角度來看，農耕是相當近代的發明：大約在一萬年至一萬兩千年前，率先出現在中東的肥沃月灣，並在近五千年於各地獨立發展成形。

許多早期農民都住在小型社群中，採用所謂的「游耕」（shifting agriculture）方式：農民先將一塊地上的樹木燒光，在其上耕種數年，土地肥沃度下降後就將土地遺棄，使其重新長出樹木，此時農民又會在另一塊土地上重複相同動作。雖然這些早期農業社群會由一位「老大」

來領頭，但社會風氣還算平等。近代與現代人類學家的研究顯示，這些農業社群仍沿用嘲笑、放逐以及排除等反支配策略。[26]然而，即使採用這些反支配策略，農業社會仍變得越來越不平等，關於這點學界並無共識。有幾份嚴謹的研究利用考古學與歷史證據研究不同社會的演變過程，進而將農業發展與貧富差距做連結[27]：有些理論認為社會之所以產生貧富差距，是因為農耕比較偏向個人作業，而人們也需要儲存食物；有些理論則將原因推給定居型態的發展。具有完整階級制度的社會是相對近代的產物，顯然也與定耕農業與更為稠密的人口相關。近期學界根據考古學證據提出極具說服力的說法，他們認為貧富差距的興起和穀類作物的栽種有關，因為穀類作物帶來徵稅制度，此現象在其他作物身上並未出現。[28]

演化的心理遺產

現代人類對社交的焦慮感，很有可能是前人類社會組織與史前人類社會留下來的心理遺產。動物與社會階級系統之間具有哪些關係，我們在前面篇幅都已提過。舉例來說，低等的狒狒如同所有物種中的低階個體，都要避免惹怒較優勢的個體，就連輕微的不悅也得避免。牠們必須曉得自己的位階在哪，隨時留意最高統治者的行蹤，盡可能避免與其眼神交會。牠們必須透過行為來展現臣服與低等意識，若較優勢的個體想取得某種資源，低階個體都必須禮讓，避免各式各樣的競爭挑戰。如果無法遵循規則，就有可能會受重傷甚至喪命。

伯姆提出極具說服力的觀點，他認為從優勢階層制度中的互動關係，轉變為平等社會中的人際關係，讓我們開始具有道德意識。[29]從前只需要討好優勢個體，但當社會趨於平等之後，就代表我們誰都不能得罪。社會道德觀之所以會逐漸成形，一方面是歸功於食物分享、禮物交換、合作與緊密社群生活帶來的歸屬感與安全感；另一方面，持續讓展現反社會行為的個體會受到反支配策略的威脅，以及將他們放逐、排除或處死手法，也讓人們逐漸具有社會道德意識。

美國人類學家馬歇爾・薩林斯（Marshall Sahlins）認為，若社會上沒有能夠平息爭端的政府，人們就得靠自己的力量來維持與他者之間的關係，避免嫉妒或仇恨等情緒產生。在這些社會中，分享食物與交換禮物就像是可觀的社會投資，藉此維持和諧的人際關係，避免社會分化。[30]

現代靈長類動物研究也顯示，合作與公平的概念，代表人們想避免因不平等待遇而引發的抗議與敵意。[31]靈長類動物學家法蘭斯・德瓦爾認為，這就是為何黑猩猩有時候會彼此幫忙，並將在研究中獲得的獎勵食物分給同伴。

在現代市場社會中，就算不用加以論證，人們也都曉得多數人的行為具有反社會傾向，像是自私、占有欲強、自我中心以及渴求地位等特質；但其實，這也是因為我們不願意相信自己心中有分享與合作的特質。從早期人類社會的本質、還有部分靈長類動物的行為來看，我們真的需要調整對自己的看法。舉例來說，心理學家就指出感恩與蒙恩受惠的感覺，是全人類共有的情感，在所有文化中皆存在。[32]因為具有這種情感，我們才願意回贈禮物、分享資源；假如沒有這些情緒，我們就會變成占人便宜者，引發彼此的敵意。渴望相互報答的情感讓人類發展出交換禮物的概念，分享食物的行為就是最佳例證；這種互相回饋的舉動，也是狩獵採集社會得以緊密連結、運作的重要關鍵。[33]正如前面所見，薩林斯認為禮物交換讓個體間的連結更加緊密。[34]

行為經濟學研究顯示，人類的分享**意願**不僅深植於心，更有將資源與他人分享的**偏好**。舉例來說，有些研究就使用「最後通牒賽局」（ultimatum game）的方式來進行測驗：隨機將實驗參與者兩兩配對後，隊伍裡的其中一人會拿到一筆錢，並與他的組員分享這筆錢，要慷慨地分配這筆錢、還是吝嗇地將大半金額占為己有，這全由當事者決定。他可以把錢全部給對方，也能把錢全部留下來。而對方的角色就只是接受或拒絕他提出的分法。如果對方拒絕，那麼兩者都拿不到錢；假如對方同意，那這筆錢就會以當初協議好的方式來分配。

從理性經濟學的角度來看，就算對方分給你的金額很少也該接受，這樣至少還能拿一點錢，而不是一毛都沒有。而最普遍的提議分配方式是直接對分（這是出現次數最頻繁的分配法），但**平均分法**則是六四分，因為很多人提議分給對方較少金額）。[35]此結論來自三十七項研究，這些研究利用最後通牒賽局，在二十五個國家進行實驗，參與實驗的國家都處於不同的發展階段，文化也截然不同（雖然如此，沒有任何證據顯示文化差異會對研究結果造成影響）。

其中一項有趣的發現是，如果人們發現提議者的分配法不公平，他們也很樂意在一塊錢都拿不到的情況下，拒絕接受對方的提議。舉例來說，對方要求分給你百分之二十，自己留下百分之八十，這時你就有可能會拒絕。在這些實驗裡，拒絕對方的提議並非在暗示對方下次要大方一點，因為實驗參與者都被告知在下一輪賽局中不會再碰到相同的組員。願意犧牲自我利益來拒絕不平等交易、拒絕對方提供的金錢，這種行為被稱為「利他懲罰」（altruistic punishment）：即便必須付出成本也想懲罰惡人，這種傾向就是維持團隊合作與互利等高行為準則的關鍵。[36]

這些研究與類似實驗通常會被拿來當做證據，證明人類並不像經濟學家假設的那樣，理性地選擇能讓自身利益最大化的方式。人類之所以不會做出這種選擇，是因為我們的行為動機本質上相當社會化，而這些動機也是為了維持社會和諧而存在的。經由社會選擇過程，人類心理已被訓練到會尋求他人的認可。

「最後通牒賽局」似乎能讓人理解，我們不僅希望自己能在他人心中留下好印象，當行為獲得他人的讚許與認可時，我們也會感到比較自在。康乃爾大學經濟學家羅伯・法蘭克（Robert Frank）認為，為了展現說服力、讓他人相信我們是值得信任與合作的對象，我們得先說服自己真的是這樣的人。[37]他表示單純製造誠實慷慨的表象還不夠；正如他所言，大家都有能力分辨他人是否值得信賴，能夠看出外表底下的真相。法蘭克認為若想展現真摯的說服力，我們必須說服自己我們真的很可靠慷慨，就算在無益於自己的情況下也是如此，他表示這就是為什麼很多人出國旅遊還願意在餐廳裡給小費的原因。

不平等的心理印記

人類的祖先經過演化，發展出各式各樣的社會組織，而這些社會形態在我們身上留下諸多心理印記，物質分配方式就是其中一例。我們在第二章談過「支配行為系統」（DBS），用以解釋、理解社會階級互動的各個面向，這個系統的源頭便是來自動物位階制度。[38]正如我們在第二、三章所見，支配與臣服的行為反應與其他心理問題，都會隨著貧富差距拉大而越發顯著。

另一種顯而易見的心理印記，就是在貧富差距較大的社會中，兒童之間的霸凌事件更為普遍。雖然目前國際上未有可供比較的成人霸凌數據，不過世界衛生組織的學齡兒童健康行為調查（Health Behaviour in School-aged Children），已針對全球兒童的霸凌現象提出數據。如圖5.2所顯示，在貧富差距較大的社會中，兒童之間更容易出現霸凌事件。[39]在貧富差距大的國家中，每月涉入兩起霸凌事件的兒童比例，比貧富差距小的國家高出近十倍。動物優勢階層與人類的階級霸凌其實大同小異，這兩種階級都是以力氣來將個體分類，頂層為最強壯的個體，底層則為最軟弱無力者。如圖5.2顯示，活在貧富差距較大的社會中，兒童較容易採取人類祖先的支配導向行為；霸凌其實就是競爭支配權的手段，而這種手段在貧富差距較大的社會中更加普遍，這樣的事實也再次印證貧富差距引起的演化心理反應與支配策略密切相關。

此外，還有其他針對貧富差距的行為反應，證明現代人身上出現演化後的支配與臣服行

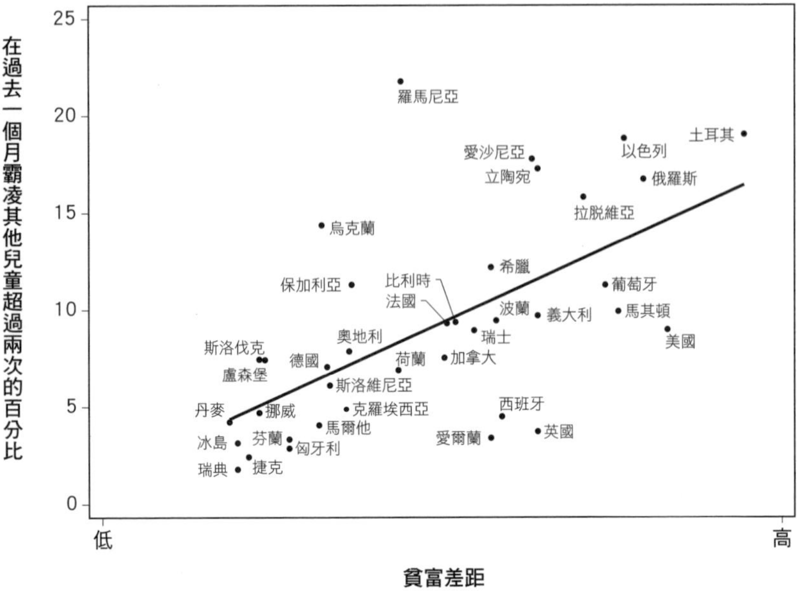

圖5.2：在貧富差距較大的社會中，兒童更容易互相霸凌

為模式。其中一項證據是來自一份研究，研究發現跟貧富差距較小的國家相比，生在貧富差距較大社會中的女人，比較偏愛具有典型陽剛長相的男人。[40]這份研究利用網路問卷調查，受訪者是五千位左右來自三十國的異性戀女子。研究請她們觀察二十組兩兩成對的男性臉部圖片，並簡單回答在每一組圖片中哪張臉比較迷人。每組圖片都有一張經過電腦修圖的照片，目的是為了讓臉部特徵更陽剛，例如加強下顎的輪廓等。結果如圖5.3所呈現，在貧富差距較大的社會中，女性明顯偏好長相陽剛的男人；研究報告也顯示：「女人強烈地認為長相陽剛的男子，容易具有反社會的特質與行為。她們相信這類男人比較不忠誠、

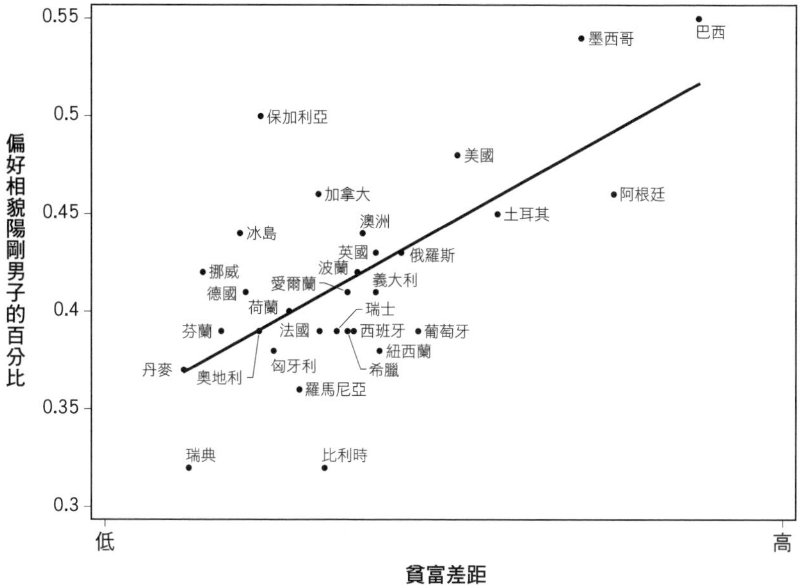

圖5.3：在貧富差距較大的社會中，女人比較偏好長相陽剛的男人 42

配合度較低，對短暫的關係比較感興趣，比較不想經營長久感情。」41粗獷陽剛的長相與特質，或許能讓男人往優勢階層的頂端移動，而活在不平等社會中的女人，對具有陽剛粗獷容貌的男人似乎帶有既定偏見——這種心理就如同早期面對階級制度中的權力關係時，動物個體發展出的心態與反應。

另一項研究結果發現，在現代社會裡位階較低的人們，體內纖維蛋白原濃度較高；人體之所以會出現這種生理反應，似乎是為了適應前人類時期的階級制度。我們在第二章提過，纖維蛋白原是種能幫助血液凝固的因子，在壓力較大的情況下，纖維蛋白原能讓血液濃度上升。這是因為若身處令人備感壓力的狀況下，身體認為有可能會受傷或出血，而這種生理反應就極為有利：當纖維蛋白原濃度提高，身體就能更快止血。在前人類祖先的優勢階層制度中，體內的高纖維蛋白原濃度，對低等個體而言是一大益處，這種機制讓他們在受到高等個體的肢體攻擊時，不至於過度失血而死。

為了證明纖維蛋白原濃度確實反應人體對社交互動的部分反應，近期有更多研究顯示：如我們所預期，具有良好人際關係網絡的人，體內的纖維蛋白原濃度較低[43]，幸好我們現在已經不用擔心被上層階級的人咬傷了，不過社會階級造成的心理壓力，還是會讓人體的血液凝固速度加快，而良好、不具威脅的人際關係則會造成相反效應。

採取正確策略

依照不同的社會形態選擇對應的社交策略，這種能力已經成為人類基因的一部分，因為唯有採取最合適的策略，才有可能順利存活、繁衍後代。在優勢階層制度中表現得太過慷慨，就很有可能被別人利用；在主張平等的社會上顯得太自私，又會被整個社群排除。在具有強烈階級制度的社會中，低階個體不僅面臨高階個體的生命威脅，更得面臨繁殖機會稀少、稀有物資取得管道不足的困境。優勢階層只會迫使人不斷奮力往上爬，但平等社會卻同時提供了負面與正面選擇壓力，例如將具有反社交行為者從社群中排除，並且將具有合群特質的個體保留下來。在需要協力合作的活動中，較不自私、較慷慨、值得信賴的人比較容易被選為夥伴，擇偶時也更容易獲得青睞。

藉由這些獎賞與制裁的措施，平等社會在人類心理留下強大的演化壓力，迫使我們發展出更具社交傾向的人格特質。我們已在前面篇幅讀到這種遺傳特徵的實例，例如：支配與友誼對凝血功能的影響、被排擠產生的社交疼痛與生理疼痛的大腦作用區塊相同、人類具有共同進食的傾向以及宗教有共食的象徵，最後還有同伴（companion）這個詞的由來。這些心理傾向深植於生活各個面向。舉例來說，我們總希望自己能擁有他人沒有的技能或用處，我們喜歡被人賞識的感覺，希望當個能幫得上忙的人。這幾乎可說是一種滿足他人需求時的自我實現感，像是父母滿足孩子的需求、以及個體完成他人重視的任務那樣；雖然在現代勞工薪資條件下，許多受雇者都覺得不受重視、遭到剝削，失業卻還是會對自我價值感造成巨大衝擊。無法在社會上找到發揮能力的位置，會讓人感到自己一文不值。渴望能滿足他人需求，並受到重視與欣賞，這樣才能確保未來不會被排擠在社群之外；只要能為他人所用，我們就能獲得無與倫比的安全感，清楚感覺自己是合作團體中的一員。

人們普遍認為誠實、慷慨與善良這些特質，是宗教信仰發明出來的，並持續推廣歌頌至今。雖然信仰的力量與宗教規範確實能督促人們保持善良慷慨（但宗教的包容力偶爾也有待加強），但我們現在能確信，自己帶有的利社會特質，其實早在史前時期就由平等社會中的選汰演化力量形塑而成。近代狩獵採集社會的人類學紀錄顯示，早在很久之前，人類就重視無私、慷慨與善良。雖然宗教信仰能凸顯這些本能，不過利社會的人格特質早已深植人類的演化心理，比近幾千年才出現的宗教意識形態還淵遠流長。

從幾種動物的行為來看，就能清楚發現利他行為早就存在於基因中[44]，演化心理學家也努力想釐清，有哪些選汰過程可能與此現象相關。為何人類會冒著生命危險拯救一個快溺死的陌生人？為什麼這麼多人匿名捐款，或是在未來不再造訪的鎮上用餐時給服務生小費？以前學界都認為這是個理論缺陷，假如個體的基因傾向是讓他冒命救人、或是在食物短缺時還與他人分享糧食，那他的基因照理說比較不容易在群眾中流傳開。團體選擇（group selection）只能讓已在族群中相當普遍的特質流傳得更廣，但勇於冒命救人的這種傾向，似乎不會讓一個人的基因在當地族群中變得更普遍；畢竟在發生衝突或戰爭後，能夠讓基因流傳下來的個體，想當然絕對是倖存者而非陣亡者。雖然有些人指出這種利他傾向能夠提升整體族群的存活率，但唯有在多數個體具有利他特質的情況下，團體選擇才會讓這些特質日漸普遍。

我們在本章前段提過伯姆的研究。他的研究結果之所以令人懾服，是因為他發現「利社會行為個體」的存亡關鍵，其實是社會環境而非自然環境。他人對於慷慨者的偏好，造就了正面選擇壓力（選擇配偶時更明顯），對於具有反社會傾向者的歧視，則形成負面選擇壓力。這兩種壓力合而為一，成為強而有力的選擇組合。研究人員發現就算是在非人類的靈長類動物身上，也會出現抵制不平等現象以及願意團結合作的行為，這些研究結果也跟上述論點相符。證據顯示明顯具有無私行為特質的物種，就是藉由這些方式讓族群中受到不平等對待或在合作活動中未受重視的個體，不會心生憤怒、狹怨報復。[45]

社會環境與表觀遺傳學

在前面篇章我們提到，人類對於較平等與較不平等的社會，會展現出哪些與生俱有的反應。發展神速的表觀遺傳學，如今也證實人類本來就會自動適應所處的社會環境。

表觀遺傳學探討的是外在環境如何影響、改變人類基因。各式各樣的外來環境刺激，雖不至於影響代代相傳的遺傳密碼，學界卻發現這些刺激能改變基因的表現，例如將基因打開或關閉，進而影響個體的發展與行為。在人類與多項物種身上，表觀遺傳的改變能讓生物體在不同情況下有不同發展。舉例來說，工蜂和女王蜂具有相同基因，但這些基因的功能與表現，卻會受到蜜蜂在幼蟲時期攝取的蜂王乳多寡所影響。蜂王乳改變基因的表現，讓原本短命、無法生產的工蜂變成體型較大、專門產卵、壽命較長的女王蜂。另外，生物體發展其實也會受到經驗影響。

對人類與其他靈長類動物來說，包含產前發育在內的早期生命經驗，都能決定個體對壓力的反應方式。有份研究探討產婦壓力對嬰兒發展的影響，其結果相當令人吃驚：研究發現產婦壓力對嬰兒情緒和智力發展皆造成傷害，而且嚴重程度遠超過讓孕婦暴露在已構成危險性的輻射量中。研究人員以一群白俄羅斯的兒童為對象，他們的生母在懷孕時，都暴露在一九八六年車諾比核災的輻射裡；跟生母未曾暴露在輻射中的兒童相比，這群小孩的發展與認知能力都受到明顯損傷。[46]不過令研究人員訝異的是，輻射暴露對智力功能、說話能力、語言與情緒構成的傷害，遠不及對於輻射暴露的擔憂與疏散過程帶來的壓力和情緒崩潰。

早期童年經驗對後期心理發展有重大影響，這個看法早就獲得證實，但直到最近才有研究顯示，心理發展受到影響的過程，大幅受到表觀遺傳改變的主導。兒童若背負過多壓力，對壓力的反應有可能會更激烈、情緒更焦慮，日後也容易罹患憂鬱症。[47]

有份研究評論提出，社交壓力會改變各種調節壓力反應基因的表現，其中影響力最大的則屬親子間的壓力。[48]因此，每個人長大後的行為與對壓力的反應，全憑童年時期的經驗而定。部分人可能在充滿安全感與關愛的關係中獲得滋養，也有百分之十至十五的人受到心理或肢體虐待、不受重視，或是親眼目睹父母衝突與暴力，剩下則是處在這兩種極端之間的人。[49]

許多物種在生命階段前期對外在環境相當敏感，這些生命經驗也會直接影響其行為發展。就連植物似乎也有表觀遺傳的現象，能依照旱季或土壤鹽分過高的經驗來改變生長軌跡，藉以因應外在環境的變化，未來若發生相同狀況時就不會措手不及。[50]不過表觀遺傳的改變，並不單由外在物理環境所引起，社會階級制度嚴明與否，也會對社交型態構成影響，人們會因社交型態與生活品質的不同，調整其行為發展。表觀遺傳變化之所以與這些現象相關，是因為我們對外在環境的**主觀感受**，也會引起表觀遺傳的改變，例如緊繃的家庭關係。[51]我們對社會現象的感受和感知，會影響數百個基因的表現。[52]

學界發現早年社交經驗會改變基因表現，進而影響個體的發展模式，這就代表在整個演化過程中，人類必須對各式各樣社會環境保有彈性，並能適當滿足所處環境的不同需求。在演化史中，人類經歷過各種極端的社會形態，例如推崇「強權即是公理」的優勢階層社會，以及充滿關愛、分享互惠的社群。表觀遺傳跟演化至今的心理，讓我們具備能應付兩種極端社會環境的行為模式，並依照所處環境來決定要展現哪一套；這就好像每個嬰兒都是演員一樣，他們走上舞台，觀察現狀必須上演人類劇碼中的哪一齣戲。

其中影響力最大的是社會關係的品質。早期行為與人格的發展都與生長環境息息相關，我們有可能生在一個需要奮力爭取機會的社會（必要時得聽從優勢個體的命令），大家都是彼此的敵手，互相競爭稀有資源，因此不能信任他人。不過我們所處的社會，也有可能是以合作互惠為主，人們彼此展現同理心、互相信賴。在不同社會制度中，人們的社交取向會有所差異，情緒與認知發展也會有所改變。童年時承受較多壓力，不代表那個人的內心傷痕累累，反而有可能會讓他更能適應壓力巨大的社會環境；他們可能較能在都市生活中調適自己，比較不願意信任他人，心中不會出現錯誤的安全感，也隨時準備好為捍衛自己而戰。

在人類史前時期，我們能藉由表觀遺傳上的變化來看出社會樣貌，因為當時是群居社會，不像現在以核心家庭為主。在遊牧採集狩獵社會中，兒童對社會關係的感受，間接反應出他們出生時以及長大後所處的社會型態為何。但在現代，大家都住在保有隱私的生活空間裡，家庭生活某種程度來說已經與社會脫節，讓人難以從童年經驗判斷社會關係的樣貌。有些家庭充滿慈愛與關懷，有些則天天上演暴力衝突，但不管童年經驗是否能反應出社會關係的型態，幼年時期的經驗都會讓人踏上特定人格發展軌跡。不過，現代核心家庭當然也難以躲掉廣大社會帶來的壓力。財務壓力和債務、工作與生活失衡、失業、精神健康問題或成癮困擾，最後還有低人一等的自卑感，這些由貧富差距所致的現象，都對家庭關係造成危害。確實，證據顯示在美國貧富差距較大的州中，虐童的比例也相對較高（見第六章）。[53]

有些表觀遺傳的改變並不會永久停留，有些則會持續傳到下個世代。舉例來說，猶太人大屠殺倖存者的表觀遺傳改變，也同樣出現在他們的成年子女身上；此現象顯示，即便在尚未懷孕前，母體承受的壓力仍會對後代子女造成影響。[54]

社會地位與健康問題

在各個社會中，人際關係的品質都有相當懸殊的差異；而在社會階級的頂端與底端，每個人在適應上面臨的挑戰也各有不同。在貧富差距較大的社會中，社會關係的品質與每個人對逆境的感受，更會因為社會地位不同而有極大的差異，因此，住在富裕社區和貧困地區的人們，在表觀遺傳上就有明顯的不同。一份在蘇格蘭格拉斯哥進行的研究，比較了勞工／非勞工和住在富庶／窮困地區人們的基因，兩份比較都顯示，具有不同社會經濟地位的人們，在表觀遺傳上有極大差異。雖然我們目前還需要更多的研究才能斷言這些表觀遺傳的變化具有哪些影響，但表觀遺傳的改變肯定與貧富差距息息相關。[55]

幸好，只要個體的生命經驗有所改變，許多基因表現的改變都是可逆的。有份研究就發現，只要將獼猴轉移到不同族群中、改變其原先的社會地位，牠們的表觀遺傳輪廓就會有所不同。[56]

雖然學界假設這些改變能幫助個體適應新社會，但關於基因表現受到的特定變化卻仍是一團謎。這些基因表現改變有可能受早年承受的壓力所致，例如對憂慮與焦慮的激烈反應等經驗，而這些早年經驗也很有可能會導致長期健康問題。

史丹佛大學神經內分泌與靈長類學家羅伯・薩波斯基（Robert Sapolsky）曾指出，壓力會改變生理重要事項的優先順序。[57]「打或跑」的反應能讓我們在碰到緊急狀況或威脅時，將體內能量轉移到肌肉運作上，提升人體的反應速度；不過人體在啟動這種反應的同時，會犧牲掉原本分配給修護組織、修補、成長、消化以及繁殖功能的能量。雖然在碰到短暫威脅時，短時間內啟動這種機制並不會對身體構成傷害，但若憂慮和焦慮的現象持續數周甚至是數年，健康狀況肯定會大打折扣。

貧富差距與貧窮

大家常把偏低的社會地位跟貧窮的影響混為一談。我們都以為淒慘的物質條件（例如簡陋、擁擠的住家和品質不佳的食物），是貧窮與匱乏對窮人最直接的影響；不過隨著社會逐漸富裕，物質生活水準的重要性已不如以往。儘管如此，我們還是能透過物質生活條件來判斷人們是否能正常參與社交生活，是否能避免遭到「社會排除」（social exclusion）*。因此，許多已開發國家在評估國內的貧窮狀況時，都是以相對程度來判斷。在歐盟，貧窮的定義為所得低於該國收入中位數的百分之六十，因此用來判斷一個人是否貧窮的依據並非實質收入，而是在與他人比較之下的**相對**匱乏程度。看待貧窮時，大家普遍將焦點擺在其「社會排除」的效果上，但真正有損人格與尊嚴的，其實是窮人的處境：多數人都將窮人視為低人一等。馬歇爾・薩林斯更指出：「貧窮並不罕見，也不是什麼過度階段，貧窮其實是人與人之間的關係。貧窮就是社會地位。」[58] 獲得諾貝爾獎的經濟學家阿馬蒂亞・森（Amartya Sen）也提出相同概念，他認為貧窮的「終極核心即為難以抹除的脆弱感」。[59]

有支國際團隊特地訪問七個已開發與開發中國家的窮人，詢問他們關於貧窮的經驗，這些國家為：烏干達與印度鄉村地區、中國都會區、巴基斯坦、南韓、英國與挪威。[60] 這份研究清楚地驗證了前兩位學者的看法。在不同國家中，受訪者的物質生活水準差異懸殊：印度的窮人基本上都住在只有一到兩間房的小屋，並直接以土地為地板，屋頂為帶有波紋的鐵板，下廚的空間則設在室外。社區中的居民共用一個水龍頭，家家戶戶通常不會另外設置廁所。來自烏干達的受訪者皆為生活困苦的農民，他們的住家為茅草搭蓋的小屋，小屋也是直接搭在地面上，並未另外鋪地板，房子的結構並不能完全抵擋風吹雨淋。這些農民同樣在屋外烹飪下廚，很多人無法取得乾淨的水資源。相較之下，英國與挪威的受訪者則是住在三房公寓或獨棟住宅中，屋內皆有冷熱水，還有電力、暖氣、廚房和浴室可用，許多受訪者都是失業者，他們都靠社會保障接濟度日。雖然生活條件大不相同，取得足夠食物和衣物的程度也各有差異，但各國受訪者對於比他人窮困的主觀感受卻大同小異。為避免引導受訪者做出特定回答，研究人員刻意避開使用「脆弱」與「貧窮」等字眼，但最後他們還是做出以下結論：

> 各國受訪者皆鄙視貧窮，也時常表示看不起活在貧窮之中的自己。小孩常輕視父母、女人輕視丈夫，而男人也時常因為自我厭惡而對小孩或父母親發脾氣。雖然受訪者都認為自己已經盡力擺脫貧窮，多數人仍因為生活環境困苦、被別人視為一事無成，而感到辜負、對不起自己。家庭、職場以及與政府機關往來的經驗和外在環境，都一再加深他們內在的脆弱感。就連兒童也難以逃離這種脆弱的情緒，畢竟學校也是一個社會階級分類的場域，學童在無法保證會被接納的環境下受盡羞辱，這點或許只有巴基斯坦例外……即使小孩已不再主動要求，父母也會因為無法提供小孩豐富的資源而感到羞愧。此外，兒童因有所意識而不再開口索求，這點更加深父母的羞愧感。[61]

* 編註：社會排除意指那些被排除於現代社會安全體系外的人，不只單指貧窮，也包含了健康、住房、教育等，也就是受到歧視與隔離的人。

除了自我厭惡之外，羞愧感也會導致「退縮……絕望、憂鬱，讓人產生自殺念頭，損及自我」。對受訪者而言，「無法提供自己與家人充足的食物與庇護」，就是最顯著的失敗象徵。「對男人而言，依靠他人或社會福利度日，對男子氣概來說也是一種威脅：一位育有兩子的英國父親，就坦承自己『像個廢物……我是家裡的男人，我應該有男人的樣子，照顧老婆小孩。但我沒做到。』」

除了內在的羞愧感外，研究人員也發現在這七個國家中，窮困的人也被整個社會明確地羞辱。報告特別指出在英國，大眾傳播媒體不斷強調貧窮是個人失敗所致，這種現象再度加深他們心中的羞辱感。

如欲探討貧窮與貧富差距帶來的影響，必須先了解人類天生對低下社會地位的厭惡感。這種與生俱來的厭惡感，屬於人類演化心理的一部分，而且想必能追溯到前人類社會的優勢階層體制。不過在現代社會的貧富差距現況下，這種厭惡感仍深植人心。有些人總忽略貧富差距與相對貧窮帶來的效應，誤以為光靠經濟成長就能解決問題。而正如我們所見，在窮人的主觀經驗與感受中，「比他人貧困」確實會對表觀遺傳造成顯著的影響。

社交焦慮的兩大來源

深植人心、令人易受其害的社交焦慮，主要來源大概可分為兩種：一是前人類優勢階層體制在我們身上留下來的痕跡，第二則是史前的平等社會時期。

因為大家時時刻刻都在留意自己與他人的社會階級，因此出現為了社會地位而競爭的現象。大家都鄙視社會底層，對其帶有偏見，也很有可能是地位競爭所致。在非人類的靈長類動物身上，我們清楚發現上位者能有恃無恐地對低階者為所欲為，這就是優越者的特權。不過在優勢階層體制中，要在不冒犯優越者的情況下競爭地位，是件非常困難的事，你必須清楚知道自己跟上位者相比位處劣勢，才能在穩輸的局面或可能受傷的情況下知道收手。此外，你也要試著不斷提升、維持自己的地位，讓自己不輸給與自己地位相當的個體。

要知道優勢階層對心理的影響有多大，只要觀察社會階級嚴明的猴子就可見一斑。這些物種中的低階個體，每天都花大量時間觀察上位者的行蹤與性情，外人只要找出哪隻猴子一直被其他猴子盯著看，就能斷定牠是優勢個體。[62] 低階個體不時觀察群體中侵略性最強的個體在哪裡、脾氣好不好，這種戒備心理反映出牠們有多害怕衝突，並且盡全力避免衝突發生。[63]

即便是在現代，人類還是很擅長從他人身上辨識出優勢支配的人格特質。有項研究是讓學生在實驗情境下組成不同的小組，並觀察他們在初次碰面時的互動與反應。研究發現這些學生只要「互看一眼」，就算還沒開口交談，就能在見面的第一分鐘內隱約從肢體語言判斷出誰的行為模式具有支配傾向。而進一步觀察他們接下來的互動，就能證實他們心中最初的判斷是正確的。[64] 這份研究經過特別設計，已經將服飾等會彰顯身分地位的外在象徵給排除。研究人員指出，看起來有無自信、行為舉止是否活躍、還有打照面時是否會避免眼神接觸，這些行為都是在第一眼時最能透露一個人是否具有支配傾向的指標。其中特別有意思的是研究人員表示，他們的研究結果跟「靈長類研究的文獻雷同，都顯示低階個體會對優勢個體投以短暫的目光，觀察他們的一舉一動。」[65]

前人類社會階級系統在我們心中留下深刻的印記，讓我們對社會地位特別敏感。[66]人類拿自己與他人比較的傾向，就像動物會為競爭支配地位而對峙時，在心中衡量對方的能力，以進一步判斷是否該開打或退讓。畢竟在階級嚴明的體制中，幾乎沒有什麼事是比地位高低更重要的。正如我們在第四章所見，在現代社會裡，人們對地位的焦慮造就消費主義：我們對象徵身分地位的事物非常敏感，就算再細微也不放過，消費行為就此成為另一種競爭地位的手段。

研究社會貧富不均的效應時，我們面臨一大難題：人們都拿誰跟自己做比較？多數研究相對貧窮的報告都指出，我們很常拿自己跟類似的人做比較，例如鄰居或是同事，而不是跟社會階層比自己高或低的人相比。[67]從這個結論來看，除了位居中段的多數人會跟彼此比較之外，頂層跟底層族群也會跟地位相近的人比較。這看似跟大量研究結果提出的證據背道而馳，因為有豐富的證據顯示，無論是從社會上最富裕到最貧窮的族群，都不能小看貧富差距的影響力，並且也造成各式各樣的社會功能失調。不過從演化的觀點來看，就能發現這兩個看似互相抵觸的論點，其實是能夠同時存在的。羅伯・薩波斯基每年都會到塞倫蓋提（Serengeti）研究野生的狒狒，這項研究長達二十五年。他發現爭奪支配地位的現象，通常會出現在屬於同一社會階級的個體之間。[68]換句話說，排行第七名的狒狒只會跟第六名或第八名的狒狒競爭，而不會跟第一名或第二十名搶奪地位。第七名之所以放棄跟第一名競爭，是因為牠知道自己絕對贏不了，第二十名不會跟第七名競爭也是基於同樣道理。不過，如果群體中有任何一個個體的地位有可能上升或下降，每個動物都會確保自己不會被同類比下去；如果群體中出現提升地位的機會，排行第七名的個體就得預防第六名或第八名奪得先機。但這不表示地位較高或較低的個體無足輕重，畢竟辨識出群體中誰是支配個體，才有辦法保住自己的性命，因此非人類靈長類動物會不時望向支配個體。而在倫敦公家單位中，基層公職人員體內的凝血因子濃度也比較高。

或許這個現象也解釋了為何朋友或同行在言行舉止中透露自己較優越時，身邊的人總會感到憤怒。大家都會心想：「他們以為自己有多了不起？」另外，我們也能從這個現象發現，其實在貧富差距較大的社會中，底層人們互相攻擊鬥毆的案例，比窮人毆打有錢人的頻率高出許多。[69]暴力事件之所以在貧富差距較大的社會中更普遍，是因為社會中的人們更重視地位，因此當感到不受尊重或真的（以及想像）被同類輕視時，更想去捍衛自己的地位。既然社會地位對大家來說這麼重要，我們就更在乎別人如何看待自己、是否被尊重、是否留下良好印象、是否受到推崇而非輕視。既然如此，我們就更執著於外在形象，更容易受到廣告商的洗腦，相信只要花錢消費就能提升自我形象與地位。

身處貧富差距大的社會中，社會地位的重要性與日俱增，也讓人們的表觀遺傳發生改變，其中一項改變就是我們越來越執著於跟同類進行社會比較。但是，不管這種現象是否與表觀遺傳有關，我們都能斷定貧富差距讓大家更在乎社會地位，更重視他人對自己的看法，對他人的輕視與不尊重也更加戒備。

我們之所以容易受社交焦慮影響，而且傾向透過別人的視角來看待自己、了解自己以及感受自己，第二個原因就是史前時期的平等主義。生活在前農業時代的人類祖先，都會擔心自己被社會排除，總覺得需要被他人喜愛或賞識。人類跟動物不同，動物擔心的多半是體能上的差異；但在人類的平等社會中，人們開始獵捕大型獵物維生，大家也越來越在意彼此對自己的觀感，而且從族群中最強大到最軟弱的個體都不例外。族群中的每個人都越來越在乎自己是否與他人維持良好的關係，或者至少能被他人包容。對動物來說，牠們最在乎的，莫過於避免與支配個體發生衝突；而在團結合作、互相保護並分享食物的人類社群中，最重要的就是不能被群體給排除。

或許就是藉由這段歷史，心理學家才發展出「厭惡不平等」（inequality aversion）的說法。目前已經有為數眾多的研究顯示（包含前段提到的最後通牒賽局實驗），除了（儘管）重視社會地位，人類也（還是）非常厭惡不平等現象。舉例來說，在科學期刊《自然》（*Nature*）裡，就有研究團隊精心設計一份遊戲實驗，實驗參與者會被分為數個四人小組，以匿名形式透過電腦終端來互動。[70]電腦會隨機將不同金額的錢分給每個人。每個人都可以保留自己拿到的金額，也可以用這些錢來購買代幣，用來增加或削減他人的收入。每個代幣要價一塊美金，能用來讓他人的收入增加或減少三塊美金。此實驗多次將參與者重新分組，也不斷重複這種金錢互動。而在進行遊戲前，研究團隊都清楚說明以下規則：遊戲結束後他們能獲得留下來的錢、整個遊戲過程都會保持匿名、只會跟同一個人互動一次、大家都不會被告知彼此在前一輪的表現。實驗結束後，研究人員發現參與者花錢買來的代幣，都用來讓那些一開始被分到一大筆錢的人收入減少，以及讓起初拿到低於平均值金額的人收入增加；因此一開始被分到一大筆錢的人收入銳減，而團體中被分到比較少錢的人則大幅增加收入。並且，最初就被分到一大筆錢的人，會花比較多錢讓錢較少的人增加收入，而一開始只拿到一點點錢的人，則會花錢讓錢多者減低收入。在進行實驗的過程中，這種行為模式以及某些實驗參與者透露的情緒（其中包含憤怒），都顯現出大家其實是相當厭惡不平等的。[71]

此類研究為數眾多，主要都是由行為經濟學家設計與執行。這些學者利用類似「賽局」的實驗來探討人類社交動機，而且都得到相似的結論。[72]在前面的章節中，我們發現在狩獵採集社會裡，人們都有意識地且「篤定」地信奉平等的價值觀。這是因為避免不平等對狩獵採集社會相當有利，能事先預防個體之間出現爭執或衝突（雖然衝突或紛爭不一定能完全靠這個方式來排除）。[73]平等主義提升了互惠與合作的重要性。只要避免不平等現象的發生，就能增進友誼、鼓勵分享行為，這對彼此而言都是一大益處。因此這種厭惡不平等的心態，對於活在狩獵採集社會的人類祖先而言，可說是社交生活的重要基石。大家對公平的偏好，以及我們想透過善意來回報他人恩情的心，雖然都有可能受到其他因素的干擾與影響，但這還是跟優勢階層中那種互相敵對、以自我利益為優先考量的原則形成強烈對比。總而言之，這種有利於社會的價值觀之所以會存在，是因為我們希望能獲得他人的善意對待，期望被視為是樂於合作的人、期盼被當成造就社群福利者。而實驗證據也清楚顯示，若要維持人們對不平等的厭惡感，體制中就一定要具備制裁手段，懲罰那些濫用他人慷慨行為的個體，例如在前面章節中出現「利他懲罰」。

學習而來的文化與社交焦慮

人類對**文化**具有高度依賴，這種現象在其他動物身上可說是前所未見。人類之所以需要文化，很有可能是因為我們對他人的評價相當敏感。文化指的是非單靠本能做出的反應、而是一種透過學習與經驗養成的生活方式。雖然某些靈長類動物也會藉由學習來養成特定行為模式，例如在吃可食用的塊莖時先將上頭的泥土拍掉，或是用棍棒挖白蟻來食用；不過除此之外，牠們並未透過學習養成其他行為。只有人類會透過學習行為來累積充足的文化，建構出一整套取自經驗的生活方式。早期以狩獵採集維生的遊牧民族，都是靠本能來行事，生活方式也沒什麼變化；但將時間軸拉到現代，人類群居於都市中，以勞力換取工資，也養成能夠適應不同環境的能力，發展出各式各樣的生活型態。

每個小孩在成長過程中，都會將其他人視為是文化的承載者。他人是文化的載體、是學習的榜樣，更是生活方式的守護者。長大就代表要學習待人處事的方法，必須過著「適當」、且他人能夠接受的生活。所以無論是學習特定技能、累積知識、或是調整發音咬字，避免招來他人的訕笑和嘲弄，人類之所以學習，一大原因是渴望能獲得周遭群眾的肯定與認可。因為想被他人視為行家或至少是有個能力的人，我們熟練地實踐某種生活方式。

湯瑪斯・謝夫認為，人類會抗拒脆弱與難堪等感受，顯示大家都有順從的傾向，只因為我們不想在他人面前看起來過於古怪或愚蠢。這個說法與我們先前提到的概念很接近：獲得他人肯定與避免被嘲弄的渴望，讓人類發展出全然建構於學習之上的生活方式。這麼看來，透過學習與經驗累積而來的生活方式，應該是出自於人類循規蹈矩的天性：我們努力模仿、學習他人的行為模式（反之，創新或發展全新行為模式風險極高；不過那些在特定領域打破常規的人，通常在其他生活面向上還是傾向於遵從學習經驗建構成的文化）。

獲得他人尊重的強烈渴望，讓我們產生強大的學習動機以習得特定技能，或是培養更廣泛的行為模式。有效地學習與自我發展，讓那些專精於特定技能或能力的人，具有更強而有力的選擇優勢。*他們比較容易受他人讚賞，可能會被視為非常具有價值的伴侶或是社群成員。我們也能由此推斷，那些能力不足或顯得不適當的個體，想必會大受群眾排擠、拒絕。

從演化的觀點來看，生物都會想把基因傳給下一代，因此這種選擇壓力以及對他人評價的擔憂，通常會在青春期到二十幾歲這個區間來到高峰，因為性擇在這段期間最為激烈。年輕人都期望能盡量抬高擇偶條件，因此也對自己的外貌、能力以及地位感到無比焦慮。

* 譯註：原文在此所指的選擇優勢（selective advantage）並非個體選擇他人，而是個體被他人所選擇的優勢。

減輕社交焦慮

雖然我們之前曾強調，演化過程在人類心理留下顯著的痕跡，進而影響我們的社會關係，但這不代表這些特徵已在基因裡固定下來了。其實基因跟環境的互動極為複雜，薩波斯基就舉了一個簡單的例子，讓我們了解其實有大量的基因特徵，都能讓我們在不同環境中做出相應的複雜行為，而不是在忽略環境因素的情況下選擇我們的行為模式。他指出老鼠的嗅覺能讓老鼠分辨其他個體的性別，或是辨別他們是近親還是陌生人，也能辨別食物，或是判斷該以何種方式跟其他個體互動。身而為人，我們光靠直覺就知道如何與朋友互動，以及如何跟地位相當者相處，我們也深知社會地位與權力的重要性。現代社會中的許多情境，都讓我們發展出利社會行為，也讓人渴望被肯定、被當做是自己人來看待；不過在其他情況下，我們對自我提升的執著以及對地位的關切，也變得無比重要，讓人根據社會地位來決定是否尊重他人。通常我們都希望能提高地位以獲得他人的重視（至少表面上看來是如此），但同時我們又渴望被當成是自己人來對待。這其中確實充滿矛盾。

若想了解這兩種矛盾策略的演化過程，就不能把它們拆開來理解，因為人類所處的環境千變萬化，在不同環境中，我們選用的策略也會有所差異。這些相異的行為模式，對生活幸福感來說都具有不同意涵，因此我們都必須認清，貧富差距的規模，對整體社會的社會行為具有強大的影響力。

生活幸福感

我們在前面的段落提到，社交焦慮之所以會存在原因有二，這兩個原因都跟我們想獲得他人的正面評價有關，而且早在人類演化早期就已存在。不過這兩個成因的本質卻是截然不同。社交焦慮的成因之一，是因為我們希望建立友誼與良好的社會關係，盼望能互相扶持、對彼此的生活幸福感有所貢獻；另一項成因卻相當反社會：我們希望自己看起來比他人優越，輕視低階個體，對上位者卑躬屈膝，而且被他人比下去時又會失去信心、感到自卑。我們永遠無法擺脫這兩種成因，不過，社會對第一種成因的需求遠大於第二種。

一路以來，人類生活在貧富差距程度不等的社會中，社會階級有時分層嚴明、有時則全然平等。此外，我們也都在不同的體制中發展出相應的生活模式。在這些截然不同的社會結構裡，人們的生活幸福感也有懸殊的差別：跟較平等、主張互惠的社會比起來，地位競爭激烈的社會，大多充滿無謂對立的社會關係，生活壓力也較大。在早期的動物階級制度中，暴力霸凌的現象層出不窮，而在現代貧富差距較大的社會中（見圖5.2），校園霸凌的比例是整整十倍之高。從演化的歷程來看，我們就知道社會上有哪些現象會對整體生活幸福感構成威脅。霸凌對整體社會而言是一大耗損。有些兒童遭同儕霸凌，每天早上想到要去上學都害怕到嘔吐反胃，甚至出現嚴重的憂鬱傾向，而曾在學校被霸凌的人，一輩子都背負著心理創傷。貧富差距對兒童造成的強烈影響，也嚴重的損害了不平等社會中的人際關係。我們其實都明白地位競爭根本是場零和博弈：全體人民不可能同時提升自身的相對地位，當有人的地位上升，勢必就有人的地位會往下掉。

我們在前面提到，以賽局實驗來探討人類社交行為的研究，成功地破除了一項迷思，讓我們知道人類並非是自私自利且占有欲強的動物。正如我們在第一章所見，關於傷口癒合、抵抗力以及平均壽命的研究，其實也都間接印證了良好的社會關係對健康與快樂有極大助益。[74]

只要改善個體之間的物質條件差距，就能提升全人口的生活幸福感，改善社會關係的品質。正如研究數據顯示，只要社會越平等，社群生活的連結也會越穩固，人們對彼此的信任感也會更強；地位焦慮、消費主義還有暴力傾向，都會因此逐漸退散，社會關係也會變得更輕鬆無負擔。

唯有實際體認這些因素之間的連結，才有辦法做出改變，讓社會變得更好、人們更善待彼此。光靠道德規勸是無法讓大家停止用外表來批判他人，我們也只會繼續用財富來衡量個人價值；我們體內彷彿有一套內建程式，讓我們對階級不自覺做出反應。如果想把這套深植人心的程式關掉，首先得全盤了解貧富差距的影響力和規模。當然，我們也可以期許人們能靠自己的努力來提振自信心、結交朋友，並對社群生活有所貢獻；但對很多人而言，心中的自卑感仍然是一堵無法跨越的高牆。雖然我們能期盼懸殊的貧富差距不要讓人們養成優越感或自卑感，也能盼望人們不要過於自負，瞧不起社會地位較低的族群；但若真心希望現況有所改變，就不能無視引發我們做出上述反應的因素。

因為世上沒有完美的平等社會，所以我們無從得知縮小貧富差距後是否對整體社會更有利。目前學界缺乏來自平等社會的數據，因此我們無法推斷如果一個社會增加其平等程度到超越其他平等國家，那麼社會上的人們是否能過得更好。我們實在無法想像一個沒有地位高低分別、人們對彼此都一視同仁的平等社會，究竟會是什麼樣子？如果大家對於技能、興趣、能力、知識以及性格上的差異，都能擺脫身分地位的束縛與蒙蔽，完全展現自己的價值，都能毫不保留地顯現個人特色，這個世界會是什麼模樣？

你有讀到這篇文章嗎？
66%的頂尖律師都是從
那幾間名校畢業的……
這也他媽太羞辱人了吧，
好像我們不夠格去唸那些
學校一樣……
FRAN
我們的員工大概有三分之一都
是從爛到不行的綜合中學畢
業，根本不構成威脅……
我要叫人資把那
些人攆出去！

第六章

菁英領導制度的迷思[1]

二〇一六年，出身保守黨的德蕾莎・梅伊（Theresa May）出任首相時，前倫敦市長鮑里斯・強森（Boris Johnson）出任外交大臣。曾在伊頓公學和牛津大學受教育的他，在二〇一三年受邀擔任「柴契爾夫人講座」（The Margaret Thatcher Lecture）的講者。面對台下的高知識分子與學者，他直言因為社會上永遠有落後他人的笨蛋，所以收入均等是天方夜譚：「不管你信不信智力測驗，智商跟貧富差距絕對相關。社會上有百分之十六的人們智商低於八十五。」他用盒裝玉米片來比喻整個社會，還大力推崇貧富差距，因為貧富差距能讓最聰明的人功成名就：「越用力搖那盒玉米片，某些玉米片就更容易往上移動。」貧富差距是「嫉妒、羨慕和貪婪的重要來源，而這些特質都是促進經濟成長的關鍵。」[2]

不管強森是否如同他所描述的玉米片般聰明，但對於貧富差距他肯定只是一知半解。那些榮獲諾貝爾獎的經濟學家[3]、經濟合作暨發展組織（ＯＥＣＤ）、還有國際貨幣基金組織（ＩＭＦ）[4]的專家和專業組織都指出，貧富差距不僅無法促進經濟成長，更是不景氣和經濟動盪的元兇。在貧富差距懸殊的社會中，社會流動逐漸停滯，人們的創意也受到限制。在較平等的國家中，獲准的專利案件數量占比確實較高。正如我們在前面章節所見，不斷去羨慕優越者擁有的一切，執著於趕上他人的財富水準，只會逼出人們的生理與心理狀況。不過社會上有很多人跟鮑里斯一樣，誤以為貧富差距是個人能力所致。

人們普遍認為人類天生就有能力、智力與才能上的差異，而這些差異決定了每個人能爬到哪個社會階級。這種想法不僅非常普遍，也是用來替階級辯解的最佳說詞。在普羅大眾的心裡，我們都活在採用「菁英領導」制度的社會中，若想獲得較高的社會地位，能力即是關鍵。我們將社會想像成一座金字塔，絕大多數的人都位於底層，只有少數人能爬到尖端，而我們也都覺得能爬到頂層的人，肯定具有某些特別的才能。大家都深信能力的差別造就了社會地位的差異，因此我們不自覺地用每個人的社會地位來判斷他人的個人價值、能力以及智力。這種觀念不僅影響我們看待他人的方式，更關乎我們如何看待自己。位在頂層的人總認為自己因為天生具有「對的能力」，才會順利站在頂端；底層族群則認為自己肯定缺少某些才華，所以才被困在金字塔底部。

不過這樣的想像並未獲得近期科學研究證實。首先，研究發現我們在生命中碰到的多數事物、還有我們最終獲得的社會地位，都是由不可預測的偶發事件或影響因素所致，簡單來說就是純粹靠運氣。再來，除了運氣之外，能力與社會地位之間確實存有特定連結，但其因果關係卻跟多數人的想像相反，其實社會地位並非由天賦所決定，反而是社會地位形塑了個人能力、興趣與才華。不過，讓我們先來談談運氣。

無論你覺得自己成功與否，我們其實都能回顧過往人生歷程，看看自己現在的成就受到運氣和機會多大的影響。也許我們是因為運氣才選到很棒的學校、遇到很優秀的老師，在重要大考中碰到拿手的考題，也有可能在找工作面試時，面試官跟我們非常聊得來。或許一場偶然的會議就改變了你的人生，或許升遷機會就這樣突如其來找上門。對生活品質而言，找個合適的伴侶跟工作與收入一樣重要，但在職場上，我們則很少去思考運氣和機會的貢獻。在碰到理想的另一半時，我們總是會在心中覺得自己怎麼會如此幸運，大家都會開心地聊起自己有多幸運才能遇見另一半，談起兩個人在什麼樣的機緣下能放鬆、自在地相處，還有能跟伴侶擁有共同興趣有多湊巧。但要是不提這些機緣與運氣，大家可能也不會特別去留意。

人們普遍對社會階級抱有強烈偏見。有很多人都在社會階梯裡上下移動，但就連最謹慎的教養與能力分析研究，都無法預測社會流動的方式。此外，雖然頂層與底層族群的平均壽命可能有十年之差，但這也不能用來解釋為何每個人的壽命不一樣長：某些有錢人英年早逝，某些窮人則非常長壽。有些對公共健康議題抱持另類想法的人會說，就算勤於運動、健康飲食、而且還不抽菸，最後還是有可能死於心臟病。而且如同我們在前章所提，包含主觀經驗在內的所有生命經驗，都有可能觸發某種表觀遺傳改變，影響人生後段的發展模式。

我們常說氣候的形成複雜難解，蝴蝶振翅都有可能改變天氣。因此現在大家都相信在生命中，機會和命運會大幅左右我們的社會階級與細胞層次。一個人是否會生病、是否能考出好成績、能不能有幸福美滿的婚姻，機會和運氣都扮演非常重要的角色。科學家甚至擔心運氣會導致他們無法統整出每件事的因果關係，也難以預防負面結果或加以補救，在社會科學中，這種現象被稱為「黯淡的前景」（Gloomy Prospect），意即當科學研究碰上運氣來攪局時，數據與分析資料全失去解釋能力或實際用途。[5]雖然運氣讓每個人的生活難以預料，但這並不影響我們在研究廣大人口時，對平均或**群體**差異的理解。人生彷彿是一場靠投骰子決定的遊戲，骰子則依照我們出生時所屬的社會階級，經過不同的加權設計：雖然每次擲骰子的結果看似全憑運氣，但多投幾輪之後就能看清某些結果出現的比例特別高，某些則明顯較低。當我們試圖證明在貧富差距較大的社會中，窮人普遍來講表現較差、壽命較短、而且難以功成名就的同時，也別忘了有時成功也得靠運氣。

話雖如此，我們也不否認每個人確實有能力、技術與興趣上的差異。那些位於社會頂層的人，確實在某些具公信力的能力測驗中表現突出。不過如果改換為勞動產業重視的實作能力、開車技術、ＤＩＹ技能、或靠微薄薪資度日的能力來做為評分依據，那麼整個社會的能力分布可能會重新大洗牌。雖然不是所有技能都是普羅大眾能夠習得的，但我們關注的重點不在於能力的衡量方式，而是能力的差距究竟是從何而來。

鮑里斯認為智力的差別是與生俱來，相信是父母基因遺傳所致，有些人就是具有「天生」的才華。這種觀念其實一點都不罕見，至少從古典時期開始，有錢人或位高權重者，就開始相信不同社會階級中的人們都具有不同的生理組成，他們甚至鼓勵普羅大眾接受這個說法。在柏拉圖的想像裡，統治階級的靈魂是由金煉成的，再下一個階級的人們則是由銀打造而成，再往下則是銅或鐵[6]；大家都相信不同族群之間存有先天能力差異，並用這個觀念來理解社會地位的分布，例如金字塔頂層為哲人王，奴隸都聚集在底部。由於這些想法不斷推波助瀾，種族與階級歧視才會如此根深柢固。[7]

共有的遺傳特徵

只要某項遺傳特徵對生存有利，這項特徵就會在物種間越來越普遍。根據祖先居住的緯度高低不同，不同人種的膚色也有深淺之別，能夠提供不同程度的紫外線防禦力。人類之所以有兩隻眼睛，是因為雙眼視力對日常生活幫助極大，在幾百種靈長類動物中，人類可說是唯一有眼白的物種，其他靈長類動物的鞏膜都是棕色的；人類是具有複雜社交行為的物種，因此追隨他人目光、知道別人在注視什麼的能力因而顯得不可或缺，眼白成了人類共有的遺傳特徵。

由此可知，如果某種關乎智力的遺傳特徵相當利於生存的話，怎麼可能會只出現在少數人身上？

「有些族群具有特別優越的『智力』，讓他們有能力解決各式各樣的問題，而有人就是先天能力不足……」這種未必屬實的說法，近期似乎獲得某些科學研究背書，大家也就繼續接受這種觀念。

人類越來越聰明

因為基因遺傳，所以每個人的智力程度各有不同，但這種觀念如今逐漸受到挑戰。科學研究發現，全人類的智力不斷隨時間增進。一九八〇年代，紐西蘭心理學家兼教授的詹姆斯·弗林（James Flynn）發現，在不同國家中，整體人口的智商測驗分數在二十世紀以來不斷躍升。當然，他所指的各國都是那些具有豐富數據、讓他能精確比較時間變化的地區。如今這個說法已是確立的事實，學界也在世界各地進行相關研究，大家都稱這個發現為「弗林效應」（Flynn effect）。科學家針對美國、十五個歐洲國家、四個亞洲國家、澳洲、加拿大與紐西蘭等已開發國家進行評估，這些國家也都具有弗林效應；而開發中國家或新興經濟體，例如肯亞、多明尼加、巴西、土耳其與沙烏地阿拉伯等地，人口的智商測驗成績也在近期突飛猛進。[8]典型的智商增加比率約為每十年增加三分，以二〇〇〇年的智商標準來看，一九三〇年代的人平均智商約為八十分，恰好是在從「遲鈍」掉入「智能有限」的邊緣。既然我們都比父母或祖父母聰明許多，智商測驗就不適合用來測量我們觀念中的先天智力。

弗林表示智商測驗測量的是「心智習性」，而心智習性是透過文化與學習累積而來，並非基因遺傳所致。他認為現代西方認知的心智習性，外頭彷彿套了一付「科學濾鏡」：我們習慣以科學知識來理解世界，而不是用純粹實用的角度看待萬物，所以如果在智力測驗中被問到：「狗跟兔子有什麼共同點？」「正確」答案會是這兩種動物都是哺乳類（科學分類），而不是狗可以用來獵捕兔子（實用觀點）（會給出這種答案的，很有可能不是在西方世界成長或受教育）。智力測驗傾向用來評估一個人的邏輯假設思維能力、象徵思維能力以及推論結果。另外，因為工作與生活環境的差異，社會上某部分的人似乎能更早拿到這付「科學濾鏡」。

弗林指出隨著教育程度的普及，社會重視的認知能力不斷向前邁進，其結果也反映在智商測驗中。因此智商測驗成果的進展，並不是因為現代人天生比祖先聰明。他表示：「智商增加的主要原因其實是工業革命。而次要成因可能是工業革命帶來的社會變革，例如學校教育變得更正式、工作和休閒活動對認知能力的要求更高、成年人與兒童的數量比例變得更理想，還有親子互動更加頻繁等。」換言之，經過整個二十世紀，人類智商之所以能大幅提升，其實都要歸因於社會環境，而非先天遺傳差異。另外，他也點出有少數幾個開發中國家的平均智商目前偏低，大概跟一九〇〇年的美國人平均智商差不多。

雙胞胎研究怎麼說？

為了深入理解遺傳的奧祕，釐清基因（先天）跟環境（後天）對個人特徵、特質與行為的影響孰重孰輕，數年來科學家們皆持續研究那些具有基因關聯的個體。其中以雙胞胎研究最能獲得啟發，而分開撫養的同卵雙胞胎研究尤甚。同卵雙胞胎的基因組成完全相同，就算他們被分開撫養，智商測驗出來的結果還是比隨便從人群中挑出的兩個人還接近。基於這個現象，科學家才會認為智力多半是靠基因遺傳得來的，環境的影響比較不顯著。

不過如今我們有了後見之明，都知道這個研究結果並不可信。研究結果本身並沒有錯，有問題的是我們的解讀方式。就算將雙胞胎分開撫養，他們的成長環境還是不會有太大差異，至少比隨便從人群中選出的兩個人還要接近。想像有對同卵雙胞胎一出生就被兩個家庭領養，他們的成長環境可能不會距離太遠，他們的領養家庭可能來自同一個城鎮、或許具有相似的社經地位、擁有類似的種族和文化背景等，雖然沒有一起長大，他們的成長環境畢竟不會差太多。

細微的基因差距有可能會被環境大幅擴大，這點不能輕忽。舉例來說，有人因為先天基因的關係，在體育活動的表現上比別人稍微好一些，因為這層差別，他們很有可能更喜歡運動，也練習得更勤快，他們或許會被選為校隊，接受專業教練的指導，讓表現更上層樓。從這個角度來看，微小的先天差異，也有可能透過教養方式與不同的發展路徑、還有行為與環境的選擇，造就極大的個體差異。這個邏輯在其他細微的優勢或素質差異上也適用，有些人比較早就開始閱讀、學音樂、展現數學方面的才能，或是對各種事物感到好奇。只要有這種傾向，我們就會更投入那項活動，越是樂在其中、表現越好，就會因為成就感而繼續在該領域鑽研。因此，我們會選擇從事那些能盡情發揮能力的活動，選擇適合自己的環境，做那些我們本來就比較擅長的事。這麼一來，原本在生物遺傳上細微的先天素質差異，便輕輕將我們向某個方向推進，藉由我們自主選擇從事的活動，讓這些微小差異得以發展、擴大到極致。這個現象在雙胞胎研究中也存在：無論是共同成長或分開撫養，很多研究都將雙胞胎身上的差異和共同點歸因於基因，但這些相似與差異之處，其實一開始都只是相當微小的基因特徵，只是後來被他們選擇從事的活動與所處環境所放大。

以下提供幾個具體實例，讓大家了解這個道理是如何在真實生活中印證。跟探討基因遺傳的優勢相比，從兒童年齡的差距就能看出端倪。兒童年齡的偶然差距，讓某些小孩具有細微的生物優勢，這些優勢正如前段提到的基因優勢那樣，隨著他們的成長變得越來越顯著。

兒童入學的年紀都有明確的規範。舉例來說，如果今年入學的學生，必須在九月一號前就滿五歲的話，那麼九月一號過幾天才滿五歲的學生，明年入學時，會比班上那些在當年八月底滿五歲的同學整整大上一歲。這些班上年紀最大的學生跟其他同學相比，在發展上具有細微但關鍵的優勢。研究顯示這些晚一年入學的學生在各方面的表現都比較好：學習能力較佳、朋友比較多、比較常擔任班級幹部，而且在未來也比較可能成功。[9] 有份國際研究針對十六個國家進行調查，並在其中十個國家發現，小學的就讀年齡對考試成績有長期且正面的影響。[10]

過去大家都以為這可能是因為夏天出生的小孩，前一年冬天還在子宮裡發育時，比較常跟母體感染接觸所致。不過現在我們都清楚知道，不管入學年齡的界線定在幾月，身為班上年紀較長的學生就是具有長期優勢。如此微不足道的發展優勢，能在班級互動過程中被逐漸放大，正如遺傳在能力或技能上的細微差異，會在個體主動選擇外在環境、或被外在環境篩選的同時，藉由反覆練習讓優勢逐漸放大。

這個現象也同樣出現在曲棍球選手上，在一月到三月生的選手數量，比在十月到

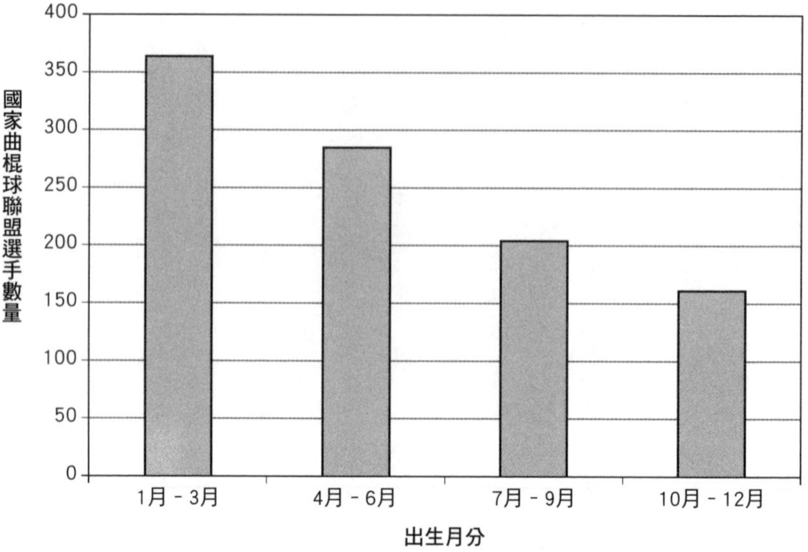

圖6.1：同年度裡年初出生的選手，比較容易被選入國家曲棍球聯盟隊伍 13

十二月生的選手整整多出一倍。11 圖6.1的數據，是美國與加拿大中被選入國家曲棍球聯盟的選手。青少年曲棍球（入選後就能接受訓練、密集練習，以及獲得其他機會）的年齡截止日期設在一月一號，所以在年初出生的選手平均比年尾出生的隊友體型更高大、更強壯、速度更快，也發展得比較好。他們比較容易獲選菁英培訓計畫、到海外參加比賽、以及申請到獎學金，總而言之，同年度裡較早出生的選手，在起跑點時就已經領先其他隊友，因此他們的發展路徑跟其他人截然不同。12

或許大家都沒料想到，比起其他與社會流動相關的能力，運動能力更能清楚闡述我們要表達的概念。很多人都以為身體能力與心智能力毫無瓜葛，不過有份近期研究發現，運動能力不僅得靠體能，選手也得在變化迅速的環境中快速處理外來資訊。[14]有份研究發現，在一系列稱為「執行功能」（executive function）*的認知能力（包含工作記憶、心智靈活度和自我控制）上，聯盟選手表現得比非聯盟選手更好，而甲級聯賽的選手又比乙級聯賽的選手更優秀。同一份研究也發現，「執行功能」的測驗結果也能用來預測選手在比賽中的得分總數。讀到這裡，我們就知道嘲諷運動員「只靠雙手蠻力」這句話以後可不能隨便亂說。要是沒有大腦指揮他們的雙手（或雙腳！），這些選手也不會有如此亮眼的表現。換個角度想，我們本來就不會說某位傑出小說家靠的只是一支好筆，或一副好鍵盤，對吧？

出生日期會影響學校或球隊的篩選結果，而這種篩選條件造成的細微能力差異，會藉由每個人選擇從事的活動而逐漸擴大，因此由基因遺傳造成的細微差距也會間接被放大。另外，從事某些活動有助於培養技能與能力，不過我們向來都忽略這些活動的重要性。舉例來說，或許在基因遺傳上，某位鋼琴演奏家確實有先天優勢，讓他在小時候選擇學琴、並以鋼琴演奏為志業，但決定其演奏能力的重要關鍵其實還是在於練習。

在某個領域具有細微的基因優勢，或許會影響一個人的發展成長路徑，只要我們發現自己比別人更擅長某件事，就能從中得到樂趣與滿足，讓我們繼續在具有相對優勢的領域中鑽

* 編註：是人類較高階的認知能力。指的是為了達到特定目標，我們會以較有彈性（或各種其他方式）處理不同執行過程的能力。

研——這或許也是經濟學與演化的重要原理。此現象也常出現在兄弟姐妹的關係之間。如果兄姐很愛運動，你可能就會比較愛看書，如果其中一個人很務實，另一個可能就比較搞怪。這種讓兄弟姐妹刻意區分彼此的機制，或許能解釋為什麼有些研究發現，與隨便從人群中挑出來的兩個人相比，手足之間的相似度並沒有特別高。[15]談到環境的影響，與外在實體環境相較，我們替自己創造的主觀內在環境其實更重要。

具有可塑性的大腦

過去數十年來的研究結果讓我們對大腦的認知大翻盤。原來大腦（與心智）不僅可塑性極強，更具有發展能力。目前有幾項研究利用腦部掃描證實，每當我們學習不同事物並進行練習時，就會運動到心智的「肌肉」，進而形塑大腦的結構與功能。有份備受推崇的知名研究發現，倫敦計程車司機在習得「專業知識」之後（並非之前），大腦中用來在三維空間裡定位（同時也具有其他功能）的海馬迴體積變大了。[16]研究中提到的「專業知識」，指的是計程車司機為了取得執照，得通過一項非常嚴格的測驗；在這份測驗裡，司機必須在不看地圖、不用衛星導航，以及不靠無線電廣播的情況下，熟記倫敦境內兩萬五千條街道與三百二十條主要幹道的位置。跟業餘音樂家或非音樂家相比，專業音樂家的大腦也因為經過密集練習而得出類似的改變。[17]又例如練習雜耍時，大腦必須處理並儲存複雜的視覺動態，因此另一份研究也在自願學習雜耍的受測者大腦中發現，負責這部分工作的大腦區塊出現結構變化。[18]其他研究也在學習第二外語者、學打高爾夫球者、舞者、走鋼索的人身上發現這類變化。另外，自願連續兩周每天練習十五分鐘鏡像閱讀的受測者，大腦結構也同樣出現改變。而另一份以醫學院學生為主體的研究發現，這些學生在為考試準備功課、吸收大量抽象資訊後，灰質中特定領域的結構也有所改變。[19]

現在大家都知道練習和訓練能讓大腦更適應我們從事的活動，進而讓能力與技巧得以提升。建築師、足球員、律師、心理學家、音樂家、木工、警察、會計師、汽車修理工和藝術家的大腦，都會出現不同的結構改變，讓他們習得特定能力。有時候，早年對特定領域感興趣的傾向，也會隨著這些大腦結構的變化更為顯著。不只年輕人的大腦具有如此高的可塑性，中年人或老年人的大腦結構也同樣有改變的空間：雖然老年人的大腦可塑性較差，但研究發現他們的大腦還是對大量的環境與訓練刺激有所反應。[20]只要人生出現任何變化，大腦都能隨時調整適應，因此就算童年成長環境或學校教育的條件不佳，長大後大腦還是有改變、調整的空間。

智商高低通常會影響一個人是否能獲得財務與社會方面的優勢，但研究證據顯示，計程車司機、音樂家或砌磚工人的專業技能，其實具有相同的智商發展模式。

全面了解人類大腦的可塑性後，我們發現不管大家探討的能力或技能是何者，是屬於社會、藝術、數學、空間、語言、實用、音樂或肌肉運動知覺領域，總之所有能力的養成其實都大同小異。另外大家也別忘了，大腦的發展同樣會受到產前發育期的壓力、童年環境、教養方式、教育和校園生活、家庭環境、尊重與愛等因素所影響。

各自相同的境況

我們已經推翻了推崇菁英領導制度的說法，認為與生俱來的能力會決定每個人最後的社會地位這樣的觀點。其實每個小孩的外顯能力以及長大後的社會地位，都深受家庭社會地位的影響。至今已有為數眾多的研究顯示，窮困的環境會對小孩的認知能力造成傷害；研究也證實，貧窮為家庭環境帶來更大的壓力，而兒童難以在這樣的生活下獲得啟發與激勵，所以窮人家出身的小孩能力普遍較差。這些針對窮困家庭兒童所做的研究指出，他們之所以在認知方面有缺陷，是外在條件所致，並非與生俱來、不可改變的事實。

近期有份美國研究找來年齡介於五個月大至四歲之間的兒童，使用核磁共振進行最多七次的掃描，並比較個別來自低收入、中等收入與高收入家庭的兒童。研究發現，家庭收入低的兒童大腦灰質較少（灰質中具有神經細胞、樹狀突與突觸，而大腦灰質負責認知、處理資訊和調節等功能的重要區塊）。雖然研究團隊沒有在五個月大的嬰兒身上看出規律的灰質差異，但在四歲大的兒童身上，就能看出家境貧困的小孩比家境富裕的小孩少了百分之十的灰質。這種灰質的差異，無法用出生時的體重、嬰兒時期健康狀況、或出生時的頭腦尺寸來解釋，研究團隊也早在初期就排除了產婦是否抽菸、懷孕時過度飲酒、是否出現生產併發症、是否具有顯著的語言障礙或學習障礙或其他危險因子。而等到這些兒童長大，各自在貧富懸殊的環境中生活一段時間後，大腦體積的差異就會越來越顯著。[21]

其他研究也證實，如果這些兒童的家庭長期處在相對貧困的環境，貧窮對認知能力發展的殺傷力也就更大。英國千禧世代研究（Millennium Cohort Study）的數據顯示，生在貧窮家庭的兒童不僅在三歲、五歲和七歲大的時候認知能力較弱，如果他們持續生活在相同的家庭環境下，貧窮對認知能力的影響則會更顯著。[22]二十多年來，已有許多研究證實，家庭在相對貧窮的狀態中停留越久，貧窮對兒童認知發展的傷害就越大[23]；研究也發現，無論母親是否罹患憂鬱症，或是兒童是由單親、具有婚姻關係的雙親、或是同居伴侶撫養長大，這些因素對三歲兒童的認知發展而言，影響力都遠不及家庭收入。[24]

貧窮之所以會阻礙認知發展，似乎是因為壓力與缺乏心智刺激所致。有份研究檢測七個月大、十五個月大的嬰兒和兩歲大的兒童的唾液，用以評估唾液中壓力賀爾蒙皮質醇的濃度；研究發現家境貧困的兒童之所以認知發展受限，跟皮質醇的濃度高度相關，顯示貧窮主要影響了兒童的壓力。[25]在另一份研究中，研究人員評估兒童接收的心智刺激、父母的教養方式、物質環境水準還有兒童的健康狀況；研究人員發現，這些因素都會造成貧窮對認知發展的影響。[26]心智刺激的重要性獲得證實後，學界研究也反覆指出，如果窮困家庭的小孩能參加美國「早期啟蒙計畫」（Early Head Start）等針對父母與兒童的社會服務，兒童的表現就能有所改善，貧窮造成的影響也能獲得抵銷。[27]

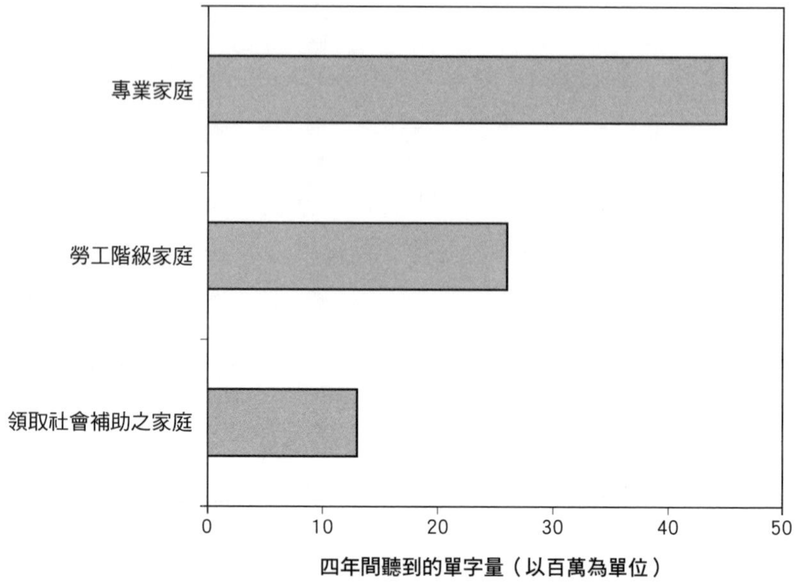

圖6.2：來自勞工家庭或家中領有社會補助的兒童，接觸到的單字量比父母是專業人士的兒童還少[28]

倘若受到貧富差距的影響，父母無法讓兒童在資源豐富、心智刺激充足的環境下發展，兒童可能就會錯過某些重要的發展階段，往後的學習也有可能出現阻礙。圖6.2顯示在美國，父母從事特定專業工作的小孩、跟來自勞工家庭或家中領有社會補助的小孩相比，在童年初期接觸到的單字量明顯較多。

而從一系列研究英國兒童學習表現的研究，就能清楚看出社經地位並非童年教育資源所致，而是社經地位的差異導致教育環境有所不同。這系列研究觀察了來自不同社會背景、學習表現程度也各異的兒童。他們的學習情況隨著時間的變化，其結果則顯示在圖6.3。[29]這張圖比較來自富

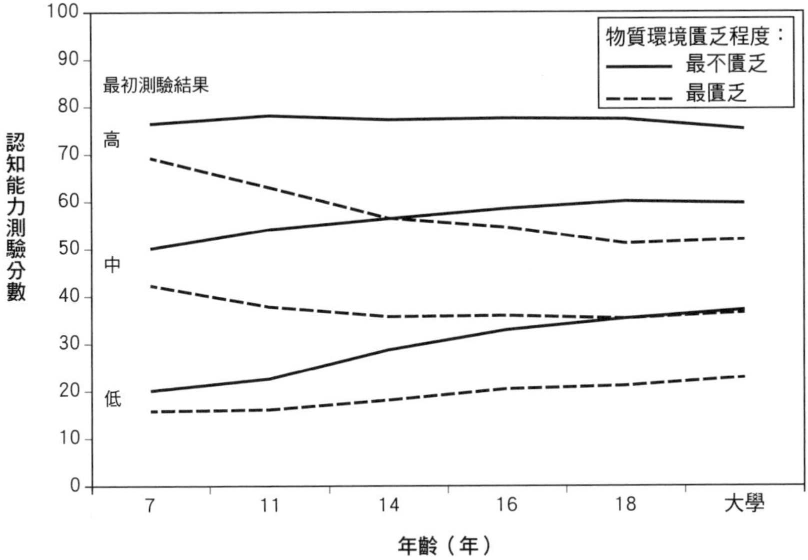

圖6.3：家庭背景如何隨時間演進影響兒童的學習表現

裕與窮困背景的兒童，他們都在七歲時進行一項測驗（測驗結果以高、中、低標示在左側），圖表中的曲線則是他們的學習狀況進展，分別記錄他們在十一歲、十四歲、十六歲、十八歲時與大學期間的表現。

無論他們最初的測驗成績是高是低，家境貧困與家境富裕的兒童在長大過程中，學習表現的差異都會逐漸拉大（實線與虛線之間的差距）。生長環境最富庶的兒童，要不就是一開始就考到不錯的成績，要不就是慢慢從中低分數一路往上爬；教育資源會改善他們的學習表現。相較之下，成長環境困頓的小孩，即使一開始的測驗成績位在中上區段，學習表現也會慢慢退步；窮困的生活環境就是能造成如此差別。成長環境資源豐富的小孩，雖然七歲時測驗低於平均值，但最後他們竟能超越、或至少趕上那些家境困苦但起初表現亮眼的兒童。更值得注意的是，圖6.3的年齡起始點為七歲，而在七歲之前，家庭環境已對兒童的認知發展造成深遠影響。[30]

總而言之，圖6.3推翻普羅大眾既有的迷思：每個小孩「天生」具有的能力，會影響他們日後的學習表現。經濟合作暨發展組織針對復原力進行研究，發現在某些國家中，窮困兒童在學習表現上的復原力最多只有七成。不過在英國，僅不到四分之一的兒童能克服家庭社經地位的限制，在課業上有超出預期的表現。[31] 綜合圖6.3跟這些研究，我們能清楚看出認知發展與智力的差異並非貧富差異的成因，反而是受貧富差異所影響。

貧富差距同樣會對教師構成影響

貧困的家庭成長環境對兒童智力發展的影響毋庸置疑，這點也改變普羅大眾的思維，讓我們知道多數人的天生智力並無懸殊差異，學習表現也可以靠後天教育來改善。雖然每個人的認知能力都有進步的空間，不過嬰兒時期的細微差異隨成長環境逐漸擴大後，學校似乎成了社會分類的場域，畢業成年後，這些後天環境促成的個體差異，就成了決定其職業與階級的依據。

布里斯托大學研究人員曾比較班級導師與國家考試的閱卷人員的評分方式（閱卷人員與班級導師的差異，是閱卷人員不認識寫考卷的考生）。[32] 研究發現，學校老師在改考卷時，會一直給住在貧困社區的學生打低分，而家境優渥的學生得分普遍較理想；另外，學校教師給黑人兒童的分數也明顯較低，印度或中國學生的成績則比較高。研究人員認為，這是一種無意識的種族刻板印象。此外，在黑人或窮困學生數量較少的學區中，差別給分的現象更明顯。這種學生課業表現受教師期望影響的現象，即為「畢馬龍效應」（Pygmalion effect）。一九六〇年代後，有許多研究紛紛證實畢馬龍效應的影響。[33]這種現象不僅存在於美國或英國等富裕國家，近期有份印度研究發現，學校老師在改考卷時，會給種姓階級較低的學生低分。[34]我們在此並不是要抨擊老師，而是要讓大家留意我們的下意識。

劍橋大學教授黛安・瑞（Diane Reay），認為社會階級是「悄悄跟蹤英國學校的殭屍」，指出英國教育從未適當處理社會階級這個議題。[35]窮困的兒童常被視為「能力不足的學習者，文化水準也不夠」，所以當政府積極拓展高等教育普及率時，受惠最大的其實是中產階級，而非出身窮困的學童。[36]在第五章裡，我們探討各國人們的窮困經驗時，受訪者常將學校形容為「社會分級的場域」。[37]黛安・瑞在多份論文與近期出版的著作《錯誤教育》（*Miseducation*）[38]中，提到有許多來自勞工家庭的兒童，都覺得自己不值得接受教育，在學校裡也不被尊重、重視，這些學生覺得老師瞧不起他們，讓他們看起來好像很蠢，被當成傻瓜來對待。必須強調的是，訓練教師的教育學程通常都不會強調社會階級、社經地位和貧富差距與教育的關係；但我們都期望學校、教室中的氛圍還有工作量超載的老師，能夠在貧窮、貧富不均的社會現況下，克服教育上的不平等。事實上，很少有人有能力處理這些議題。瑞在結論中提到：「我們不能坐以待斃，等待奇蹟發生，期盼有一天老師會自己去進修，察覺社會階級在學校教育中的重要性；我們也不能期待他們會知道或理解，其實班上學生具有不同的階級文化。」[39]

數十年來，研究證實我們能從家庭的社經地位預測出「兒童的健康狀況、認知能力與未來的社經地位」。[40]研究顯示如果剛上學時，小孩的表現就已略為落後、而且認知發展也比不上同學，就算學校教育再成功，他們未來在學習路上還是很有可能會走得不順遂。[41]當兒童們還沒準備好面對學校環境的挑戰，心中的安適與幸福感都將受到影響，這對學校以及包含窮困學生在內的所有兒童，其實都不是好事。

刻板印象的威脅

在學校中體驗到的社會分級現象、以及貧乏的物質資源，這些來自外在環境的因素都會影響兒童的發展；此外，另一種看似自我標籤化的過程，也會對發展造成阻礙。我們在第一章提過，如果你意識到別人對你的社會地位看法，這種地位分化的現象就會對生理、心智和情緒造成影響。我們也知道在從事具有「社會評價威脅」（對自信或社會地位構成威脅）的活動時，人體會承受較大壓力。[42]《社會不平等》的第八章中提到一份研究，指出兒童玩遊戲的能力會受到地位差異的影響。在世界銀行公開的一份實驗中，一群來自印度不同種姓階級、年齡介於十一到十二歲的男孩，一起破解一份迷宮遊戲；在知道彼此的種姓階級之前，他們破解關卡的能力都一樣。實驗團隊公開每個人的種姓階級後，種姓低的男孩大幅退步，團體中每位兒童的表現也出現差距。[43]目前學界已有數百份與這種自我標籤化過程相關的研究，其中大多都是以實驗方式進行。[44]這些研究發現，如果隱約讓受測者覺得自己屬於刻板印象中考試成績較差的那一類人，或是針對刻板印象中他們普遍具有的弱點刻意調整測驗內容，讓測驗感覺起來難度更高，他們的表現就會有所退步。舉例來說，實驗人員在測驗前跟社經地位較低的兒童說，他們等一下要接受的是智力測驗，這些兒童的測驗成績就會出現退步的趨勢，但事實上，他們接受的只不過是「一般測驗」而已。[45]這種現象也出現在非裔美籍的中小學生和大學生身上。[46]研究人員請黑人與白人學生寫同一份考卷，但告訴他們一份是智力測驗、另一份是用來辨識解決問題會涉及哪些心理因素的問卷，結果黑人學生在智力測驗中的表現明顯較差；黑人學生在接受智商檢測時，就會意識到大眾對非裔美籍黑人的刻板印象。

性別刻板印象也對女性的表現構成影響。被一堆符合性別刻板印象的電視廣告轟炸後，女性受測者在做性向測驗時，會比較偏好做語言推理的部分，抗拒數學推理題目，對於與數字、數量相關的教育或職涯選項也較無好感。[47]其他研究發現，如果在老年人進行記憶力檢測前，特別向他們強調老化對記憶力的影響，測驗結果就會比較不理想。[48]

為了測驗在沒有一般刻板印象的狀態下是否還會出現這種自我標籤化的現象，有實驗就找來兩組白人男性進行數學測驗，比較他們的測驗分數。這些受測者都對數學相當在行，不過其中一組受測者在測驗前被告知，這個測驗的目的是想了解為何在某些題型上，白人的表現比亞洲人差；結果就算這類刻板印象實際不存在，但也足以對那群白人男性構成威脅，導致他們的測驗結果較不理想。[49]

刻板印象的威脅似乎會讓焦慮感增加，進而令人無法專注，影響處理當前事物的心智能力。如果你對身分地位承受的污名非常敏感，或是受檢測領域對你的身分認同來說很重要，刻板印象的威脅影響就更劇烈。[50]例如，非裔美籍人們在面對智商測驗時，血壓升高的幅度比歐裔美籍受測者還大。[51]研究發現人們在面臨刻板印象威脅時，生理壓力會逐漸升高，也會更關注自己的表現，試著壓抑負面思維，這些因素都會妨礙工作表現，讓工作記憶能力受到干擾。[52]

透過這類研究，我們能發現自己對地位差異的感受有多敏銳，這種感受大幅左右我們的思維，帶來負面影響，也讓我們逐漸接受刻板印象。另外，這類研究也解釋了為何家庭收入會影響兒童早期的認知發展，即使他們進入校園、步入職場後仍難以根除。

本章提供的證據顯示，社會階級源自於天生能力差異的這種觀念根本是大錯特錯。來自不同社會階級的個體，在能力上的確有程度不等的差距；但這些差距是由於階級差異所致，而非造成階級差異的原因。有些人認為一個社會若要成功，就得將天賦異稟的孩子選出來，提前栽培他們，將他們視為罕見的天然資源，這種思維根本與事實相悖。這也是為什麼現行的教育體制會將能力各異的學童分班；認為能力差異是天生遺傳、無法改變，這完全是起源於上述的誤解。我們應該做的是移除那些影響兒童表現的因素，讓社會上的每個人都能將才華與能力發揮到極致。

我們在本章前段提到的幾篇研究論文，將焦點擺在貧窮的影響力上。在這些研究中，相對貧窮的定義通常是指個人收入低於全國中位數百分之六十，而研究證實貧窮效應不只會發生在窮人身上。一般來說，窮人的表現最差，不過在社會階級裡，人們的表現都有隨階級往下遞減的趨勢。研究中提到，來自窮困家庭的小孩，大腦灰質的體積擴展速度較慢：不過中等收入與低收入家庭兒童的灰質發展差距，跟高收入與中等收入家庭小孩的差距，其實也大同小異。而在圖6.2中，我們發現在領有社會補助的家庭中，小孩接觸到的單字量比勞工家庭的小孩少，因為他們較少與他人交談對話，而跟雙親從事專業工作的家庭相比，勞工家庭小孩的單字量又輸了一截。我們想談的不單只是窮人跟其他人的差異，我們想強調的是從社會階級的頂層往底層走，人們的各方面表現都有遞減的現象。

我們在上一章中提到，潛藏在這個現象底下的問題，其實是人們對社會地位與階級的高敏感度。大家都認為社會地位越高的人，具備的能力、才華與智力也更多，但本章想探討的核心問題是，這些能力與天賦上的差異，究竟是與生俱來？還是受階級與收入的影響，由所處的物質環境所致？讀完本章中的證據後，答案肯定是後者。在接下來的段落中，我們會發現貧富差距較懸殊的國家，社會地位的影響力更大，也會對兒童的發展與教育造成較嚴重的損害。

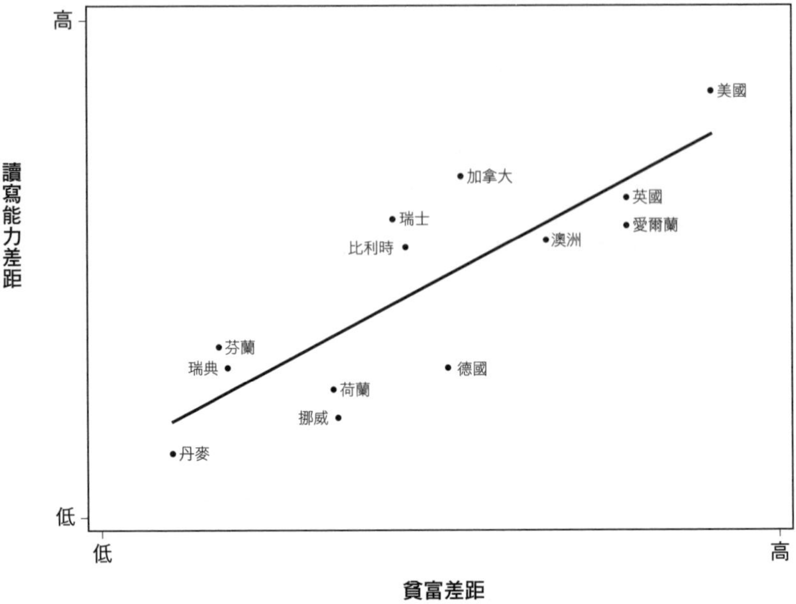

圖6.4：貧富差距越大，社會上成年人的讀寫能力差距就越懸殊 *54*

「貧富差距越大，情況越不樂觀……」

圖6.4顯示在貧富差距較大的國家，讀寫能力表現差異也更為懸殊，這點符合我們的預測（經濟合作暨發展組織在二〇一四年公布的報告中，顯示有二十四個國家出現這種現象[53]），這也清楚證明社會地位的差異會對教育表現構成影響：貧富差距越大，兒童課業表現就越容易受社會地位所左右。

當貧富差距越懸殊，人們學習表現的差異也就越顯著；此外，整個社會的兒童平均教育程度也會受到影響。二〇〇六年，我們在《柳葉刀》（*Lancet*，或譯刺胳針）期刊上發表

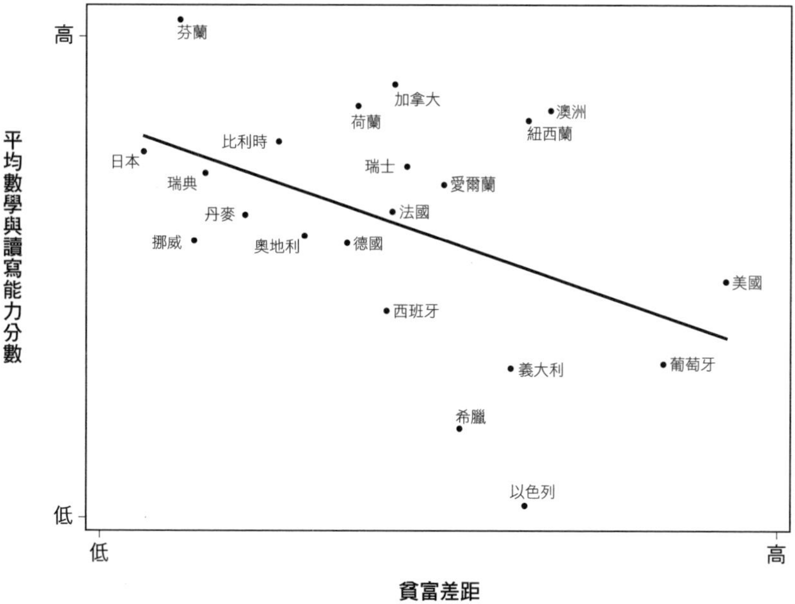

圖6.5：在貧富差距較小的富裕國家，人們的數學與讀寫能力較佳

一篇論文，指出富裕國家的貧富差距程度，對二〇〇三年學生能力國際評估計畫（Programme for International Student Assessment，PISA）中，各國學生的數學與讀寫測驗的平均成績構成強大影響（見圖6.5）。[55]在《社會不平等》中，我們同樣提到在美國的五十個州裡，貧富差距對八年級生（十三至十四歲學童）教育程度的影響。

貧富差距之所以對整體社會的教育水準造成影響，是因為在收入分配越不均等的社會，每往下一個階級，該階級中人們的學習表現就越容易受阻礙。數據顯示，在經濟狀況各異的不同國家裡，貧富差距都與學習成果相關：在貧富差距較大的社會，絕大多數兒童的學習表現都受深受其害，不過在社會的最底層，教育程度的差異最為顯著，因為這也是受貧富差距損害最嚴重的階級。如果想預測一個國家的平均教育水準，只要觀察其社會梯度是陡峭還是平緩即可；貧富差距越大，社會梯度的坡度就越大。

經濟合作暨發展組織和加拿大經濟局（Statistics Canada）針對已開發國家進行研究，證實上述現象為真。[56]若以貧富差距程度來分類這些已開發國家，就會發現在較平等的國家中，十五歲青少年的平均讀寫分數較高，該國全體人們的分數也比國際平均分還高。換句話說，在貧富差距較小的社會中，讀寫能力的社會梯度較平緩。二〇一三年，成人能力國際評量（Programme for the International Assessment of Adult Competencies，PIAAC）公開一份報告，也指出在貧富差距較小的國家，成人讀寫能力的社會差距較小。[57]二〇一〇年，經濟合作暨發展組織分析六十五個國家的ＰＩＳＡ讀寫分數，指出在貧富差距較大的國家（以雙親的社經地位來分類），兒童學習表現的社會梯度比較陡峭。[58]

有份近期研究將英國、澳洲與加拿大的五歲兒童分成三組，比較他們在「語言認知」方面的表現。[59]即便受測者只有五歲，研究結果仍與十五歲學童的ＰＩＳＡ測驗分析相同：這三個國家的貧富差距程度，與語言認知能力的社會梯度密切相關。在這三個國家中，英國的貧富差距最懸殊，因此來自父母教育程度或收入較低之家庭的兒童，語言認知能力大幅落後同儕。其他研究人員也比較美國、英國、加拿大和澳洲人們讀寫能力的差異，他們發現在英國與美國這兩個貧富差距較大的國家，社會上讀寫能力的差異最顯著。[60]在這兩個國家裡，全體國民的普遍學習表現都較不理想；不過教育程度差異最大的，還是落在社會底層。

在本章開頭，我們提到一份二〇一二年的經濟合作暨發展組織報告，針對各國兒童與家庭的「復原力」進行調查[61]（復原力指的是學童克服家庭社經地位的限制，在學習上的表現超乎預期的能力），該組織統各國有多少比例的弱勢學童能擺脫家庭社經地位的束縛，其中英國兒童的表現低於平均值；而在加拿大、芬蘭與日本等貧富差距較小的國家中，全體學童的表現都比較優異，而且也比較不受家庭社經背景所阻礙。在中國，有七成以上的窮困學童具有學習復原力；而在英國，只有不到四分之一的弱勢兒童能在學習上有超出預期的表現。

在其他教育學習表現項目上，英國與美國同樣落後其他國家。除了參考PISA測驗的成績，聯合國兒童基金會也在另一份報告中，研究在二〇〇九／二〇一〇年，各國有多少完全未接受教育、被分類為「尼特族」（NEET）的十五歲至十九歲青少年（尼特族意即不升學、不就業、不接受訓練或就業輔導的青年）。跟其他富裕國家相比，美國跟英國的尼特族比例特別高，在三十三個國家中分別排行第二十五與二十七名。[62]

貧富差距之所以會損害學習表現，原因不勝枚舉，但有兩項因素特別顯著。第一項是校園霸凌嚴重損害了被霸凌者的自尊心與學習表現。在第五章，我們介紹加拿大心理學家法蘭克・艾格（Frank Elgar）與同事的研究*，他們在研究中指出，貧富差距與校園霸凌事件的頻率和

* 譯註：此研究結果即繪為圖5.2

受害者數量相關。[63]我們也發現在較不平等的富裕國家中，有較高比例的兒童說同儕對他們的態度很差、不願互相幫忙。[64]貧富差距與霸凌的關係，正如貧富差距與謀殺率之間的連結；這或許是因為在地位分化顯著的環境，受影響的不僅是兒童，社會上的暴力衝突也讓成人深受其害[65]，因此少年謀殺率跟成人謀殺率，都與貧富差距相關[66]。

貧富差距之所以會破壞學習表現，另一個原因是窮困家庭學童的輟學年紀。在《社會不平等》中，我們提過在美國的五十個州，高中生輟學的比例與貧富差距極為相關。[67]

只要評估兒童的安適感與幸福感，就能了解貧富差距對兒童生理健康與認知發展的深遠影響。我們在第四章提過，聯合國兒童基金會特別設計了一個幸福感指數，以評估富裕國家中的兒童幸福感，這份研究從四十個面向來衡量幸福程度，例如兒童是否覺得自己能與父母溝通、家裡是否有書、兒童接種疫苗的比例、飲酒、抽菸以及未成年生育率等。我們在《英國醫學期刊》（*British Medical Journal*）中登過一篇論文，裡頭提及二〇〇七年的兒童幸福指數，也指出指數中涵蓋的面向大多與貧富差距相關，反而跟平均收入沒什麼顯著關聯。[68]圖4.3就是用二〇一三年聯合國兒童基金會的報告數據勾勒出兒童幸福感與貧富差距之間的關係。[69]我們提到如何運用兩份報告中的二十項指標，來比較二〇〇七年與二〇一三年報告中兒童幸福感的變化[70]，這二十項指標分別為閱讀、數學與科學能力、擴充教育*參與率，還有尼特族的比例。

我們發現，一個國家在二〇〇〇年至二〇〇九年間的貧富差距變化，會明顯投射在接下來幾年的兒童幸福感的變化上。圖6.6引用二〇一六年聯合國兒童基金會報告數據，顯示貧富差距

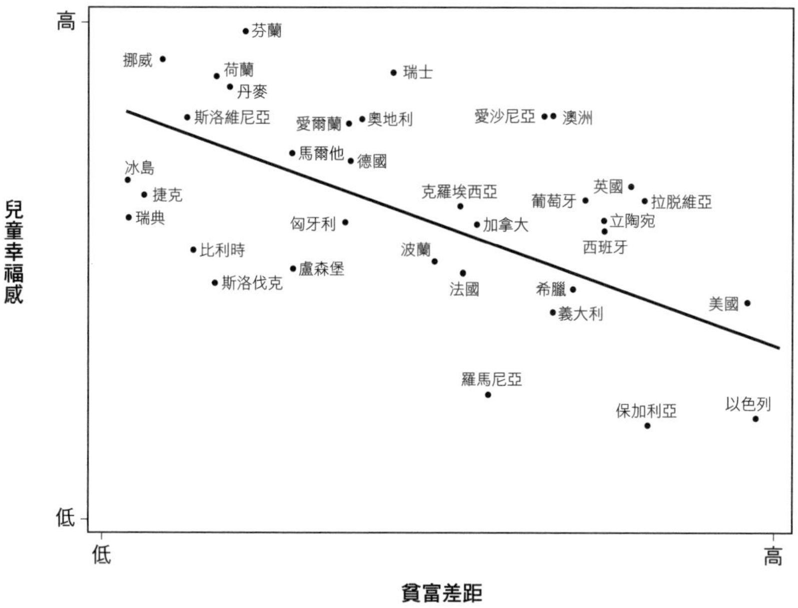

圖6.6：根據二〇一六年聯合國兒童基金會報告，富裕國家中的貧富差距越大，兒童幸福感指數就越低（註：兒童幸福感極低、貧富差距極大的土耳其，並未出現在圖中）。*71*

仍與兒童幸福感密切相關。

階梯往上爬

現在我們都更明白個體能力差異是從何而來，也更了解每個兒童所處的環境會影響他們的認知能力發展。誠如我們所見，在這些個人層面問的題上，收入與地位差距的影響力不容輕忽，但是貧富差距也會對整體社會的教育程度造成傷

*譯註：根據國家教育研究院釋義，擴充教育在英國指的是義務教育之後，為十六歲至十九歲的青少年提供的全時或部分時間教育。

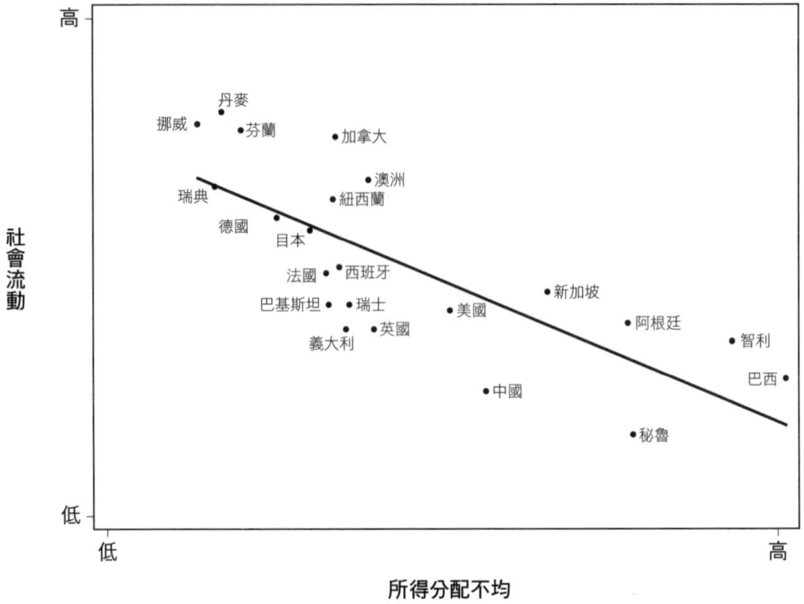

圖6.7：在所得差異較大的國家中，社會流動較難實現73

害。先前我們已讀到貧富差距是如何影響教育水準與社會大眾，以及為何會對社會底層造成最劇烈的傷害；本章提供的證據則顯示，我們不該再把社會階級當成天生智商差異的指標，其實階級差異才是能力差距的元兇。簡言之，我們推翻以往大家用來擁護特權與優越感的說詞，揭露真正的因果關係。

圖6.7顯示，在貧富差距較大的社會中，社會流動更難以實現，這或許是支持本章論點最強而有力的證據。換個角度來說，國家中收入不均的現象越嚴重，兒童就越難享有平等的機會，因為貧富差距使很多人難以如此。圖6.7中使用到的數據同時也顯示出跨世代的所得流動性：也就是將孩

子出生時父母的所得，與孩子三十歲時的所得相比較，父母與成年子女所得之間的關係，顯示多數富裕家庭的後代長大後還是很有錢，而貧窮家庭的小孩長大後還是過得很辛苦。此種現象在美國與英國特別嚴重，這從他們過去五十年來停滯不前、甚至大幅縮減的社會流動現況，還有造成這種局面的各項原因來看就能理解。[72]透過圖6.7就能體會到惡劣的生活環境與卑微的地位，是如何妨礙窮困兒童的發展，剝奪他們的人生機會。

滲入家庭生活的貧富差距

我們在前段已經讀到，學校不僅難以提供窮困兒童發展的機會，還有可能加重貧富差距對他們造成的傷害。不過在兒童進入校園、融入社會之前，貧富差距是如何在他們的生活中紮根的？社會上的各種不平等現象是如何深入家庭生活，讓他們的發展能力與學習能力從早年就開始受到影響？其中的關鍵在於，貧富差距會影響家庭生活與人際關係的品質，讓父母或養育者無法給予兒童適當的發展環境，提供幸福與安適感。撇開懷胎階段不談，嬰兒從一出生就開始學習了，出生後的前幾年尤其是大腦發展的關鍵期。在早年學習階段中，外在社會環境必須給予適當刺激，大人必須時常跟嬰兒或小孩說話，他們也必須感受到愛與人際互動。大人應該要讓小孩有機會玩耍、探索世界，也要在安全限度內鼓勵他們多嘗試，而非將他們限制在既定活動中。

在貧富差距較大的社會裡，很多父母都有精神健康問題，例如憂鬱、焦慮傾向，還有酒精或藥物成癮的現象，這些都是可能妨礙兒童發展的確切危險因子。[74]即使是輕微的憂鬱症或焦慮症，也有可能對家庭生活造成嚴重傷害。低收入家庭中的兒童，常經歷家庭衝突或是家庭破裂等現象，因此更容易成為家暴事件的目擊者或受害者；另外，這些兒童通常也住在較擁擠嘈雜、環境不佳的住宅中。[75]一份美國研究發現，就算排除父母教育程度、社會福利程度、兒童貧窮比率、還有兒童不當對待比率的全國差異等因素，在貧富差距較大的國家中，兒童不當對待的比例就是比較高。[76]在某些貧困家庭中，父母以懲罰或不主動關心的方式來教養小孩，有時甚至忽視小孩的需要或是予以虐待。[77]收入絕對會影響家庭生活品質，讓家庭困境繼續惡化，影響他們面對困難與處理問題的能力。[78]另一份研究探討貧富差距對婚姻的影響，發現只要國家的貧富差距越來越懸殊，離婚率也會跟著上升。[79]

有時政治人物或媒體評論家會堅稱，家庭破裂會導致貧富差距，但事實並非如此。雖然在英國等較不平等的已開發國家中，單親家庭中長大的小孩確實處於劣勢，但目前沒有任何國際研究指出兒童幸福指數和單親家庭盛行率有所關聯。[80]較平等的已開發國家如北歐各國，政府的家庭扶持計畫都針對全國最需要協助的單親家庭給予最慷慨的支持，這種方式大幅改善單親家庭的貧窮現象。人口學家凱薩琳・琪爾南（Kathleen Kiernan）跟其他學者都發現，對兒童造成傷害的並非單親本身，而是單親家庭的貧困生活環境。[81]

如我們所見，貧富差距凸顯出社會地位的重要性，間接導致所得與地位競爭，消費行為逐漸成為人們衡量個人價值的方式，因此在貧富差距較大的國家中，人們的工時更長，家計債務也不斷累積。[82]第四章我們提到一份針對聯合國兒童基金會的研究報告，主旨是探討在貧富差距顯著的國家中，家庭生活與兒童幸福感的狀況；從這份報告就能看出，家庭生活時間的不足與債務壓力，對兒童生活品質會造成嚴重影響。[83]

我們必須在此強調，家庭關係與教養問題不單存在於所得較低的家庭中；有份大型研究以二〇〇〇年與二〇〇一年的兒童為研究對象，發現跟頂層族群相比，就連在社會階級次於頂層一級的母親，也很容易覺得自己不夠資格、或是跟小孩的關係不佳。[84]

在前面章節我們證明了貧富差距會讓成年人對地位更感焦慮[85]、破壞社會凝聚力[86]、讓人們更不友善[87]、也會讓人更傾向「自我提升」，換言之就是聲稱自己比他人優越[88]；如此一來，兒童肯定會注意到這些現象，並對整體社會的地位差異更具意識，最後被成長環境中的貧富差距所影響，無法逃脫。每個小孩留意到階級與地位差異的年齡都不同，不過研究人員發現，兒童從小學畢業後就能排出不同職業的社會高低位階，也能依照服裝、住家與車子等指標來辨識他人的社會地位。[89]

重新振作？

二〇一四年十一月，牛津大學教授丹尼・杜林（Danny Dorling）在《泰晤士高等教育》

（*Times Higher Education*）中，針對貧富差距與教育程度作出評論：

> 根據經濟合作暨發展組織的評估……在六個富裕國家中……人們的算術能力與該國貧富差距程度，呈現近乎完美的反比。所以在富人擁有較多資源的地區，年輕人都搞不懂為什麼所得中位數與平均會差這麼多。[90]

他的論點雖然諷刺，卻也一針見血。如果想了解貧富差距（收入或財富不均等的程度），就得先了解有關財富分配的統計資料。不過在貧富差距懸殊的國家中，的確比較少年輕人了解數量所得統計方式。

公共衛生領域的研究人員，為了讓學生了解各種處理社會健康問題的方式，常會用較生活化的比喻來解釋。他們會請學生想像一座懸崖，人們不停從懸崖上摔落，如果懸崖底下有輛救護車，掉落懸崖的人就能迅速送醫治療，不過這種方法成本高，而且傷者不一定能被救活；另一種方法是在懸崖與地面之間架設安全網，減輕摔落懸崖者的傷勢。用藥物控制慢性病的病情就是這樣的情況（例如高血壓或糖尿病）這在醫學界稱為次級預防。初級預防則像是在懸崖頂部蓋一道牆，阻止人們摔落懸崖，例如為了避免肺部病變，要求人們戒菸、多運動等；不過這些策略還是無法阻止人們往懸崖邊跑。如果能成功阻止人們，後續那些不一定起得了作用的預防或治療措施，就完全沒有存在的必要。

在談教育問題時，套用救護車與懸崖的比喻，就能發現其實教育政策與主動介入，無法完全改善貧窮與貧富差距導致的學習問題。教育上的初級預防手法，就是在童年階段介入協助，例如英國的「安穩起步」（Sure Start）與美國的「啟蒙計畫」（Head Start）等輔導方案。次級預防則包含英國的教育補助（提供收有較多貧困學童的學校額外補助）、還有密集補救教育計畫，協助在體制中表現不佳的學童。這些策略與計畫不僅成本高昂，效果更是有限，不過至少算是能縮減學習表現的差異，未來仍需持續推行。

貧窮對兒童的學習與在校表現有負面影響，這點基本上沒什麼爭議[91]，人們比較少注意到的其實是社會不平等的影響。社會階級的落差也會影響平均教育程度，讓學習表現差異更懸殊。在富裕國家中，絕對貧窮的比例相當低，不過還是有兒童無法取得足夠、營養均衡的餐食，也沒有可遮風避雨的棲身之所（包含英國在內的幾個國家，國內絕對貧窮的比例不斷上升），而相對貧窮的現象則相當普及。[92]根據政府數據，英國在二〇一五／二〇一六年中，有四百萬名兒童（占三成比例）活在相對貧窮的環境（家計所得低於中位數的百分之六十），而在某些地區，甚至有五成到七成的兒童活在相對貧窮中。[93]在這群兒童裡，有三分之二的人家中至少有一名成年人在工作。因為越來越多單親父母開始上班，低收入戶領到的補助也增加，兒童的貧窮狀況在一九九八年至二〇一二年間獲得大幅改善。但二〇一二年起，絕對貧窮與相對貧窮的比例又不斷上升。在二〇二〇年，估計會有四百七十萬名兒童活在相對貧窮中。[94]美國用聯邦政府訂下的門檻來衡量貧窮狀況，而聯邦政府之所以設下這個數值，其目的是為了提供一個絕對標準：他們在一九六四年設下貧窮線時，指的是所得低於美國所得中位數的一半，如今則要低於百分之三十才算貧窮。[95] 不過超過兩成的美國人都指出，自己有時候負擔不起食物，無法讓家人溫飽，而且有兩成兒童的生活水準都低於聯邦政府的貧窮線。[96] 統計數據指出，約有超過三成的美國兒童活在相對貧窮中。

各國都公認若要提升國民幸福感，國家的相對貧窮比例就不能高。二〇一五年，英國政府試圖推行一項法律，想撤銷公告家庭所得資料，改為公告失業率、教育程度、家庭破碎、債務、藥物與酒精成癮等社會狀況。然而，政府原本必須公開家庭所得數據，是為了藉此公開評估國內兒童的貧窮狀況；因此這項舉動大受責難，批評聲浪認為這根本是想將貧窮帶來的後果塑造成貧窮的成因。在政府與上議院經過幾番爭辯後，決定撤銷提議，同意繼續公告原先用來衡量物質剝奪的指標。要是英國政府成功改寫貧窮的定義，或許今天我們就無法判斷政策是否奏效，是否有成功改善兒童的貧窮狀況。

在教育上投入更多資金就能克服貧窮、物質剝奪與貧富差距帶來的劣勢，這麼說聽起來似乎很有道理；為了實際檢測這句話的可信度，研究人員探討國民收入、貧富差距與政府教育支出這三大要素，與成人教育成就之間的關係。[97] 他們利用經濟合作暨發展組織的數據，其數據來自二十四個國家中五千多所學校的十二萬名學生。排除學生自身與學校差異後，研究團隊發現，就算人均國內生產毛額（衡量平均收入與生活水準）增加，也只能微幅提升教育成就；相較之下，貧富差距對成年人的讀寫能力反而有深遠的負面影響，而在教育上砸大錢起不了什麼作用。就算景氣興旺、把經濟成長帶來的金錢投注在公眾教育上，似乎也無法讓教育慘況起死回生。

如果想徹底改革教育體制，提升兒童的生活機會，我們能向芬蘭借鏡。從童年階段到十六歲，芬蘭的學校都不會將學生依能力分班，而芬蘭學童在國際PISA測驗中的表現也始終亮眼。[98]約莫四十年前，芬蘭在教育方面推動重大改革，發展出完整的綜合中學體制；同時芬蘭政府也提升教師訓練品質，讓教育工作者更受重視。如今在芬蘭，所有教師都有碩士學位，而且只要不超出國家規定的課綱範圍，他們都有足夠的自主權來決定該教什麼、該怎麼教。跟其他國家相比，芬蘭兒童更晚才開始上學，接受標準化測驗的次數比較少，上課日的休息時間也比較長。教育程度突飛猛進後，芬蘭的學生在二〇〇〇年、二〇〇三年與二〇〇六年，都是PISA測驗的冠軍，二〇〇九年則排名第三。雖然他們在二〇一二年名次稍微下滑，但在歐洲還是表現相當優秀的國家。另外，跟其他歐洲國家相比，芬蘭學生的學習復原力也比較高，這代表他們比較能克服家庭背景的限制，在課業上有超乎預期的表現。

雖然瑞典的教育向來被視為高品質標竿，但他們的名次在PISA排行中卻大幅下滑，教育不平等的現象也越來越嚴重。在一九九〇年代，瑞典的貧富差距快速拉大。雖然國際研究都證實只要興辦綜合中學，就能有效縮減教育上的不平等現象，但瑞典還是開放讓私立學校（免費）跟公立學校共同競爭政府資金。經濟合作暨發展組織在二〇一五年提出報告，要求瑞典政府進行「綜合教育改革」，限制父母與學生的選擇，恢復他們早年水準極高的教育制度。[99]報告中還提到，政府應提高教師的薪資，提供更優質的訓練，並嚴格審視各大中學，致力於將外來移民融入到教育體系中。由於貧富差距不斷擴張，瑞典的兒童幸福感也持續衰減。[100]

雖然教育機構頂多只能抵銷不平等對兒童造成的部分影響，但我們仍能避免不平等現象在校園中繼續擴大。學校必須改變舊時的做法，以更宏觀的角度來看待學生的能力；他們應該讓學童接觸更多元的活動，讓學生探索專長，找出特別感興趣的領域。學校能藉此讓學生培養與天生能力相契合的專長，發展出各自的優勢；避免限制學生的能力，不要讓他們覺得自己在各個教育領域都表現不好，進而感到在社會上比不過他人。

破碎的玉米片

不管位於哪個年齡層，如果想預測一個人的學習表現如何，參考家庭社會階級、教育程度與收入等因素的高低即可，目前社會大眾普遍都能接受這個說法。在《全面的未來》（*A Comprehensive Future*）這份報告中，梅麗莎・班恩（Melissa Benn）與費歐娜・米勒（Fiona Miller）總結道：「富人與窮人之間隔著一道巨大的鴻溝，在現行教育體制中，學生家庭背景有所歧異，每個人的文化、社會資本都有懸殊的落差，這就是英國中學面臨的嚴峻考驗。」[101]這種現象同樣出現在美國，以及其他貧富差距懸殊的社會。班恩和米勒提到：「全面、廣泛的改革能大幅改善現況，但也不是一條好走的路，畢竟在根深柢固的傳統觀念中，很多人對階級背景、自身動機、天生能力帶有偏見，有些人好像生來就『值得』、應受良好的教育，有的人天生就不值得。」當然，除了不同中學體制與教育政策的影響，貧富差距更是教育困境的一大累贅。貧富差距的負擔越重，階級與地位就越重要，兒童的生活機會、學習表現與結果也會有更大落差。

如今我們更加了解每個兒童的健康、發展還有幸福感都被許多外力支配，這些力量也不是他們自己或家人所能控制的。在錯誤的認知之下，搖一搖象徵社會的那盒玉米片，最聰明的玉米片就會浮到頂端；但是，這個笑話相當不適當，而且根本是錯誤觀念。特權永遠來自特權，在貧富差距大的國家中更是如此。貧富差距跟貧窮一樣，讓人永遠處於世代循環的劣勢中，白白浪費許多優秀的能力、才華與潛力。

「他是我們的上司，不代表他比較優越。」

第七章

財富與階級的影響力

想了解為何收入與財富差距的影響力這麼大，就得先知道財富與收入是如何被拿來凸顯社會差異，加深每個人心中的優越與自卑感，這就是本章將要探討的主題。若想清楚、客觀地觀察社會分化的文化過程，最好先和議題保持距離。所以我們先將時間軸拉回前幾世紀，談談當時社會分化的現象，以抽離、帶有後見之明的角度來探討這個議題。

風俗與文明

雖然個人風格和言行規範在各世紀都截然不同，但這些要素卻是階級的象徵。在十三世紀，波維契諾・達・瑞瓦（Bonvicino da Riva）寫了一本談禮儀的書，名為《五十項餐桌禮儀》（*Fifty Table Courtesies*），讓讀者了解何為「適切」的行為。他在書中警告讀者，吃飯時用餐巾擤鼻涕，會讓人覺得你沒教養。在十六世紀中期，越來越多人開始使用手帕，喬凡尼・德拉・卡薩（Giovanni Della Casa）就跳出來倡導：「擤完鼻涕後，最好不要把手帕攤開往裡頭猛瞧，反正腦袋裡又掉不出珍珠或紅寶石。」一五三〇年，伊拉斯姆斯（Erasmus）建議人們：「吐痰的時候把頭轉開，不然口水會飛到別人身上。如果痰中有膿，就該被吐在地上任人踐踏，以免讓人作嘔。如果情況不允許，就把口水跟痰吐在布上包起來。把口水跟痰吞回去很沒禮貌。」

以上這些案例全是來自諾伯特・愛里亞思（Norbert Elias）於一九三九年出版的經典著作《文明的進程》（*The Civilizing Process*）。[1]愛里亞思是著名的社會學者，他為了躲避納粹政權逃離德國，後來定居英國。他仔細分析數世紀以來所有探討禮節、提供禮儀建議的史料，想找出「文明的進程」背後的推力。他發現社會風俗與禮儀並非以連續、漸進的方式逐步改善，也不是靠底層族群模仿上層階級而來；畢竟在歷史上，上流社會的表現也時常跟普羅大眾一樣沒水準。舉例來說，十八世紀的英國貴族兼作家霍勒斯・渥波爾（Horace Walpole），就曾在描述凡爾賽宮時說：

> 像一大池糞坑，四處全是髒污、排泄物，整個空間臭氣彌漫……臭氣甚至巴上外衣、假髮，內衣也染上污穢的氣味。更糟的是，乞丐、僕人與貴族賓客都會在階梯、門廊，或是宮殿裡的任何一處方便。走廊、庭院、側翼還有迴廊全是屎尿，大庭院、小花園與宮殿本身，全都臭得令人作嘔。[2]

在他寫下這段話不久前、也就是在一七一五年路易十四過世前，凡爾賽宮才剛頒布一項規定，要求相關負責人每周都得將門廊中遺留的排泄物清掉。[3]

我們可能會以為衛生考量是促使社會改變的強大動力，不過愛里亞思指出，禮儀與風俗的改變背後並沒有什麼理性的考量。他強調所謂「可被接受的行為」，其實是由階級差異、社會期望、羞恥心以及難堪所塑造。十六世紀起，「文明的進程」就變得快速且穩定，愛里亞思認為這是因為中產階層開始大量參與法庭與議會事務，這個現象讓社會比較更加顯著，也改變了「脆弱與難堪的範圍」。人們關係變得緊密、見面的頻率也更高，因此自我控制就顯得更重要了。宮廷生活讓人與人之間更為敏感，社交禁忌變得更不可輕忽，人們就有更多理由感到羞恥和難堪。

愛里亞思指出，社會上的暴力事件越來越少見，這也讓原本是主流的軍人貴族變成了參政的貴族。軍人通常會大擺宴席、縱情跳舞或是「從事會發出噪音的娛樂」，但這些行徑都非常危險，很容易令人感到「憤怒，讓人大打出手，甚至鬧出人命」，因此大家都必須要更自制才行。貴族必須改變賞識力量的方式，並尋求其他手段來凸顯彼此的長處與價值；因此貴族在言談舉止中，會盡可能自我控制，避免不小心掀他人瘡疤、觸怒他人。愛里亞思表示：「以前大家對彼此的區別都不以為意，後來卻變得極為敏感……人們不會直接表露對他人的害怕，但眼神與內心超我所傳遞的內在恐懼卻大幅增加。」他還提到：

> 攻擊姿態會觸及危險地帶；將刀子遞給另一人時，若讓刀鋒指向對方，會令人感到不安。參與法庭事務特權的那一小群貴族，對人際互動都相當敏感；而保有這種敏感度，其實也是名聲與威望的象徵。為了塑造地位顯赫的形象，他們刻意發展出這種行為與心態，而這些社交禁忌也逐漸在文明社會中擴散開來。

因此，社會上的支配與臣服地位，不再由力量的強弱多寡來決定，而是看上層階級如何透過文化來展現優越感。十六世紀探討禮儀好壞的書，一定會反覆出現「客氣、禮貌」（civility）以及「表現端莊合宜」（courtois）等概念。對於中世紀的貴族來說，底層的舉止或他們在藝術中的形象，並不會令人感到厭惡或反感；但後來貴族發展出一套優越的文化之後，就開始排斥各種「低俗粗野」的事物——至少他們表面上是這麼說。為了與下一階級的群眾保持文化區隔，只要碰到任何散發「平庸粗俗」氣息的事物，上層階級就會誇張地抗拒並表示反感。十五世紀起，貴族家庭成員開始在宅邸中規畫私人臥室，不跟其他人一起睡在大廳。中下階級大而化之的行為舉止，貴族也會盡量避免。愛里亞思將這種努力跟中產階級保持距離的心態比喻為一場「拔河比賽」，而這場拔河比賽背後的動力，則是：

> 持續在心中延燒的社交恐懼……由於這份恐懼，法庭中的每一位上層貴族，會對自己以及小圈圈中的其他人進行社會控制。每位宮廷貴族都戒慎恐懼地觀察自己與低下階

級的相異之處，盡可能美化自己獨有、而低下階級缺乏的特點。這不只包含地位的外顯象徵，更包括儀態、社交活動與禮儀等。由這些面向來看，就能知道上流社會的那一小群人，時時刻刻都在控制自己的舉止。

不過，那些起初用來區分貴族與下層族群的禮儀與舉止，過一段時間後就會失去判斷價值，因為中產階級會立刻仿效上層階級的行為。曾經被定義為「優雅」的舉止最後變得「低俗粗野」，讓「難堪的範圍」變得更廣，上層階級只好發明新的花招來應對。愛里亞思表示唯有在法國大革命、以及法國舊制度的專制法庭垮台期間，才暫時停止了這種禮儀變遷的過程。不過基本上，禮儀風俗變化的機制都是如此：雖然看起來像是天性使然，但上流社會彬彬有禮的言談舉止，其實是下層群眾帶來的壓力所致。

「舉止合宜」的定義瞬息萬變，原本稀鬆平常的行為，一下子又被社會大眾所屏棄。這種不斷改變的現象，似乎也讓人類對社交互動的敏感度產生極大的變化。有人相信階級的行為規範只是優越審美標準的展現而已；但愛里亞思不這麼認為，他指出「許多深埋於人類意識和超我中的行為與情緒規範，其實源於我們渴望主流團體所擁有的力量與地位。這些規範存在的唯一功能，就是強化每個人心中的……地位優越感。」只要觀察言行舉止裡有哪些展現社會地位的微小細節，就能發現愛里亞思說的確實沒錯。

先前還能被大眾所接受的行為怎麼會突然改變？愛里亞思表示這是「將自然功能從公眾

生活中淘汰的行為」。幾世紀以來，經濟與社會的長期發展，讓人類逐漸將「身體功能私密化」，並開始「掩飾原始欲望和衝動」，因此人類的生活空間「逐漸分裂為私人與公眾場域，連行為舉止也有私下與公開之分」。人們開始隱藏自己的天性，要是不這麼做就會感到羞恥脆弱。來到現代，在「有禮貌的社會」中，人們會盡量掩飾自己的性欲、性向和其他身體功能，不讓其他人察覺，藉此與整個社會保持距離；跟過去相比，生活在現代社會的成年人，更得將身體功能隱藏起來。這也帶來許多無可避免的後果，其中一項後果就是兒童必須經歷徹頭徹尾的社會大改造，例如學會壓抑、開始感到羞恥、脆弱與難堪等，才能成為被社會接納的成年人。

歷史上社會風俗的演變，造就現代社會的規範，也讓兒童不得不經歷更長的心理歷程，才能成為被社會認可的成年人。這也代表社會地位的差距對每個人都有極其深遠的影響。社會地位的區隔塑造了每個人的行為舉止，改變大家自我呈現的方式；否認社會地位具有極大的影響力，就像刻意壓抑自己，不願面對自己深受社交壓力所苦的事實那樣。另外，我們也不要忘記，在不同類型的社會中，樹立良好形象以及獲得他人認可的渴望，會讓我們踏上截然不同的發展路徑。在第五章中我們讀到，極為平等的社會中，這種心態會讓我們變得更慷慨、更體貼他人，也更希望被視為是對社會有益的人；但若是在階級差異懸殊的社會中，這份希望獲得認可的渴望就會造成反效果，讓人渴望能自我提升，開始追求優越地位，逃避身分低微帶來的脆弱感。在後者的情況中，我們會更留意自己與他人彰顯身分地位的手段。在此，我們再度引述愛里亞斯的話：「羞恥與脆弱感其實……也是一種焦慮……是一種對社會屈辱的恐懼，也是對他人優越、高尚行為舉止的恐懼。」

從以前到現在，對噁心厭惡之事的定義有所轉變，人們也更需要私人空間。這麼看來，人類生活習慣與風俗之所以改變，一部分是因為大家渴望提升自己的地位，因此改變了各種行為模式；另一方面，這些實質、客觀的改變之所以存在，或許也是因為考量到衛生方面的實際問題。其實在十九世紀中期、社會開始重視衛生之前，人們很有可能還是過著沒有浴室、沒有廁所、把痰吐在家中，或是用桌巾擤鼻涕的生活。

真正的進步通常得靠財富來推動，大多數的有錢人都比窮人更早享有生活上的進步。但是我們必須強調，自來水供應管線、沖水馬桶還有污水處理系統之所以會誕生，並不是因為我們想模仿上流社會的生活習慣。十九世紀下半葉之所以會出現衛生改革，其實是因為都市化速度過快，帶來許多髒污、健康與衛生問題。對於都市和郊區來說，沒有抽水馬桶代表人們的生活過得並不輕鬆。人們並不是因為想模仿有錢人的生活，自己掏錢出來投資污水處理和自來水供應設備；一開始富人並不樂見這些設備日漸普及，直到後來，取得選舉權的人口變多，大型城市的政府變得越來越民主，社會大眾才靠著公共基礎建設提案與公共支出，廣設污水處理和自來水供應管線。改變靠的不僅是技術上的進步，也需要仰賴社會改革，社會大眾也得更加了解健康與衛生的關係。當然，其中最不可或缺的還是公共支出。[4]

禮儀與社會分化

不同社會階級的禮儀、風格與審美品味仍然具有鮮明的差別，所以當人們往社會階梯上一層爬時，例如勞工慢慢變成專業人士，通常都會覺得必須改變自己的社會認同，也會感到自己是個冒名的入侵者，時時刻刻都害怕自己的出身背景會被揭穿。琳賽・漢利（Lynsey Hanley）在其著作《端莊得體：跨越階級鴻溝》（*Respectable: Crossing the Class Divide*）[5]中回憶到，她上大學之後有一次誤用近音詞，被人糾正後非常羞愧，恨不得想鑽到地洞裡去。不過進了校園、跟許多中產階級接觸後，舊時的朋友跟家人還會揶揄她說：「妳講話幹嘛咬文嚼字？」她說自己有時候考試考差了，並不是因為能力不足，而是她總覺得改考卷的人會這麼想：「這個自學者草率莽撞地想通過考試，裝出一副自己早就知道這些知識的樣子。」

對於以另一種方式進入社會上流階級的人來說，市面上有很多探討現代禮儀的書籍與指南可參照。除了基本禮儀入門之外，還有像德倍禮（Debrett）的「現代禮儀」，與專門針對「現代少女」或「紳士」的指南。另外，我們也能找到各種關於休閒活動、婚禮、商務場合以及打高爾夫球時的禮儀指南。此外，還有講述關於酒、管理、歌劇、詩歌等各個面向的「裝模作樣者指南」（Bluffer's Guides）系列套書，其中當然也少不了《裝模作樣者的禮儀指南》（*Bluffer's Guide to Etiquette*）[6]。這套書的標題取得恰到好處，大方承認學習上流社會的禮儀是為了拉抬自己的地位。這些書會建議讀者如何看場合選擇遣詞用字，還有餐桌禮儀、發音方式、衣著規範、「優良的」舉止跟社交禮節等，希望能讓讀者看起來天生就是「說話得體」、「出身高貴」，讓大家以為他們生來就是上流人士。這些書一開始都會強調，「禮貌」跟「禮儀」其實大同小異；但書中提供的做法與建議，完全不會帶給人親切或自在感，也不會讓別人覺得受到歡迎、賞識，或是讓人察覺你在乎他們。書中建議的行為，背後的動機根本是想幫讀者塑造出勢利、虛榮的高姿態。這些指南之所以會提出這些建議，是因為透過這些行為，別人就能「輕易看出你出身不凡」；書中也不時提醒讀者，如果行為「出錯」，你這個「冒牌貨」就會被識破。那些錯誤的舉止甚至被稱為是「社交自殺行為」，書裡會說某舉動「太超過了」，或讓別人「一看就覺得你是暴發戶、不值得信賴」。有些事會被形容為「糟糕透頂」，或是「受上流社會的厭惡與排斥」，所以「必須不計代價盡量避免」。而在最後，書裡會說：「若渴望躋身上流社會，就得對書中列出的行為規範暸若指掌。」

坦白說，真正「糟糕透頂」的事根本不是那些社會禁忌，而是用來判斷他人階級與個人價值的瑣碎行為差異。其中最無足輕重的，就是要如何選擇同義詞，例如我們稱呼廁所該叫洗手間、盥洗室、化妝室等，還有吃飯時刀叉該怎麼握。大家會這麼重視這些小細節，完全是因為這些細節象徵階級。雖然多數人聲稱自己討厭這種惺惺作態的樣子，也不相信某些人就是比別人尊貴，但大家還是會仔細留意這些象徵尊貴與卑微的行為，深怕一不小心就會出糗。我們都認為人類無法改變習慣、無法調整象徵階級的行為，大家都覺得這些行為並非出於社交考量，完全是不同的審美觀使然；話雖如此，多數人還是相當擔心，怕自己若在談吐或行為上做出不同選擇，會觸發他人心中的階級偏見。擔憂外在形象就是社交評價焦慮的來源，這也是本書探討的重點之一；雖然大家都覺得自己能夠平等待人，以不帶偏見的方式與人相處，卻還是不想冒險受他人批評。

許多人們都有個迷思，認為上流階級的行為舉止肯定很優雅和善，不過這卻跟保羅・皮福的發現相抵觸。我們在第三章提到，他指出至少在貧富差距較大的社會中，一個人的社會階級越高，言行舉止就更反社會，舉例來說，他們比較容易在路口超車，或是偷拿本來要給小孩子的糖果。如果我們都相信人類跟狒狒一樣會去注意優越階級的行為、而不在乎底層，也許那些社會頂層的舉止只是反應了他們想將人踩在腳下的事實。

我們在第二章提到，在貧富差距較大的社會中，所有人的地位焦慮感都比較強烈，因此階級與地位象徵的影響力多寡，取決於社會上所得與財富差距的規模。在第四章，我們談到只要貧富差距拉大，人們習慣以名貴的商品來凸顯身分地位，炫耀性消費與消費主義的現象就會越顯著。愛里亞思觀察數世紀以來的歷史社會現象，發現人們都不斷追求能凸顯高貴身分與優越地位的象徵；不過來到一九三〇年代，也就是他寫書的時期，他發現這種現象有弱化的趨勢。人們不再像過去那樣，鍥而不捨地模仿上流社會的行為舉止，其中最顯而易見的實例，就是流行音樂與舞蹈風格煥然一新（搖滾樂隨後也在一九五〇年代大鳴大放）。愛里亞思其實不曉得，貧富差距早在一九二〇年代達到高峰，隨後便迅速縮減，直到一九七〇年代才再度擴張（見圖9.1）。也就是說他所處的社會環境，收入與財富的差距正不斷縮小。

透過一九四三年的福爾摩斯（Sherlock Holmes）電影，我們就能看出二戰前後貧富差距不斷縮小的趨勢如何展現在流行文化裡。正義獲得伸張後，故事中的女主角為了家中佃農的利益著想，願意放棄繼承遺產。在柯南・道爾（Conan Doyle）筆下總是保持理性中立的福爾摩斯，卻對華生醫生（Watson）說：

福爾摩斯：「英國社會洋溢著一股新的精神，往日那種掠奪、貪婪的風氣已經消散。除了義務上的給予，我們已經開始主動思考自己是否還有虧欠他人的地方。華生啊，在這個年代，我們不能看著別人餓肚子，自己卻在肚裡塞滿食物；也不該看著他人在路邊受凍，自己卻窩在溫暖的被窩裡；另外，我們也不能跪在神聖的聖壇前，感謝上帝的祝福與恩賜，卻不去理會那些因為受到生理或心理磨難而跪倒在地的人們。」

華生醫生：「你說得或許沒錯，我希望你的觀察是對的。」

福爾摩斯：「華生啊，希望我們能在有生之年，親眼見證社會的改變。」

所得與地位差距在一九五〇年代和一九六〇年代逐漸縮減，文化傳遞的方向也有所改變。新型態的音樂、舞蹈和時尚風格，開始從社會底層傳到上流階級，翻轉了過去上對下的傳輸方向。底層喜愛的搖滾樂和全新舞風，也受到上流階層的歡迎，進而取代社交舞。一九六〇年代和一九七〇年代的時尚服飾，也同樣是從底層延燒到上層。注意到這些變化後，許多學術界的社會學家開始認為，社會階級分化跟個人職業越來越無關聯，反而是取決於消費者的選擇，以及這些選擇建構、傳達出來的身分認同。[7]

階級重建

一九八〇年代起，許多國家的收入差距逐漸拉大（見圖9.1），階級與地位又變得越來越重要。在英國，跨世代的階級流動性（孩子與父母的社會階級差異）趨於和緩。比起上個世代，社會階級顯然變得更嚴明，社會階梯也變得更陡峭。另外，從來自不同社會階級的配偶比例來看，也能發現相同趨勢。在一九八〇年代，滿二十五歲的已婚女性中，有百分之六十一嫁給社會階級與自己相異的男性；但經過二十年，所有在進入二十一世紀時年滿二十五歲的女性，只有百分之四十四是與社會地位和自己不同的男人結婚。[8]與社會階級比自己高或低的人結婚變得越來越不普遍，社會流動性也逐漸遞減，這代表在所得差距再度拉大的同時，階級差異對人們的影響力也隨之擴張。

我們在第六章提到，階級與地位的問題，會滲進家庭生活中並造成傷害。貧富差距讓社會更為分化，跨階級婚姻比例隨之降低，而在許多底層、弱勢族群的婚姻中，階級背景的差異還是一大問題。在許多婚姻關係裡，男方或女方的父母都覺得自己的小孩「委屈了」，或「應該可以嫁得／娶得更好」，更質疑兒女的丈夫或太太「真的配得上」他們嗎？就算大家都把這些話放心裡，社會地位較低的伴侶，還是會擔心自己是否真的被親家接納，也會用這種心態來解讀任何潛在的批評。由於負責家務、養育後代的通常是女性而不是男性，所以在傳統觀念中，大家都會把婆婆定位成是個愛找麻煩的角色，任何關於家務或養育小孩的衝突，多少也都跟婆婆有關。對於社會地位較低的媳婦來說，面對批評時反應比較激烈，也是在所難免。

在「媽咪討論區」（Mumsnet）進行的一份調查中，接受訪問的總共有兩千人，其中三分之一認為旁人的態度總讓他們覺得自己配不上伴侶；有些家庭為了躲避這種緊繃的壓力，最後甚至還選擇搬家。有些受訪者表示，他們與伴侶間的紛爭甚至嚴重到讓婚姻破裂。有份研究針對姻親之間的衝突進行深入調查，發現階級差異帶來的困擾，遠大於族群或宗教差異。[9]不過這不一定代表後面兩種難關比較容易克服，有可能只是因為比較少婚姻會有種族或信仰的差異。

有些中產階級的父母會試圖「糾正」兒童的言談或行為，避免他們養成具有底層意涵的習慣，此現象顯示階級差異對家庭生活同樣具有影響力。正因如此，許多青少年才需要在跟同學或家人相處時，展現不同的社會規範。並且，兒童很早就注意到社會分化的現象，訪談結果顯示，如果有住在豪宅的同學要來家裡拜訪，家境貧困的兒童都會感到羞恥脆弱。一位住在布拉福（Bradford）的八歲女童表示：「我好討厭自己住的公寓，每次有同學要來玩，我都好想裝病。我不想要帶同學回家，我怕他們會霸凌我。」她的朋友在此時插話：「有人會霸凌妳，是因為妳家很簡陋。」[10]

第五章提到的研究指出，在貧富差距較大（或是社會梯度較陡）的國家中，兒童霸凌事件的比例是其他國家的十倍之高。[11]我們可能會預期霸凌者與被霸凌者的區別，通常取決於兒童覺得對方是來自富裕還是貧困家庭，但有份報告彙整二十八份研究資料，這些研究調查北美、歐洲與澳洲的三十五萬名兒童，研究發現霸凌者其實來自各個社會階層，但受害者通常是較貧困的兒童。[12]無論是有錢人家的小孩攻擊窮人家的小孩、還是將霸凌的方向反過來，都再次印證了在收入差異懸殊的社會中，地位競爭的現象更激烈。

另一份研究則以一千六百名英國兒童為研究目標，讓人清楚看出貧富差距對個人造成的負面影響，以及近年來越來越顯著的地位意識。研究發現，如果男孩（此現象並未發生在女孩身上）出身貧窮家庭、但他們家住在較他們富裕的社區時，這些男孩就更容易出現反社會行為，例如說謊、欺騙或是打架。[13]當他們住在中產階級社區，這些反社會行為會相當明顯，但如果生活在貧富差距非常懸殊的上流社區，這些行為就會更加嚴重。

這些案例都顯示每個人深受階級差異與貧富差距影響，個人生活與居家環境都逃不開它的魔掌。家庭生活、婚姻關係、親子關係，還有兒童與同儕之間的關係，全都逃不過社會分化的損傷。此外，社會分化的現象也不斷破壞人們對自己的感受，那些從勞工變成專業人士的人們，總覺得自己好像並不是真的具有專業能力，總有一天會被識破。我們找來平等信託（The Equality Trust）的支持者，請他們分享與階級和地位焦慮相關的經驗：一位受訪者表示，當他自己獲得更多學術頭銜時，會更加覺得自己是個冒牌貨，有一天會被揭穿真實身分；另一位曾任教師的受訪者也表示被學校解雇時，心裡覺得自己好像被揭穿是個假貨，不是貨真價實的老師；另一位受訪者認為自己因為來自勞工家庭，所以自信心不足、感到自卑，更覺得別人都當他是個騙子。他透露因為出身背景的緣故，總覺得自己「比不上」他人。這番話也道出許多人的心聲。

這些往社會上層流動的人，通常會被當作是成功的範本，但如果連他們心中都有這些負面的想法，那麼那些往社會下層移動、或是無法脫離社會底層的人，他們又會怎麼想？經濟成長通常能緩解這些負面的想法：如果貧富差距沒有持續擴大、而經濟成長的效應又體現在各收入階級的人們身上，讓所有人的收入都能夠增加，對那些無法往上層移動的人來說，心中的失敗感就不會那麼強烈。即使跟別人相比你沒有「向上移動」，還是會覺得自己有在進步，生活似乎也過得比父母還好。

不過在美國，社會貧富差距越來越懸殊。數十年來，窮人幾乎都沒有從經濟成長中獲益。在我們的預期中，年齡介於四十五歲至五十五歲的低收入美國中年白人，應該是內心失敗感最強烈、覺得自己沒有實踐抱負的一群人。自一九九〇年代末起，這群人的死亡率就不斷上升，[14]而其中最大的原因是藥物與酒精中毒案例增加（尤其是女性）、肝硬化以及自殺，這種趨勢對整個社會來說相當不利。對比白人逐漸攀升的死亡率，中年西班牙裔或非裔美國人的健康狀況卻是逐漸改善，造成白人死亡率提升的主因，在這群人之間卻有所遞減。[15]或許這是因為跟窮困的白人相比，這些族群心中並未懷抱難以實現的想望，因為種族歧視的關係，前幾代的西班牙裔與非裔美國人都沒有這種抱負。如果近年來種族歧視的狀況能有所改善，窮困的白人或許會覺得自己又再度失去另一種優越身分了吧。

藝術與文化代表的階級意味

對藝術、古典樂和文學的欣賞與知識，同樣是社會分化過程中的重要環節，也進而讓審美觀、說話腔調和用字選擇，成為階級與身分地位的象徵。我們在接下來的篇幅會提到，社會大眾以「高級」文化做為辨識地位的依據，這不僅讓「高級」文化的追隨者數量逐漸限縮，也改變了製造與欣賞文化的方式。有時我們會將對藝術的敏銳度包裝成高端的鑒賞力，代表一個人能夠欣賞、品味更優雅、高尚的文化。而與高端文化相對的，則是一般大眾追捧的流行文化。這或許就是為什麼那些超級富豪願意耗費天價來買原創畫作，他們將藝術品掛在牆上，只為了向自己與其他人證明，他們比多數人更優雅高貴，同時也讓所有人知道他們具有高超美感，花這麼多錢買畫是天經地義的事。

這裡指的高貴優雅，其實就是童話「公主與豌豆」（The Princess and the Pea）傳達的主旨。有位來路不明的女子聲稱自己是公主，為了證實她的可信度，皇宮裡的人偷偷在她層層堆疊的床鋪下放進一顆豌豆，隔天一早皇宮裡的人問她睡得如何（這裡採用一八三五年的安徒生版本），她說：「天啊，我睡得很糟！昨天晚上眼睛都閉不起來，不知道床底下到底藏了什麼，我覺得自己睡在一個硬硬的東西上面，身體都瘀青了，太慘了！」最後，她成功通過考驗，嫁給了給王子。安徒生說：「只有真正的公主，會對床鋪的柔軟度這麼敏感。」

不過想也知道，在現實生活中，對各種小細節抱持極高敏銳度的人只有鳳毛麟角。如果今天測驗的主題是請人們分辨昂貴與便宜的葡萄酒，有個實驗就發現，在六千次的盲飲測試中，許多人都無法分辨葡萄酒的好壞與價差。實驗還發現，多數人們甚至偏好比較便宜的葡萄酒[16]，這點可能會讓酒商大驚失色。不過這也在所難免，畢竟我們既非公主亦非王子。階級文化與藝術之間的強烈連結，或許就像時常被塗抹在古典大師畫作上的亮光漆一樣，想真正欣賞畫作之美，就必須把這層漆給剝除。許多優秀藝術家都相信，無論是畫作、音樂、戲劇或文學，只要是優秀的藝術作品，都一定能觸及觀者心中最深沉的人性。只可惜大家共有的人性，被作為階級指標的社會形式給掩蓋了。

審美品味如同競技場，在這個競技場中，階級偏見與階級分化漫天飛舞。大眾流行品味通常會被貼上「壞品味」的標籤，被形容為俗不可耐、庸俗、膚淺、俗豔或情感氾濫。有些人時常認為菁英的審美品味真的比較出眾，而他們欣賞藝術時，秉持的是客觀的審美標準，而非那種受制約、裝模作樣的心態。說話帶有腔調，有時會被貶為「沒水準」；某些用字選詞或握餐刀的方式，則會被譽為「比較優雅」。有人認為這種細微末節的差異，只不過是審美觀作祟，跟社會歧視一點關係也沒有；但這根本是謊言，只要階級差異存在，我們都會將那些與底層相關的特徵，視為「低等」或「次級」。這種情況不只適用在行為特徵上，任何跟社會地位相關的特徵都是如此，例如膚色、宗教信仰或語言。

幾份近期調查研究發現，對古典音樂和歌劇的喜好程度，仍與社會地位緊密相關。[17]研究還發現，只要繼續追問受訪者，那些一開始說自己喜歡各種音樂類型的人，到最後也會屈服於階級刻板印象。不過，想要擁有較高社會地位的渴望，也有可能會提升人們對藝術的興趣，倫敦政治經濟學院社會系教授麥克・沙維奇（Mike Savage）指出，在二〇一三年的某一周，倫敦劇場的票銷量突然暴增[18]，後來大家才發現，原來在同一時間，英國廣播公司正在網路上舉辦「階級計算機」（Class Calculator）調查，總共有十六萬一千人完成問卷。在歸類階級的問題中，有一題詢問受訪者是否會去劇院看戲、以及看戲的頻率有多高，沙維奇認為人們因為想勾選「會」，藉此確立自己的文化地位，因而瘋狂搶購劇場門票。

在音樂方面，「高級」的定義也逐漸僵化，只有傳統曲目才符合高級的標準。歷史學家艾瑞克・霍布斯邦（Eric Hobsbawm）首度點出這個現象時，還提到在某一季，維也納國立歌劇院（Vienna State Opera）演出的六十首不同曲目中，只有一首是由二十世紀作曲家所譜寫。[19]最常被拿出來演奏的古典樂，通常都是在一百年到兩百五十年前寫成。目前為止，沒有任何一位現代作曲家的作品，能獲得普羅大眾的追隨與喜愛。霍布斯邦將這個現象跟搖滾與流行樂的創意做對比，舉例來說，全球最大的草地音樂祭「格拉斯登伯里音樂節」（Glastonbury Festival）能在五天內吸引十七萬五千名樂迷，在藝術季現場，總共有一百多個表演舞台，更有兩千多組表演團體現場演奏風格各異、自己編寫而成的樂曲；而被當成階級差異指標的古典樂，其後續發展是否會受到局限，這就很難說了。

小提琴家奈吉・甘迺迪（Nigel Kennedy）、合唱團指揮蓋瑞斯・馬隆（Gareth Malone），和委內瑞拉籍指揮家杜達美（Gustavo Dudamel），這些古典音樂家都成功讓古典樂跳脫階級框架。委內瑞拉國立青少年管弦樂團系統（El Sistema）推出一項教育計畫，他們與西蒙・玻利瓦爾交響樂團密切合作，成功鼓勵數千名委內瑞拉青年學習樂器，其中有許多人出自貧困地區。這個計畫的擁護者都認為，一起玩樂器能讓人們了解並體驗何謂團隊合作，但有些人似乎想捍衛古典樂的地位，對這種「用藝術來教化底層人們」的手法感到不滿。[20]不過，有位住在市中心貧民區的女子，向本書作者展示一張照片，照片中是她孫女參加教育計畫時拉小提琴的模樣。那名女子心情激動，不禁流下淚水，她顯然深知古典樂是階級的象徵，表示自己之所以會這麼感動，是因為「她們」這種人竟然也有機會能學樂器，實在太難能可貴了。

研究發現在貧富差距較大的社會中，藝術受歡迎的程度及人們參與藝術的比例較低。[21]研究人員使用來自二十二個歐洲國家的數據，發現在貧富差距較小的國家中，人們造訪博物館、畫廊，或是讀書、欣賞戲劇的頻率，都比其他國家高出一到兩倍（請見圖7.1）。其他研究以不同手法來評估文化參與率和所得分布，也得到相同結果；這些研究結果顯示在不同文化中，藝術參與率和藝術的地位大有不同，而這些差異都與貧富差距相關。

這種差異之所以會存在，可能的成因不只一種。或許在貧富差距較大的社會中，藝術常被視為是有錢人獨有的享受；也有可能在較不平等的社會中，人們比較少被鼓勵接觸各種形式的

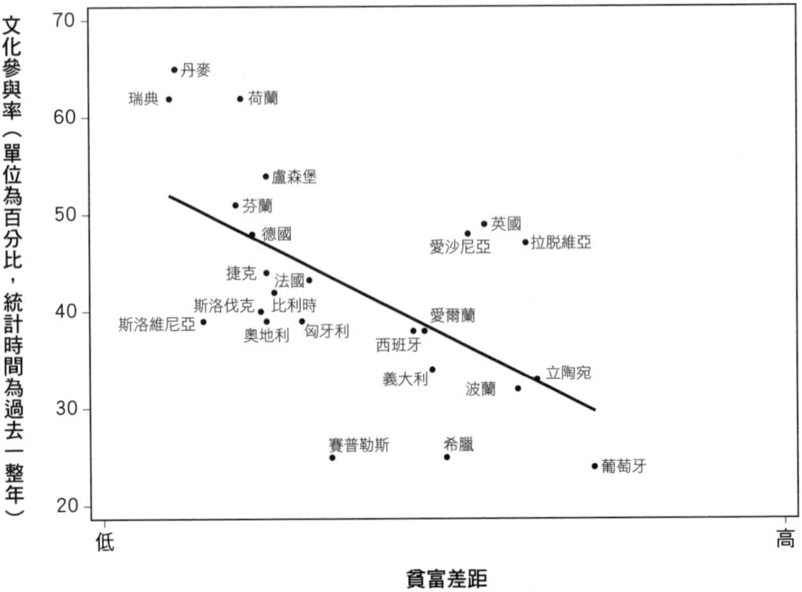

圖7.1：在較平等的國家，人們比較常造訪博物館和畫廊

藝術。正因貧富差距凸顯地位差異，人們比較容易感到不自在，也會盡量避免身處較高級的社交場合，例如許多人都覺得在酒吧用餐比較舒適，在高級餐廳吃飯總是渾身不對勁（就算別人請客也是如此）。不過圖7.1的數據也清楚點出，貧富差距會讓整個社會的文化更加貧瘠。

如果能除去象徵地位與階級功能的束縛，藝術不知是否能有更多元的發展？甘迺迪、杜達美和馬隆的演出所傳達的喜悅，或許能讓我們感受到藝術的力量。在貧富差距明顯較小的社會中，藝術文化的參與率能有所提升，也更能被廣大群眾所接受。如此一來，藝術家的創意就能不斷擴散，讓藝術能有更多元、廣博的發展。

地位與個人價值偏見

談到階級與地位差異時，許多人都抱持著逃避的態度。有些人否認階級與地位差異具有極大影響力，有時更堅稱它們根本不存在。來自不同社會階層的人們在互動時，氣氛總是尷尬、難堪。有些人相信只要我們能忽略物質條件的差距，學習以同等的尊重和尊嚴來對待彼此，就能輕鬆解決問題；但即使是最善解人意的人，也很難不把外顯地位當成內在個人價值指標，無法擺脫那已深植人心、與物質條件差距緊密連結的優越感與自卑感。就算我們自覺能不受外在財富、階級象徵所干擾，以公正中立的角度來評價他人，我們對自己的外表、衣著、車子，和其他炫耀性商品的在乎與執著，仍然顯示我們不相信別人能以不帶偏見的立場來評價我們。

我們之所以相信外貌或外在打扮具有非常大的影響力，原因其來有自。許多研究都顯示，社會階級與種族等因素會在有意識或無意識的情況下，強烈影響我們對他人的評價；研究都已證實，老師評估學生、雇主評估應徵者，或是警察與法官評斷嫌疑犯時，都會受到種族與社會階級的影響。[22]在各種情況下，人們都傾向認為看起來屬於社會底層的人，能力可能比較差，也比較不值得信任。我們在第三章與前面的篇幅曾提及保羅・皮福的研究，他發現生活較富裕的人們，普遍比較不尊重生活環境不如他們的多數人。我們假設他人會以我們負擔得起的商品來評斷我們的價值，而這種現象，或許就是讓人們進行炫耀性消費的另一個強大推力。

碰到社會上各種不平等現象時，我們總會感到尷尬，因此大家通常會選跟自己階級相近的人當朋友。這個現象確實存在，而且顯而易見。因此，有些社會學家以交友網絡作為基礎，將職業分類為不同社會階級，反映出人們在「生活風格與廣義的優勢／劣勢上的相似之處」。[23]受訪者必須提供自己的職業別，也要透露他們的朋友從事什麼工作，而那些由友誼或婚姻關係所連結的各種職業，就會被歸類在相近的社會階層中。舉例來說，律師、醫生跟從事類似專業工作的人士，比較常混在一起，比較少跟未受專業訓練的勞工往來。

蘭卡斯特大學社會系教授安德魯・薩耶爾（Andrew Sayer），在他的著作《階級的道德意義》（*The Moral Significance of Class*）中指出，人們在訪談中被問到自己屬於哪個社會階級時，他們的回答都：

> 相當尷尬而且防衛心極重，也常避重就輕，把這個問題當成像是……在問他們是否配得上現處社會地位，或問他們覺得自己是否比他人優越或卑微……階級目前還是個非常敏感的議題，因為談到階級，就會牽扯到道德評價和不公不義的社會現象。當問一個人他屬於哪個階級，不僅只是要他歸類出自己的社經地位；在這個問句底下，還隱藏著另一個未說出口、相當冒犯的問題：你有多少價值？[24]

想像我們今天必須表態自己具有多少價值，就能體會為何大家對這類議題如此敏感。薩耶爾透過研究與觀察，成功揭露人們在碰到階級差異時，總是展現出非常尷尬的道德觀。友誼代表雙方將彼此視為同類，這是再基本不過的道理，不過如果來自不同階級的人想當朋友，雙方就都得裝作階級差異不存在或不重要，兩個人就這樣卡在友誼的平等，以及一人優越、一人卑微的階級差異之間。如果在特定情況下，會讓優越地位者尷尬、而低階地位者羞愧，兩人就會避免凸顯雙方地位差距的情況發生。所以當兩個階級不同的人在對話時，都會盡可能縮減雙方在腔調、文法與用字上的差異，也不會談論那些凸顯階級差異的主題。在對話當中，雙方要避免提起生活狀況、所得、教育程度與地位差異，舉例來說，如果他們想聊超商食物漲價的現象，就只能假裝物價上漲對他們造成的影響是一樣的。在跨階級的友誼中，雙方都要展現一種態度，就是對把他們分在不同階級的體制感到無能為力。這麼一來，他們之所以會有收入和教育程度的差別，之所以一人是老闆、一人是下屬，全都是自然發生、無可避免的局面。只要其中一方感到被對方輕視、同情或不受尊重，都會令人反感，對友誼的發展也非常不利。

社會階級差異造成的尷尬感，顯示第五章提到的兩種行為策略有多麼勢不兩立。這兩種策略分別是在優勢階層中的行為策略，以及在友誼與平等情況下的互惠與分享策略。這兩種策略難以整合，因為當我們試著同時運用這兩類策略時，又會造成一連串尷尬窘境。這代表這兩種相悖的社交策略，都深植於人類心理。平等與互惠的人際關係，徹底與階級隱含的「個人價值」差異相牴觸。

法國思想家托克維爾（Alexis de Tocqueville）在記錄自己於一八三一年造訪美國的見聞時

提到，對於那些物質環境與自己差異懸殊的人，我們都無法適當展現同情心。他舉出兩例子。首先，他說如果法國貴族碰到困難，其他貴族都會展現極大的同情心；但是對於農民受苦受難時，這些貴族卻不聞不問。第二個案例是，美國白人都會彼此協助，將對方的苦難視為自己的苦難，但卻對黑奴遭受的慘況視若無睹。[25]從人類這些麻木不仁、殘忍的行徑中能發現，被我們視為下等族群的人有難時，我們都能泰然自若地置之不理，正如我們都傾向將任何與自己截然不同的群體視為是「低等」與「次級」的存在。

一個社會的貧富差距程度與人口監禁率高度相關，從這點就可看出貧富差距會對不同社會族群間的關係帶來極大影響。在《社會不平等》中，我們提到在較平等的已開發國家的任何時間點，每一萬人中大概只有四個人被監禁，但在貧富差距大的國家中，監禁率卻多出九倍，提升到每一萬人中有四十人。其實我們已經提過，在貧富差距較大的國家中，監禁率之所以相對較高，主因並不是因為犯罪率高，而是因為法院的判決較嚴厲、較具懲罰意味。在較不平等的社會中，意見比較嚴峻、也較不寬容，許多犯人會因為輕罪就被送進監獄，或是被判處較長的刑期。另外，在較不平等的國家，這種社會氛圍也導致許多兒童在年幼時就被判為罪犯，當我們查看兒童權益國際網路（Child Rights International Network）的數據時，發現青少年被判處刑責的比例，與貧富差距有相當顯著的關聯。[26]在比較平等的富裕國家中，十四歲以下的兒童通常不會被視為罪犯，但在新加坡和美國的某些州中，有些小孩七歲就被判刑（見圖7.2）。這種以懲罰為目的判刑方式，反映出人們對被判刑者越來越害怕、逐漸失去同情心；這

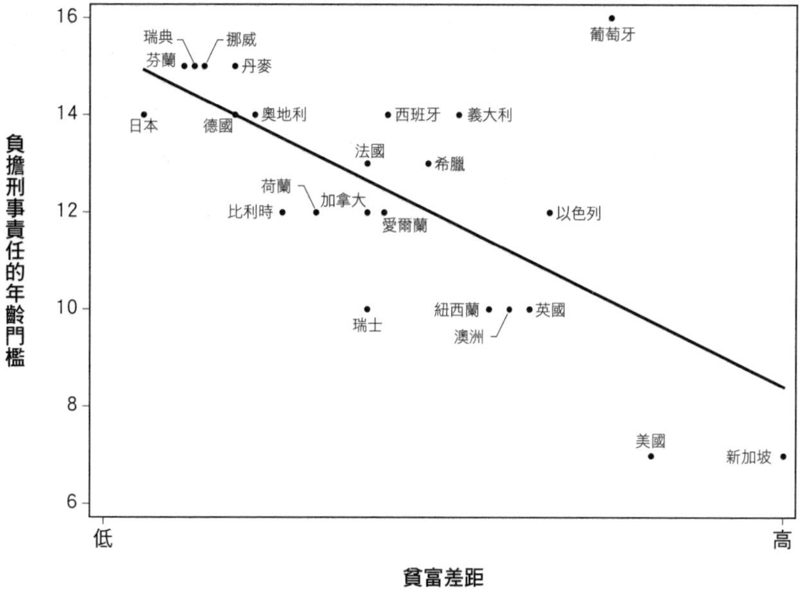

圖7.2：在貧富差距較大的國家中，背負有刑事責任的年齡較低

點跟我們在第三章提到的研究結果吻合，證明在較不平等的社會中，人們比較不願意信任彼此。

從一九三〇年代至一九七〇年代，多數已開發國家中的貧富差距逐步縮減，這也讓階級之間的關係慢慢出現變化；雖然來自不同社會階層的人們，仍難以對彼此展現同理心，但這種現象確實隨著貧富差距縮減而有所緩解。此現象有時被解讀為歷史上人類的同理心增長最顯著的一段時期。[27]許多人認為，過去被局限在家庭與當地社群的「道德宇宙」（moral universe），在這段時期已向外擴張，其中還涵蓋了民族國家的概念，社群的範圍也拓展至全球。然而一九八〇年起，貧富差距再次擴大，排外主義日漸盛行，使道德宇宙再次內縮。不過在三〇年代至七〇年代這段期間，無論從性別、性向或種族的角度來看，社會排除的推力都有弱化的跡象，保障職場健康與安全、提倡勞工權益、改善住房環境與住戶權益的政治活動，讓人民的生活與工作情況大幅改善。因此整體來說，上層階級也不會對底層這麼漠不關心。

一九七〇年代末，貧富之間的差距越來越大，前述現象開始出現反轉趨勢。雖然種族、性別、殘障和性向歧視仍持續消減，其他形式的歧視卻有增強的現象：租屋者承擔的風險越來越高，無家可歸的比例也逐漸升高；原先受雇於企業的勞動者，被迫成為名義上的自雇者，不得不與公司簽下零時契約*；社會保障體制變得越來越不可靠，生活在相對貧窮中的人口與兒童比例不斷攀升。與此同時，有越來越多人相信政治逐漸受到金錢控制，民主制度也遭到破壞；許多大型企業或富豪開始避稅，政府與公部門的資金逐漸短缺。在貧富差距較大的國家中，懲罰性判刑的現象越來越普遍，也有更多年紀尚輕的兒童被判刑。由此可見，在貧富差距的推波助瀾下，社會風氣變得越來越不人道。

無階級的社會？

英國保守黨的約翰・梅傑（John Major），接在柴契爾夫人（Margaret Thatcher）之後擔任英國首相。想當然，他不可能是馬克思（Karl Marx）**的枕邊人。不過在發表當選保守黨黨魁與英國首相的感言時，梅傑承諾他所領導的政府會「持續推動改革，讓英國成為一個無階級的國家」。[28]在現代民主國家中，幾乎所有政治人物都表示會努力縮減階級差異；不過梅傑並未成功實現抱負，他忽略了所得與貧富差距不僅會讓人們之間的社會距離越拉越遠，更會強化階級與地位象徵的影響力。相較之下，在一九三二年至一九四六年間擔任瑞典首相、來自社會民主黨的佩爾・阿爾賓・漢森（Per Albin Hansson）則成功達成目標，讓瑞典成為「無階級社會」與「人民的家園」。瑞典與其他國家最大的不同，在於社會民主黨從一九三二年到一九七六年的四十四年執政期間，平等現象從未衰減：在這段時間裡，收入最高的百分之一人口的課稅所得，從原本占總人口課稅所得的百分之十三降至百分之五。現在大家都已公認，貧富差距能決定社會階級的影響力大小、階梯坡度是陡峭還是和緩。

為何大家會難以體會物質條件差距對我們造成如此強大的影響？這是因為許多地位差距或社會階級的指標，往往被視為代表了個體本質的差異，也就是說，人類常將他人（而非自己）的行為，歸因於他人先天特質，而非受到外在因素影響（儘管這並非事實）。社會心理學家將這種傾向稱作「基本歸因謬誤」（Fundamental Attribution Error）[29]。舉例來說，碰到開車橫衝

＊ 譯註：在此種合約中，雇主可自由改變雇員工作時間，甚至無須保證會提供工作。

＊＊ 譯註：猶太裔德國哲學家、經濟學家、社會學家、政治學家與革命社會主義者，他最具影響力的著作為《共產黨宣言》（*Manifest der Kommunistischen Partei*）和《資本論》（*Das Kapital*）。

直撞的駕駛時，你可能會把原因歸咎於駕駛本身魯莽的性格，而不去想是否有任何理由或原因讓多數人在開車時東趕西趕。如果你覺得自己會做出這種結論是因為無法看出駕駛橫衝直撞的動機，那你可能同時也得想到這點：在把行為歸咎於性格的同時，我們其實對駕駛的性格所知甚少。

其實人們對底層階級的認知，深受基本歸因謬誤的影響。我們總在不自覺下忽略外在情境的影響，推測窮人之所以會窮，是因為他們又懶又笨，而這不就是歧視的定義嗎？這也是為何澳洲、紐西蘭與北美的原住民被邊緣化、受到差別對待後，不得已成為弱勢族群。外界又把他們的弱勢處境當成天生性格缺陷所致。那些具有優勢身分、帶有歐洲血統的族群，總是無法體會這些弱勢族群曾經歷哪些磨難，只顧將酗酒和暴力風氣歸咎於「他們的天生性格」。

錯誤的基因假設

如果想把影響弱勢族群的問題歸因於他們的先天性格，那麼只要把攻擊目標從他們所處的環境轉移到他們的基因上即可。在殖民史上，這種對於種族優越與低賤的假設俯拾即是。殖民者只要與科技發展較不先進的文化接觸，就會假設該社會的人天生比較不聰明。這種歧視現象，在所有階級嚴明的社會中都存在。在探討人們落入社會底層的原因時，歧視的影響力更是不容忽視：不管是在奴隸史上、還是在歐文・瓊斯（Owen Jones）的著作《小混混》

（*Chavs*）中，都能清楚看出歧視的痕跡。瓊斯在書中提到，任何低社會地位的象徵，即便瑣碎且微不足道，都能招來無數帶有歧視意味的假設，讓一個人被貼上天性低等粗俗的標籤。[30]

雖然我們對這種歧視的過程越來越自覺，但人們還是難以擺脫這種心態。有些調查會詢問受訪者，問他們認為成功的動力、數學能力與暴力傾向等面向上，基因、環境與選擇的影響力有多大。研究發現，比起非裔美國人，歐洲裔美國人更看重基因的地位。[31]除了將能力歸因於種族這種歧視意味濃厚的因素之外，如果被問到有關上述面向的種族差異（而非個體差異），美國白人也明顯喜歡把原因歸咎於基因。

我們在第六章就提過，廣大群眾都以為社會地位能反映出個體在認知能力上的遺傳天賦，相信天生聰明的人會往上爬、天資駑鈍的人則往下墜，但這根本大錯特錯。當上述的迷思繼續延伸，人們更加習慣把不同種族的地位落差，當成各個種族的能力指標，大家都下意識地認為某群人就是天生比較聰明。膚色總被當成各種基因差異的指標，更莫名其妙成為族群社會地位落差的原因，這種思維之普遍，案例比比皆是。但現代遺傳分析已證實，這種概念並不正確。

有份調查訪問一千兩百名美國人，目的是想了解人們對遺傳與種族的認知。「來自相同種族的兩個人，基因相似度絕對比來自不同種族的兩人還高。」[32]雖然此論述是錯的，但多數人都表示認同。而另一個錯誤概念的贊同者就更多了：「基因會告訴我們，我們屬於哪個種族。」二〇〇三年，國際合作團隊完成人類基因序列的測定，讓我們對物種的基因相似與差異有更深入的認識。研究的一項結果指出：世上所有個體的遺傳差異，都存在於同一群人或種族

內部，而非族群**之間**。約有百分之八十五至九十的細微遺傳變異，都出現在各大陸內部。種族與種族之間的遺傳變異，其實只占總數的百分之十至十五。[33]以東非的馬賽人和英國人為例，他們之間的遺傳相似和相異處，其實應該是個體差異而非族群差異。

遺傳特徵其實有少數例外，膚色就是其中之一。人類膚色之所以各有不同，是為了適應氣候差異。不過，普羅大眾都誤將膚色視為其他遺傳特徵的指標。其實，有八成到九成的人類遺傳變異都發生在族群內部。但因為這些變異不像膚色那樣外顯，大眾才會以為族群內部的遺傳變異較小。雖然近一世代以來交通日新月異，促使各地族群大融合，但此論點在族群相互結合前仍然成立。

另外，學界之所以認為我們無法用膚色來判斷其他遺傳特徵，是因為淺膚色是相對近期的演化發展。研究人員在西班牙發現一具史前人類骨骸，其存在時間僅七千年。進行遺傳分析後，他們發現這具骨骸的主人膚色極深，瞳孔卻是藍色的，該研究報告作者指出：「研究結果顯示，在中石器時代，並非所有歐洲人口的膚色都是淺色，代表為了適應外在環境的演化發展尚未普及。」換句話說，歐洲人的淺膚色其實是在過去七千年內才演化完成，而七千年在遺傳學上只不過是一眨眼罷了。[34]正因我們無法用膚色來預測其他基因特徵，所以跟你膚色相異的各種人，可能跟你在遺傳特徵上極為相似；而膚色與你相近的人，遺傳相似度可能還相對偏低。不過那些既成事實的生物差異並不重要，真正需要關切的其實是社會偏見；社會偏見讓人們心中存有各種假想的低等、弱勢特徵，並將這些特徵與低下的社會地位緊密連結。那些肉眼可見的差異與特徵其實只是冰山一角，但我們卻用那浮出水面的百分之十，來判斷隱藏在水面下的那百分之九十。我們絕不應該用這個觀點來看待絕大多數的個體遺傳或文化差異。

正因部分人士誤信具有猶太血統的人是帶有特定遺傳特徵的族群，才會釀成大屠殺，導致八成的德國猶太人不幸喪命。[35]遺傳特徵相近的胡圖人與圖西人之間也發生過相同的悲劇，那就是一九九四年的盧安達大屠殺。無論是生理還是文化特徵，只要此特徵成為社會地位的指標，就會衍生出許多關於遺傳差異的論述（但這些說法毫無科學根據），基本歸因謬誤讓我們不斷將問題歸咎於人們的遺傳特徵，而非他們所處的外在環境。將文化或階級特徵貼上種族的標籤，這就是基本歸因謬誤的實例。

有錢人與窮人都認為，對方與自己具有截然不同的遺傳人格特質；在這種邏輯之下，有錢人彷彿天生就比較積極貪婪，窮人生來就比較懶散。如果緊抓這種觀點不放，我們就無法真正體會在富裕與貧窮的環境中，富人與窮人會各自發展出哪些行為。

雖然多數人都潛意識地認為社會階級是菁英主義的體現，反映出個體的先天能力差異。不過我們在第六章也提過，這種邏輯推理的方向應該倒過來：每個人在社會階級上的起跑點，才是之後能力差異的主因。本章我們也提到，廣大群眾都把先天特質當作社會位階的指標，而不去考慮每個人所處環境的差異，這種觀念有欠周詳，更是一種普遍、常見的心理謬誤。社會偏見讓人類付出慘痛代價，不僅耽誤許多人的人生，更讓人們的無限潛能受到壓抑；人們逐漸將偏見藏在心中，持續傳給下一世代，傷害也就不斷擴增，難以完全根除。不過影響人們日常生活最嚴重的，莫過於這種分化意識的生成與延續：差異意識讓我們在社交時扭捏尷尬，也對社群生活、友誼以及社交時的愉悅和快樂構成損害。這種現象也讓人們害怕被當成低階族群，因而迴避必要的社會接觸。

現代社會必須盡力根除階級差異，讓人類在社會發展上能向前躍進。其實達成上述理想的必要背景條件已經齊備，像是富裕的生活環境，還有現代社會中生產與消費行為在本質上是相互依賴、合作的。當然，消除概念框架也同樣不可或缺：證據顯示，只要縮減物質條件的差異，階級與地位也會變得較不重要。在《社會不平等》中，我們點出只要縮小貧富差距，許多與社會底層相關的問題就不再普及。此外，我們也發現懸殊的貧富差距會對人們的互動造成負面影響：人們不願信任彼此，較不樂意互相幫助，暴力風氣高漲，社群生活萎靡。我們也在較不平等的社會中發現，階級與地位的重要性確實有逐漸增加的現象：社會流動趨緩、跨階級婚姻的比例降低，所得水準不同的全體人們都對地位越來越焦慮。在貧富差距較大的社會中，人們為應付高漲的地位焦慮，只好花更多錢購買炫耀性商品。他們越渴望營造表面上的成功形象，工時就越長，債務也不斷累積。

若這些問題能在未來獲得大幅改善，世界會是什麼樣子？這點我們目前仍難以想像。不過要達到這個目標，我們需要推動一場大改造，改變人類共存相依的模式，讓大家能在有限的資源環境中安居。一個更美好的世界不僅是可達成的目標，更是必要的存在。在末尾的兩章，我們會概述這個美好世界的模樣。

第三部

未來的展望

溫順、守本分者將會繼承大地。[1]

第八章

平等主義與永續未來並不相悖[2]

在本書的最後一個章節，我們會提出各項可讓社會更平等的實際政策。但在推動這些政策前，我們必須思索如何將平等與環境永續兩相結合，找出能夠兼顧兩者的方向，讓社會朝此前進，人們的幸福感才有可能永久提升。但是不用焦急，我們會在本章點出其實只要社會變得更平等，人們的幸福感就能有所提升，而且也能減輕人類對環境的負擔，讓永續之路更好走。

經濟成長已無法提升幸福感

首先，我們應該來談談經濟成長與幸福的關係。過去幾十年來，富裕國家的經濟發展徹底改變人們的生活品質，但為數眾多的研究報告也顯示，在社會達到現階段繁榮程度時，經濟成長基本上就再也起不了作用。評估生活品質的報告指出，在富裕國家中，更高的平均物質水準已無法繼續提升人民幸福感。[3]在人類歷史上，「越多」總意味著「越好」，因此上述研究發現堪稱是人類發展進程中一個相當重要的轉捩點。

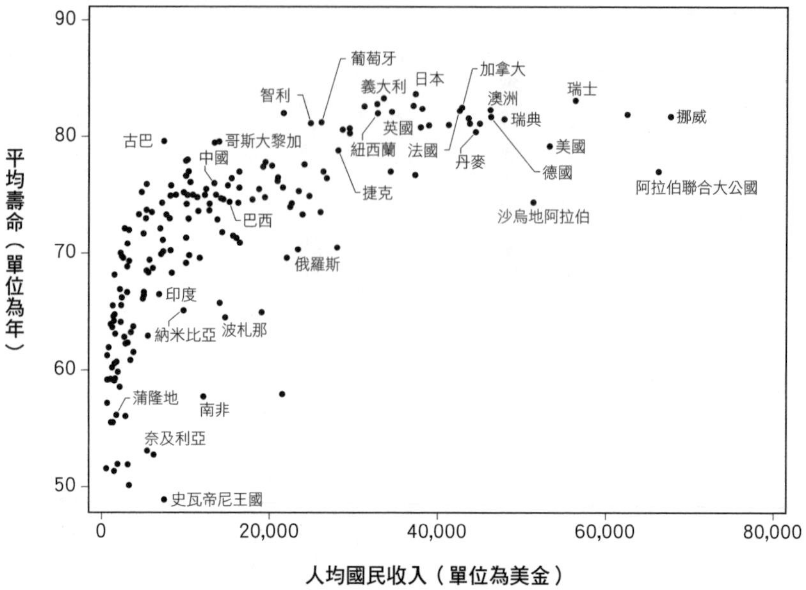

圖8.1：就算經濟持續發展，也不會提高人民平均壽命

從人均國民收入與平均壽命的關係，就能看出經濟發展與幸福感的關聯（見圖8.1，圖中列出不同發展階段的國家）。在經濟發展早期，平均壽命迅速增加，接著逐漸趨緩。在最富裕的幾個國家中，人民的平均壽命幾乎都在相同水準上，經濟成長的影響力也完全消失；即使經濟繼續發展，平均壽命仍停滯不前。不過以人均國民收入來看，例如古巴與哥斯大黎加等國，雖然富裕程度僅富裕國家的三分之一，但人民平均壽命還是與富裕國家不相上下。

這種趨緩的現象並非所謂的「天花板效應」（ceiling effect），平均壽命沒有繼續提升，不是因為人類壽命已屆極限。因為即使是在平均壽命最高的幾個社會中，平均壽命還是以相同速度持續成長，速度也未比前一世紀中的任何時期還慢：每隔十年，平均壽命就會多出兩到三年（除了社會環境嚴峻的國家例外，例如近幾年來的英國）。其中真正的差異在於，當社會到達一定繁榮程度後，經濟成長的步調快慢與平均壽命的增長幾乎已無關聯。在這些國家中，就算長期觀察十年、二十年甚至四十年，也無法從持續增加的人均國民收入與平均壽命的變化之間找出任何關聯。[4]

就算撇開平均壽命不談，我們也能在快樂與幸福程度上看出相同趨勢。在經濟發展前期，快樂與幸福程度大幅增加，但隨後便趨於平緩，並沒有因為國家越來越富裕而繼續提升。這些數據都點出一個非常基本、但相當重要的事實：在發展較落後的國家中，許多人們無法取得基本必需品，因此經濟發展與不斷提升的物質水準能大幅增加幸福程度；但對富裕國家的人民來說，是否擁有更多已不是那麼重要，當最基本的需求被滿足後，額外增加的收入帶來的效益會逐漸遞減。經過長期經濟發展後，國家變得越來越富有，幸福感趨緩的現象便會在某個階段出現。雖然對所得較低的國家來說，較高的物質水準仍是必須追求的目標，但對富裕國家而言，物質條件已無法繼續提升幸福：對幾乎什麼都擁有的人來說，是否能有更多顯然已不是那麼重要。我們無法精準定義最適當的所得或物質條件的標準，但從圖8.1來看，在經濟成長的效益逐漸遞減時，其他因素的變化是較長期且緩慢的。

真實發展指標（Genuine Progress Indicator，簡稱為GPI）之所以會誕生，就是為了取代國內生產毛額（Gross Domestic Product，簡稱GDP），以更適切的方式來衡量經濟福利。

GDP並非評估主觀幸福感的指標，無法反映出群眾對整體情緒、社會與經濟生活的感知，而GPI跟GDP類似，評估的是經濟交易的價值，但評估方式卻有極大差異。從GDP轉變為GPI，得先除去那些雖然對經濟活動有益、但卻對福利有害的項目（例如車禍、空氣污染、環境傷害以及剝奪休息時間等），再加上未給薪工作（包含照護與志工活動）包含之價值。GPI的功能是評估在我們觀念中具有正面效益的經濟活動，目前至少有七個已開發國家使用GPI來進行評估，發現經濟福利確實已不會隨著經濟成長而提升。[5] 將這些國家的數據平均之後，發現雖然人均國內生產毛額大幅增加，但經濟福利的高峰卻停在一九七〇年代末。圖8.2為美國的情況，雖然經濟發展鮮少出現負成長，GPI也維持在相當良好的水準，但人民的主觀幸福感卻未有顯著提升，從圖中的美國生活滿意度曲線即可看出生產增加、但生活幸福的效益卻逐漸遞減的現象，這凸顯出一個非常重要的道理：重點不只在於把「公害」從經濟活動中去除，更要去體認原來我們擁有的財富越多、額外消費行為對幸福感的貢獻就越少；簡單來說，就算是好東西，擁有再多也沒有比較好。

當經濟成長無法繼續提升整體社會福利，多餘的經濟成長就已失去其合理依據；不過因為地位競爭，大家仍渴望擁有更高的收入，然而多餘的收入不但無法提升全體人們的幸福感，更會對環境造成嚴重損害（請見接下來段落說明）。

每次只要有人倡導應調整經濟政策，不以追求成長為主要目標，都會聽到一種相當常見的

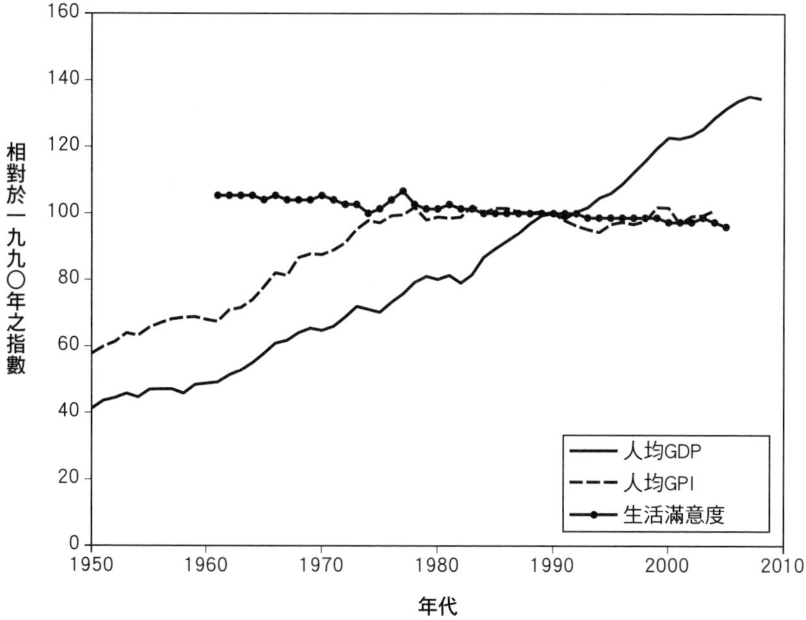

圖8.2：GDP持續攀升，但生活滿意度與GPI卻停留在同一水準。數據來自一九五〇年至二〇〇八年的美國[6]

反對論述：持反對意見者認為不追求經濟成長就會妨礙創新。然而如果我們希望減少碳排放量，就得降低不可再生能源的使用，發展更高品質、更永續的生活方式，科技發展方向勢必也得有所調整。當發展更無污染、能更有效使用能源的生活方式時，新科技也必須跟上腳步。與其讓經濟持續成長，我們應該致力於讓永續的幸福感成長。生態經濟學家、也是薩里大學永續發展教授提姆・賈克森（Tim Jackson）就指出，人類的現階段任務，是在沒有經濟成長的情況下提升生活幸福感。[7] 隨著科技創新、生產力大幅提升，我們應該利用這個優勢來增加休閒時間，而不是將資源耗在消費上。我們能將閒暇時間拿來與朋友、家人或社群相處，或是從事自己樂在其中的活動，這對生活幸福感可是有極大的貢獻。自動化設備與人工智慧將取代許多職業，我們必須確保消失的工作量都能轉換為閒暇時間，而不是讓弱勢族群的失業率持續增加。[8]

為了因應氣候變遷，我們需要一個全新的經濟環境

就在許多富裕國家發現經濟成長已無法繼續提升生活品質的同時，我們也開始意識到環境對成長的限制。這個巧合相當值得留意。雖然懷疑論者選擇忽略事實，但科學研究已經證實，碳排放對環境造成的影響是不可逆的。二〇一三年五月，大氣中二氧化碳濃度首度超過百萬分之四百（400 ppm），而且這個數據還是在太平洋中央、夏威夷的茂納洛亞（Mauna Loa）上空所測量，距離各大污染源相當遙遠。這個數據是工業化前二氧化碳濃度的四十倍，也是歷來二氧化碳濃度的制高點。

如果難以想像人類活動對氣候會造成多大影響，可以試著用以下方式來理解：拿一個直徑三十公分的桌上型地球儀，有百分之九十五的大氣會附著在地表，厚度相當稀薄，約為信用卡厚度的四分之一。現在，想像每年將三百六十億噸的二氧化碳注入這個稀薄的大氣層中。

二氧化碳與其他溫室氣體的濃度增加導致全球暖化，讓太陽輻射直接進入大氣層，將這些

輻射造成的熱度鎖在大氣層，無法逸散至外太空。燃燒石油、煤炭和天然氣、開墾森林，以及水泥的加工製造，這些都是導致二氧化碳濃度增加的主因，大家也都心知肚明。美國國家航空暨太空總署（NASA），還有跨政府氣候變化專門委員會（Intergovernmental Panel on Climate Change）等重要組織，經過測量評估後都發現，二氧化碳濃度與全球平均溫度的成長幅度幾乎是亦步亦趨，其他研究則顯示極區的冰帽不斷融化，海平面也逐年上升。

早在二〇〇七年，詹姆斯・韓森（James Hansen，NASA戈達德太空研究所〔Goddard Institute of Space Studies〕所長）就與國際科學團隊合作，他們推測若想讓全球溫度上升的幅度控制在相對安全的範圍（兩度）內，大氣中二氧化碳的濃度就不能超過百萬分之三百五十（350 ppm）。[9]

過去十年來，全球平均溫度已上升一度。不過這一度帶來的效應，與當年預測上升兩度會對環境造成的影響相去無幾（或許對全球平均溫度上升的幅度來說，根本沒有所謂的「安全」範圍）。二〇〇九年，由前聯合國祕書長安南（Kofi Annan）創辦、位於日內瓦的全球人道主義論壇（Global Humanitarian Forum）統計，氣候變遷造成的熱浪、乾旱、缺水與洪水等災害，已在一年內奪走三十萬條人命，更造成兩千六百萬人流離失所。死亡人數預估會在二〇二〇年連翻三倍。且氣候變遷造成的死亡人口，有百分之九十都來自開發中國家，而不是那些人均碳排放量最高的富裕國家。世界衛生組織（World Health Organization）估計，全球暖化造成的洪水、乾旱與農作物歉收等災難，在二〇三〇年至二〇五〇年間，每年會讓二十五萬人因中暑、腹瀉、瘧疾與兒童營養不良而死。[10]

全球暖化的進展速度遠超乎當初專家所預期。美國政府的國家海洋暨大氣總署（National Oceanic and Atmospheric Administration）指出，二〇一六年的全球平均溫度為史上最高。此外，史上最炎熱的十六個年分，都在一九九八年至二〇一五之間。二氧化碳濃度居高不下已久，部分後續效應已經開始蠢蠢欲動，就算立即控制大氣中二氧化碳濃度的增長，海平面還是會繼續上升（目前每年上升三公釐），氣候變遷仍將會延續好長一段時間。[11] 如果想讓二氧化碳的大氣濃度維持穩定，全球人類活動造成的碳排放量，預估得縮減為一九九〇年代碳排放量的百分之二十。[12]

不過人類活動帶來的環境災害，其實比氣候變遷更劇烈。舉凡土壤侵蝕、人為毀林、水質鹽化、殺蟲劑與農藥的全面影響、有毒化學廢棄物、物種滅絕、海水酸化、魚群數量縮減、環境賀爾蒙混入供水系統中，還有各式各樣的災難，都是人類活動所引起的。[13]

許多氣候科學家堅信，如果無法大幅度、迅速縮減溫室氣體的排放量，到了二〇六〇年，全球暖化就會讓平均溫度升高四度，造成不堪設想的後果。到時候，現在的小學生正好邁入中年。近年來，有幾個已開發國家已大幅降低碳排放量，他們之所以能縮減，一部分原因是國內製造業數量減少，並從中國等國家大量進口商品；不過其中最關鍵的因素，是這些國家以石油和天然氣取代煤炭，淘汰這種最容易污染環境的能源。全面停止燃燒煤炭之後，要繼續減少碳排放量就更困難了。對窮困國家來說，當務之急是在推動經濟發展的同時，開發出更乾淨、無污染的能量來源。

雖然氣候變遷與環境破壞的代價已構成迫切威脅，但政治行動與政策卻遲遲仍未落實。原因究竟是什麼？除了有些人否認氣候變遷的存在之外，另一個更重要的原因，就是在很多人的觀念裡，減少碳排放是種過度節約、不受歡迎的主張。人們都誤以為政府對碳排放課稅，會對實質所得與物質生活水準造成影響，進而降低所謂的「生活品質」。低碳排放量的汽車引擎以及環保燈泡等新科技之所以會被社會大眾採用，是因為這些設備能節省昂貴的能源，因此能增加而非減少我們的實質所得。如果汽車消耗的燃油較少，你就能用相同成本跑更遠的距離，或是把省下來的錢拿去買別的商品。簡單來說，儘管環境氣候已發出警訊，但我們還是只能將永續包裝成一種能維持生活風格與品質的概念，人們才願意買單。可是，事實並非如此：唯有進行全面的社會改革，才能真正落實永續的理念。

我們有能力改變現況

地球上的生活型態正快速變化，我們處於人類歷史上規模最大的過度期。這段過度期至少包含五大要素：首先，正如我們在前面篇幅所見，就是生活幸福感與經濟成長已逐漸脫鉤。第二則是環境危機，這代表如果我們不改變經濟推進的方向、不調整生活方式，最終就會面臨滅亡。「一切照舊」是行不通的。第三是「全球化」的過程，全球化並非近幾年才出現的現象，而是長時間的漸進過程：從一開始自栽自食、自給自足的農民，到國際上相互依賴的貿易系統，最後再藉助電子通訊的力量，發展出生產與消費的全球網絡，這種過程讓全人類連結成一個巨大系統，看起來就像形成了全球有機體，彷彿單細胞有機體組成多細胞有機體似的。[14]第四大要素則與全球化息息相關，那就是速度逐步加快、規模更勝以往的移民潮與族群大融合。人類起源於非洲，隨後擴散至世界各地，也發展出各異其趣的文化與生物特徵。如今，各地人種再次匯聚，國際旅遊、移民、異族通婚等現象，完全是人類大團圓的體現。不過族群大融合帶來衝突與紛爭、以及高速的移民潮，也時常受到反彈。但是作為人類發展中的一個進程，人類大團圓不僅帶來許多新的可能，長遠來看也勢不可擋。最後，第五大要素則是不斷加速的科技變革：電子產品、人工智慧、生物工程與奈米科技領域日新月異，重塑了人類的生活模式與樣態，只要能妥善運用，科技創新就能提升人類的適應力，讓我們在社會與永續發展上有更多選擇。

人類的生活方式從最初的狩獵採集，漸進至農業社會，最後迎來工業化，這一連串的發展過程，改變了社會組織的立基點。在第五章，我們提到早期人類平等社會的基礎是互相合作的狩獵模式，在這種合作狩獵模式中，我們無法估算每個個體的貢獻為何；但除了合作之外，狩獵也意味著分享互惠，因為一頭獵物的肉量已遠超過單一家庭的消耗量。但當農業發展成形後，這種平等現象也就煙消雲散，生產變成個人化行為：農民在自家土地上獨立栽種作物，並只供自家人溫飽。狩獵行為在本質上是平等的，工業化前的農業時代則強調個人主義，也具有較不平等的潛質。

不過現代社會錯綜復雜的生產網絡，卻讓人類回到過去互相依存的現象，也意味著我們必須彼此合作：現在的人們不只是為自己生產必需品，而是改以井然有序的團隊模式，以為他人利益著想的角度來生產商品、提供服務。倘若這種協調、高度整合的行為模式不可或缺，那麼我們就不能讓前一世紀的舊觀念留在腦中，不明究理地繼續擁護不平等的社會環境。

在前工業化時代的農業社會中，資源稀少導致不平等現象，人類社會中的階級如同動物的啄食順序，享有特權的個體能優先取用稀有資源。但只有在資源「真的」無法滿足全體的情況下，這種體制才有存在的理由。每隔幾年，農業社會就會因為歉收而面臨飢荒；但許多人類學研究都已證實，狩獵採集社會之所以能維持平等，就是因為群體中的每個人都非常富足：[15]因為人類祖先需求不高，也很容易被滿足，因此狩獵採集社會曾被譽為「真正富足的社會」。人類學的研究發現，狩獵採集社會中的人類祖先，不需要時時刻刻為存活奮鬥，他們每天只需花兩到三小時，就能取得足夠的食物，寧願花時間從事休閒活動而非消耗資源。[16]如果發生緊急狀況，需要儲存食物，他們都知道哪裡有大量的動植物可獵捕採集；而在多數情況下，他們只選擇食用自己偏好的物種。擁有不多並不代表貧窮，而是需求不高。來自狩獵採集社會的人類骨骸證實，當時的人們其實與現代人一樣高，農業社會成形後，人類的身高才開始縮減，健康狀況逐漸衰退。[17]季節性飢荒、農作物枯萎、歉收，還有因為只攝取單一穀物而缺乏其他重要營養素，各式各樣的營養相關疾病陸續出現，人類的生理條件才開始退步。

雖然農耕向來被當成一種讓人類擺脫束縛的大發現，不用時常擔心採集不到食物，更能大幅提升產量；但農業其實是由大量的需求而來。獵人與採集者之所以不種植作物，並不是因為他們缺乏相關知識，而是他們從大自然中獲得的食物就已足夠，因此他們不需要辛苦彎腰播種、培土、種植、除草、收割以及打穀。之所以會發展出農業時代，是因為人口密度過高，野生動植物已無法讓全人類獲得溫飽，[18]因此農耕可說是不得已的發展。

在英國，第一次工業革命也是因為逐漸擴張的需求而促成。[19]正因為人口不斷膨脹，種植作物的土地、毛料服飾、木柴與動物飼料（運送物資的馬匹消耗的飼料）的需求量也大幅成長。工業革命後，需求帶來的壓力獲得緩解，英國也開始進口棉花、燃燒煤炭、開採運河。不過幾乎是在工業革命過了一百年後，人們的生活水準才出現顯著改善。現在，許多富裕國家的生活水準已經夠高了，人們基本上不會再面臨窮困或資源短缺的現象。雖然貧富差距與近年來的緊縮政策，讓越來越多弱勢族群無家可歸，得仰賴食物與物資救濟度日；但富裕國家中的多數人家中還是有暖氣、舒適的床鋪與充足的食物。如我們在第四章中所見，炫耀性商品的需求以及對時尚精品的渴望，其實是地位競爭所致，加上貧富差距的推波助瀾。

現代發展其實已經重新打造出平等所需的兩個關鍵要素：第一，人類再度成為互相依賴的物種；第二，必需品已不至於缺乏。現代生產系統非常強調合作，人們生活水準也相當高，懸殊的貧富差距因而顯得不合時宜。現代社會的生活水準，讓我們不用在舊時的社會形態中逗留，不用面臨資源稀少的威脅，也不用為了物資和他人競爭。綜觀歷史，其實平等主義還是比較有益於人類。

倘若任由社會在各種變遷之中隨波逐流，人類就會面臨生存威脅。因此我們必須清楚了解該營造何種社會環境，鞏固人類的生活幸福感，也要明確知道社會該往哪個方向前進。

貧富差距與永續環境

貧富差距、對環境構成威脅的因素、以及無法真正提升生活幸福感的失敗經驗，這三者其實環環相扣。其中最明顯的，當然是懸殊的貧富差距會導致消費主義與地位競爭；懸殊的物質條件差異，讓地位差距更顯著，也讓人更擔心自己帶給別人的外在形象。當我們用象徵地位與成功的虛飾向他人傳達我們的「價值」時，錢就變得更不可或缺，如此一來，我們的工時不斷拉長，存的錢卻越來越少，在債台高築的同時仍持續購買象徵地位的商品。

廣告商總試圖說服消費者，讓大家相信消費是種增進幸福感與自我實現的方式；但心理學研究已證實，消費行為是對地位的不安全感所致。近期有項評論瀏覽了兩百五十份研究結果，這些研究都是在探討幸福的各種面向，以及「物質」和消費傾向的關係；該評論發現，「各種生活幸福感、以及對物質的追求與重視，這兩者之間有顯著且連貫的負相關。」[20] 物質主義與低落的幸福感之間的關聯，似乎是「負面的自我評價」，與「在自主權、能力和人際關係方面未獲滿足」等因素所致。缺乏安全感與自我懷疑的心態，讓人藉由物質來獲得慰藉。該評論更指出那些背負巨額債務的人，特別是向當鋪或地下錢莊借款者，具有精神疾患的比例相當高。[21]消費之所以被稱為「購物療法」，是因為它恰好能舒緩人們對身分地位懷抱的不安全感，行銷業者和時尚產業深知箇中道理，極盡所能利用這個弱點。

但地位競爭終究是場零和博弈。在階級分明的體制中，某人的財富增加、另一人必然遭受損失，我們無法同時提升所有人的相對地位。若在與他人相較之下，某人的收入有所提升，確實能讓他往社會階級的上方爬，提升他的生活幸福感；但這種相對地位上升的現象，無法對全人口帶來益處。我們在前面篇幅也已提到，就算真的實施「涓滴經濟」（trickle down），替富人或企業減稅，藉此讓社會大眾受惠，經濟成長或許真的讓大家更好過，但整體幸福感仍不會有長遠的提升。因此在富裕國家中，我們已不能再將個體對高收入的渴求，與整體社會對經濟成長的需求畫上等號。為了打擊消費主義、消除其對個人財富與世界的傷害，必須根除強化地位競爭的貧富差距。若未能縮減貧富差距，上一章節提到的那種推動社會階級分化的力量，就會讓消費主義擴張到一發不可收拾的地步，使人汲汲營營地試圖趕上並超越他人。

目前富裕國家的人們持續消費，但生活幸福感的標準早已停在原地。但對幸福感毫無貢獻、額外多出的消費量究竟有多少，實在難以判斷。如果用平均壽命來衡量生活幸福感，那麼平均壽命與二氧化碳排放量的關係，就跟平均壽命與人均國內生產毛額的關係一樣，如圖8.1顯示，有些國家的所得水準雖然較低，但人民的平均壽命卻可與富裕國家匹敵。換句話說，這些國家的二氧化碳排放量僅是富裕國家的三分之一，但人民平均壽命卻未受影響。

既然不斷升高的物質水準已無法提升幸福感，大家都必須認清唯有改善社會環境與社會關係，才能大幅提升生活品質，達到永續。在貧富差距較大的社會中，社群生活貧瘠，人們對地位懷抱極大的渴望，對那些難以獲得認可與尊重的人而言，他們的處境實在不堪設想。有份研究使用來自全美三千一百四十四個郡的數據，並將槍枝管制、貧窮與其他因素納入考量，發現當貧富差距越來越懸殊，最極端的情況就有可能會導致大規模槍擊事件（受害者超過三人）。[22]觀察為數眾多的憤怒自殺槍擊案，我們就能看出行兇者有多麼想向世界證明他們也是不能被忽視的一群人。這些犯罪者槍殺他人之後再自殺，藉此抗議自己被當成輸家、被社會排擠在外；至少在行兇者心中，他們認為自己有正當理由，而且還能替社會帶來更大利益，將罪行包裝為光榮之舉。雖然為惡者僅是少數，社會上多數人並沒有以自身苦難來懲罰他人，但透過少數兇手的行為，我們確實能體會這一大群人的經驗與感受。

唯有改善社會關係與社會環境的品質，生活幸福感才有可能大幅提升，而這兩項先決條件與環境永續也完全不衝突。我們已經知道在較平等的社會中，人們比較願意幫助長輩、身心障礙者或任何人[23]；另外，在這類社會中，社群生活的結構也比較穩固，大家比較願意信任彼此。數據顯示，隨著貧富差距越來越懸殊，上述因素也逐漸遞減，社交生活開始萎縮，暴力風氣越來越盛行（以謀殺率來衡量）。[24]在南非與墨西哥等貧富差距懸殊的國家中，我們能清楚察覺信任與互惠的心態已被恐懼取代：住家外頭都圍起高牆，牆上要不是加裝帶刺鐵絲網、就是通電的圍欄、門窗外也都加裝鐵桿、旅遊手冊都建議遊客切勿在夜晚出門，社交風氣被恐懼綁架，這就是貧富差距對人類社會造成的主要傷害。從另一個截然不同的案例中，也能看出貧富差距對社會關係帶來的嚴重損害：在貧富差距較大的社會中，擔任「守衛」工作的勞工比例較高，例如警衛、警察或獄警等[25]，這些工作的本質是保護人們免受他人侵害。懸殊的貧富差距大幅改變社會關係，對生活品質造成實質影響，其殺傷力或許是其他因素無可比擬的。

只要社群生活更強健，社會整合更徹底，就能縮小貧富之間的差距，提升人們的公共意識，而不是只為自己著想。如此一來，人們也會更關懷彼此，更樂意合作共事。若想讓生活方式更符合環境永續的理念，我們就必須比過去更注重公共利益，以有利於全人類的方式來生活。不過地位焦慮和貧富差距帶來的個人主義，讓我們與上述兩大方針更加疏遠，也讓人更無意願採取行動來面對威脅全人類的問題。環境災難的起因日漸清晰，唯有以符合公眾利益的角度來行事，才能避免這些災害發生。在一份受訪者皆為企業領導人的國際問卷調查中，問卷裡有一題是：「你認為國際環境保護協定有多重要？」[26]結果如圖8.3所示，來自平等國家的企業領導人，比來自不平等國家的企業領導人更重視環保協議。[27]這個現象也反映在回收的風氣上：在平等國家中，人們回收各種廢棄物的比例較高。[28]這兩項指標都顯示，在貧富差距較小的社會中，人們比較不以自我為中心，更願意為公眾利益付出行動。

貧富差距不僅影響人們為共同利益採取行動的意願，也會決定社會是否能適應全新的環境與問題。研究人員利用「人類與自然動態」（Human and Natural Dynamics）這個數學模型，顯示在環境資源稀少的狀況下，貧富差距較大的社會比差距較小的社會更容易崩解。[29]目前相關專家都已證實，面對現階段的環境危機，我們找不出有效的解決策略；這個事實顯示全世界

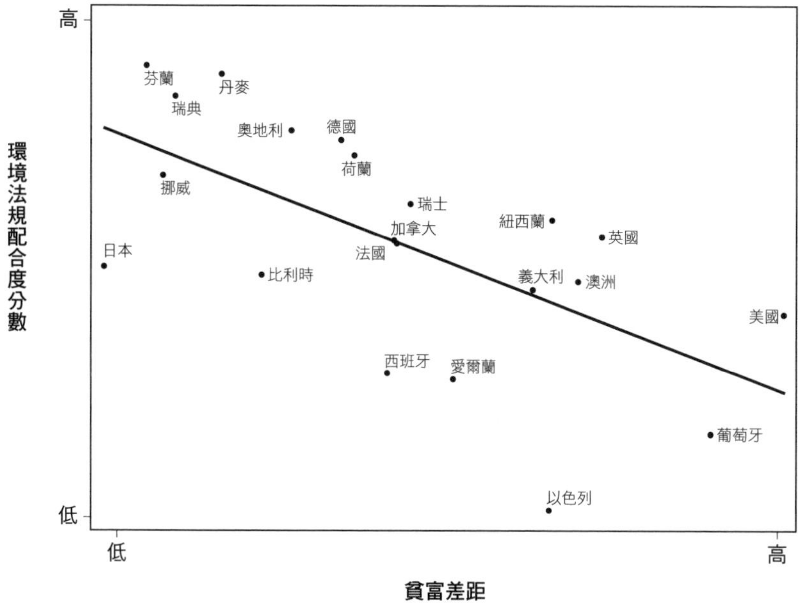

圖8.3：來自較平等國家的企業領導人，更認同配合國際環境協定的重要性

的貧富差距太過懸殊，利己主義也過於強烈，導致許多社會中的人們與政治人物，都無法專注發展永續的生活方式。

平等與永續在本質上非常吻合，平等更是達成永續的先決條件。如果想停止以錯誤而且對環境有害的方式來追求幸福，其關鍵就在於讓社會更平等，才能真正改善社會環境與人際關係，進而提升生活幸福感。永續絕非不受歡迎或帶來諸多限制的理念和口號，我們必須以其他真正有效的方法來取代更高的所得與消費主義，實際提升主觀的生活品質，最後才能向永續邁進。接下來在本書最後章節，我們會探討如何大幅縮減貧富差距。

「我相信總統很關照少數族群。你也知道，我們有錢人在社會上真的是少數。」

第九章

一個更美好的世界

如今我們面臨抉擇，究竟是要讓社會階級的坡度更陡峭，還是打造平等的社會結構？是選擇擴大貧富差距與地位分化的規模，還是讓差異縮減？到底是要強調優越與低下的外顯差異，還是盡可能消弭這些象徵，提升社會關係和生活幸福感？書中提出的證據顯示，懸殊的貧富差距會加劇社交焦慮，使其對廣大群眾帶來更嚴重的心理與社會傷害。

有些人表面上痛斥階級與地位分化的現象，卻不認為懸殊的貧富差距帶有極大影響力。政治方面，許多政治人物與決策者都表態，希望能縮減階級差異，他們想讓所有兒童都具有相同的機會，縮減他們在學習表現上的落差，並促進社會流動；有些人則盼能打造一個更具凝聚力的社會，強化人們的社群意識。儘管這些人胸懷大志，卻始終忽略了貧富差距的重要性，更發想出所謂的「嫉妒政治」（the politics of envy）＊。現在，讓我們來進行重點回顧，看看懸殊的

＊　譯註：二〇一二年，代表共和黨角逐美國總統的候選人羅姆尼（Mitt Romney）曾公開批判歐巴馬政府的政策。他認為歐巴馬推行的劫富濟貧、消滅中產階級的措施，是一種「嫉妒政治」。羅姆尼認為歐巴馬的政策會讓窮人嫉恨富人，更認為美國應成為擇優汰劣的社會。

貧富差距是如何凸顯階級與地位差異。

我們必須重視的五大影響

一、貧富差距讓受社會梯度影響的問題更嚴重

國際評比顯示，貧富差距越懸殊，所有受社會梯度影響的問題其普及率也會上升。具有社會梯度的問題指的是那些越往社會底層移動，越容易發生的問題，舉例來說，底層族群的健康狀況總是比較差，在貧富差距大的社會中，多數人口也較不健康。此現象也存在各大議題之上，例如暴力風氣（以謀殺率來估計）、未成年生育率、學童學習表現較差、藥物成癮、精神疾病、兒童幸福感、監禁率以及肥胖等問題。在《社會不平等》中，我們發現在較不平等的已開發國家裡（例如美國與英國），這些問題的普及率是日本或北歐各國等平等國家的兩倍至十倍。貧富差距對最貧困人們的殺傷力最大，但對教育程度高、有份好工作或收入優渥的富人也會構成影響，只是規模較不顯著。因此在貧富差距大的社會中，健康與社會問題的社會梯度更陡峭，富人與窮人的境況也有更大差距。

我們在《社會不平等》中提出假設（請見本書序章），認為上述論點適用於任何／所有與貧富差距相關的問題上，更精確來說，應該還能套用在所有受社會梯度影響的問題上。為了檢驗這樣假設，我們分析比較不同疾病造成的死亡率。[1]正如預期，我們發現在窮困階層中較

常見的死因（例如心臟疾病、呼吸系統疾病與嬰兒死亡率），在貧富差距較大的社會中都更普遍；而那些不受社會梯度影響的病症，例如乳癌或前列腺癌，似乎就不受貧富差距的影響。其他研究者也證實，懸殊的貧富差距，確實會讓不同社會族群的健康狀況落差更大。[2] 當貧富差距逐漸擴大，與社會地位相關的問題也會隨之惡化，因此我們能斷言：那些導致社會梯度出現的過程，會隨貧富差距擴大而增強、加劇。懸殊的貧富差距不僅與各種象徵地位、階級的指標相關，更會強調個體之間的差異，讓社會階級更嚴明。

二、貧富差距有礙社會融合

在貧富差距較大的國家裡，社會流動也會趨於停滯。在第六章中，我們提到人們比較難跳脫出生時所屬的階級，因為所得差距讓階級障礙更難以克服，連帶讓社會階梯更陡峭，兒童擁有的機會也更不均等。此外，隨著貧富差距拉大，人們也比較少跨越階級來嫁娶。而在同樣的前提下，富人與窮人的居住環境也會有更大落差。[3] 上述三點都指出，無論是從文化角度、社會角度、或物質角度上來看，所得差距越懸殊，各個社會階級就更疏離。人們的生活逐漸受到階級與地位的箝制和限縮，社會肌理也遭受嚴重的撕扯、破壞。

研究人員證實在較不平等的社會中，人們的所得多寡會深刻影響他們心中所屬的階級意識。在此情況下，會有更多人們認為自己的社會地位較低。[4]

三、貧富差距影響社會凝聚力

在第一章與第二章裡，我們談到在較不平等的社會，人們對身分地位更感焦慮：我們會擔心別人的看法與評價，不知道他人把我們歸類在哪個社會階級。因此許多人認為社會接觸是種負荷，令人感到難堪，進而逐漸封閉自我。在較不平等的社會中，社群生活較不活絡，人際之間的信任感微薄。這種現象無法避免，因為人們對地位感到不安，承載過多壓力，令人抗拒社會活動與接觸；貧富差距讓社交生活成為負擔，人們也開始酗酒、用藥，藉此排解心中的焦慮，讓自己與他人相處時能感到放鬆。第四章也談到，在較不平等的社會裡，藥物成癮的現象也較普及。

四、貧富差距會強化地位焦慮感

我們已在書中提出各種研究證據，顯示人們對社會評價感到更焦慮時，會出現哪些心理反應。人們對自己感到沒自信或自尊心低落時，就更容易出現憂鬱與焦慮的症狀。雖然我們仍無法精準預測在貧富差距較大的社會中，思覺失調與出現精神疾病的比例是否較高，但透過支配行為系統的相關研究，我們也對此議題有更進一步的了解。在《社會不平等》中，我們提過在哪些環境因素的影響下，貧富差距與精神疾病會產生連結；在本書第二章至第四章裡，我們也列出眾多研究，證實前作提出的論點。從貧富差距與精神疾病之間的關聯就能發現，貧富差距會破壞社會互動，也會讓人產生不如人的自卑意識。

在第三章，我們提到有些人在面對強大的社會評價威脅時，會張揚自己的優點與成就，而非以謙遜的態度來與人互動。這種現象在不平等的社會中相當常見：人們「自我提升」的程度較明顯，更容易覺得自己高人一等。針對自戀傾向，目前國際上還未有可供比較參照的數據。不過在美國，自戀風氣確實隨著貧富差距增長而更盛行。

五、貧富差距強化消費主義與炫耀性消費行為

貧富差距令人對地位更焦慮，為證明這兩者之間的連結，第五點就來談談消費主義和金錢的重要性。人們傾向用錢來顯示自我價值，因此在貧富差異懸殊的國家，隨著地位焦慮日漸高漲，金錢的重要性也更勝以往。人們的工時拉長，背負更多債務，也更容易破產。炫耀性消費其實就是以經濟手法來自我提升，而這種現象在不平等的社會中也更普遍。[5]在美國，比起較平等的州，較不平等的州裡，學生容易為了獲得好成績而作弊，例如在網路上找人代寫報告。[6]由此資料就可看出大家有多在乎社會地位，多麼想美化自己的形象。

上述列出的五大證據其實也具有正面意義，讓大家深刻體認到我們必須推動新政策來提升大眾的生活品質與生活幸福感。如今，我們已知如何消滅階級與地位的威力：社會其實有辦法擺脫階級嚴明的體制，讓人們不再繼續排擠、孤立比自己低階的族群；那些令人感到社交焦慮、缺乏自信的惡劣因素，終於有辦法被殲滅，社交生活也得以再次復甦。

「適量的貧富差距」存在嗎？

我們無法明確斷定要將所得差距縮減到什麼程度，才能極大化人們的生活幸福感；但我們已能確定，目前平等國家的生活幸福感水準已趨於穩定，而且從最不平等到最平等的國家，健康與社會問題指數（Index of Health and Social Problems）與聯合國的兒童幸福感指數，都有持續上升的現象。北歐各國算是最平等的已開發國家，以這些國家為例，就能發現如果可以達到他們的平等程度，多少都能享有縮減貧富差距帶來的益處。不過除了這些觀察之外，我們並無實際數據可佐證，因此也無法斷定情況能有多大的好轉。但是，當最不平等的國家將貧富差距縮減成與北歐國家相仿時，我們或許就能從各國的情況來判斷，是否該繼續提升社會的平等。

在不同情境下，理想的平等程度也各不相同。舉例來說，在地域流動性高的地方，人們比較不會在某地定居；這個時候，比起較穩定的社會，流動性高的社群就需要較高的平等程度。在社群生活不夠頻繁、活絡的情況下，更應減少會導致社會分化的因素。

在較平等的已開發富裕國家中，前百分之二十的富人其總所得是後百分之二十的窮人的三點五倍至四倍。在英、美等貧富差距較大的國家中，差距可能會拉大到七倍至八倍。這就代表較不平等的國家，應該努力縮減前後百分之二十人口的所得差異。雖然此舉只能將貧富差距縮減到一九六〇年代與一九七〇年代初的程度，但是光靠提升高每個級距的所得稅率、以及增加社會福利補助，是無法快速達到目標的。

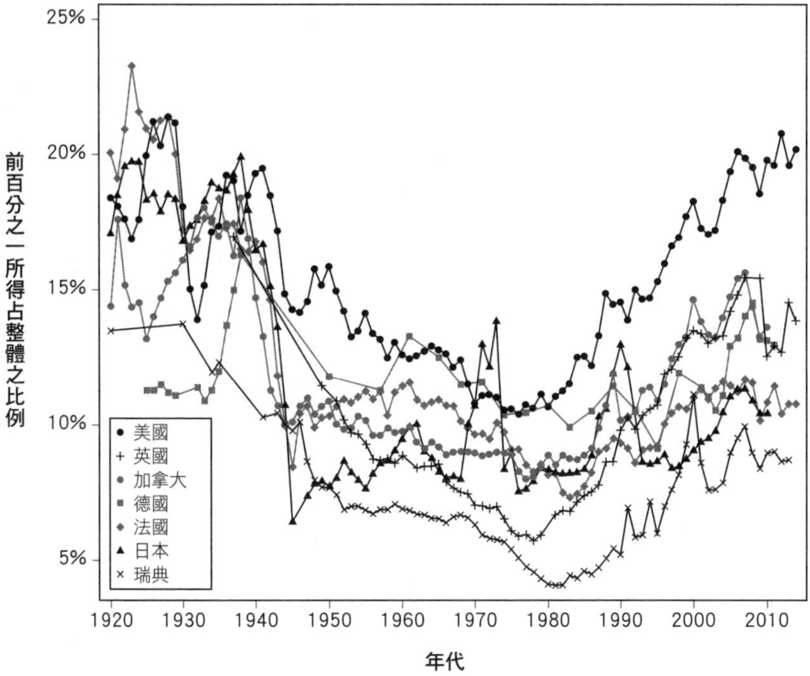

圖9.1：前百分之一富人的所得占整體的比例

貧富差距的歷史演變

只要能縮減貧富差距，人們就更願意追求環境永續、讓生活方式更環保，同時也能改善生活幸福感。平等的好處不勝枚舉，但要達成平等卻不容易。在各大社會中，我們都能從所得與財富的分配看出權力分布；就算某項政策或倡議功效十足，也不一定保證會被落實。為了解現階段任務，我們必須先回顧歷史，看看貧富差距規模的大起與大落。

在圖9.1中，我們能看出幾個富裕國家的長期貧富差距變化。從一九三〇年至二〇一四年間的變化來看，已開發國家的貧富差距起伏大多一致，因此這些波動並未反映出經濟周期等短期因素的影響。貧富差距在一九三〇年代前最為懸殊，一九三〇年代後便開始漸趨平緩、此趨勢延續了好長一段時間。不管是將每個國家的變化放大至五到十年來看、還是用不同手法來評估貧富差距，都能看出趨勢的遞減。貧富差距持續遞減至一九七〇年代的某個時間點，但約莫從一九八〇年起，貧富差距又開始回升，其中有某些國家較晚步上這個趨勢。來到二十世紀初，部分國家的貧富差距，已超越一九二〇年代以來的規模。

貧富差距從長期遞減演變至回升的趨勢，反映出勞工運動的興起與式微，也投射出其背後的政治意識形態。若以加入工會的勞工比例來衡量勞工運動影響力的強弱，將其視為社會上的抗衡聲量，就能清楚看出其與貧富差距的關係。圖9.2顯示在一九六六年至一九九四年間，在十六個經濟合作暨發展組織國家中，勞工加入工會的比例與貧富差距的關係。[7]

我們發現，在加入工會的勞工比例偏低的地區或年分（靠近圖表左側），貧富差距的規模也較大。在不同國家的任何時段與趨勢中，都能反覆發現此關係。從圖9.3則可看出，美國工會影響力逐漸增強時，貧富差距則隨之縮減；但工會力量減弱後，貧富差距又再次擴大。[8]

不過，切勿將工會會員數與貧富差距的關係單純解讀為工會替會員提高薪資的能力；此項數據透露的訊息，其實是進步主義影響力的前期增長及後期衰弱。勞工運動的政治理念和意識形態體現了社會的核心價值，而社會核心價值則會影響財富與所得分布。此外，社會大眾也相當害怕共產主義，擔心一九三〇年代的不景氣如同馬克思所預期那般，被解讀為資本主

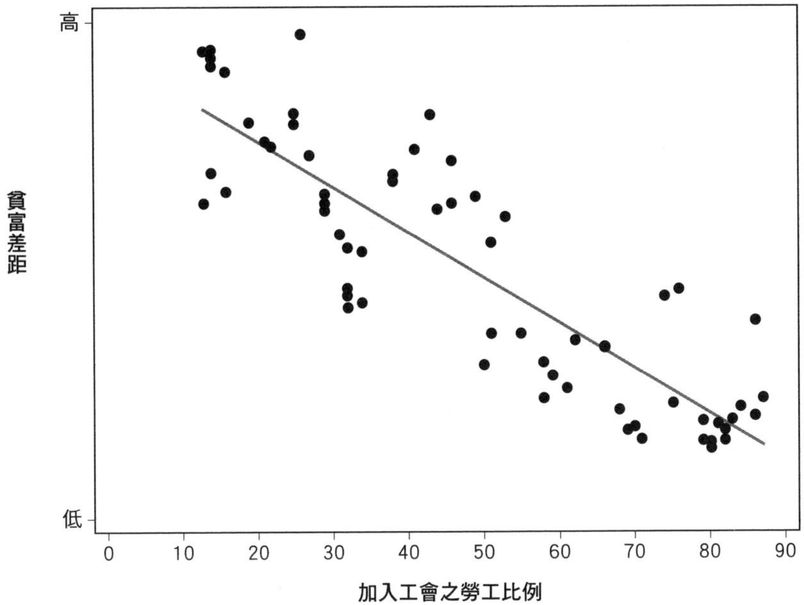

圖9.2：在工會影響力薄弱的地區，貧富差距較懸殊。數據來自一九六六年至一九九四年，十六個經濟合作暨發展組織國家

義的崩壞。在經濟大恐慌（Great Depression）*期間，美國總統羅斯福（Roosevelt）推動新政（New Deal），大幅縮減社會所得差距：他向富人與企業家解釋，如果要維繫現有體制，就必須推動改革。有些人認為羅斯福將資本主義從資本主義中拯救出來。這場集體運動讓人們團結合作、讓大眾意識到現況的威脅，人們懷抱著相同的身分認同與目的，得以成功縮減貧富差距。但是現代社會的貧富差距讓數

*編註：此期間為一九二九年至一九三三年，起源於美國股市崩盤，大多數國家終止於二戰戰後。有部分評論家認為經濟大恐慌是間接導致獨裁者崛起與二戰的原因。

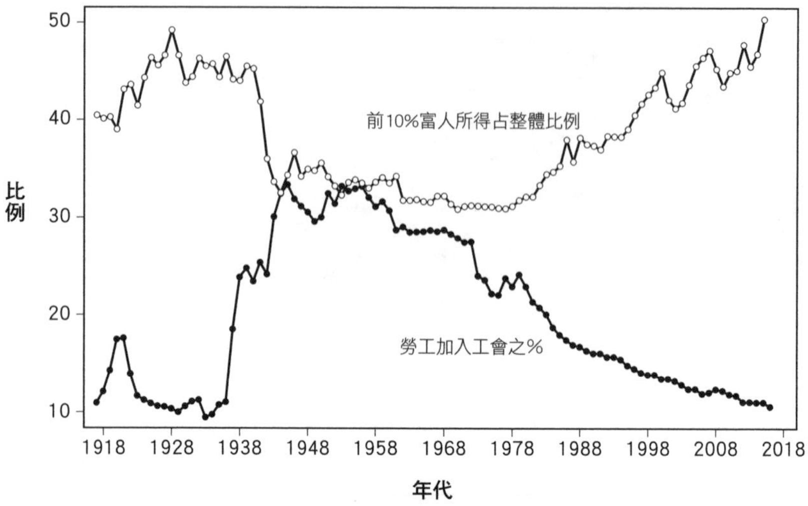

圖9.3：一九一八年至二〇〇八年，美國工會影響力與貧富差距之變化

百萬人深受其害，大家卻無法在目標上達成共識，仍未列出必須被滿足的需求，並進一步推動政治策略。

雖然資本主義有其缺陷，但在一九六〇年代前，根據中央情報局估計，人們都認為以共產主義為本的經濟計畫，比資本主義更能快速、有效提升經濟成長率。直到一九七〇年代與一九八〇年代，蘇聯與其衛星國家的經濟狀況逐步衰退，大家才改變對資本主義的看法。貧富差距之所以會在一九八〇年代逐漸擴大，主因是雷根總統（Reagan）跟柴契爾夫人在施政上大力宣揚、推動新自由主義。各國開始立法削弱勞工工會的權力，公用事業、交通運輸以及互助公司*全都民營化，使這些企業支付的工資開始出現極大落差，富人稅也大幅減少。

但高級距稅率減少超過百分之八十（有

時僅減少百分之四十），卻造成令人意想不到的後果：這種新政策並未讓**稅前**所得的成長趨緩，反而使其大幅提升。富人因為留在口袋中的額外收入增加，反而突然非常渴望能提升稅前所得。在稅制改革前，富人的稅前所得本來是高級距稅收的主要來源，但當高級距所得稅率減低，富人累積稅前所得的速度因此越快[9]；原本高級距稅率多少還有限定工資上限的能力，但一旦被廢除，有錢人不僅能享有減稅的利益，更能快速累積財富。政治人物原本聲稱此舉能刺激經濟成長，不過諷刺的是，伴隨低稅率而來的卻是低經濟成長率；國際貨幣基金組織（International Monetary Fund）的研究報告指出，貧富差距有礙經濟成長（我們已在第六章討論過），而所得重分配並不會對經濟成長構成損傷。[10]

如圖9.3所示，世界各國貧富差距的主要變化，並非「市場力量」所致，而是政治因素造成。在一九九三年公開的報告中，世界銀行也提出相同論點，並以八個「快速成長經濟體」（tiger economies）即日本、南韓、台灣、新加坡、香港、泰國、馬來西亞與印尼為例。[11]報告指出這些國家在一九六〇年至一九八〇年間，向社會大眾廣為宣傳所謂的「共享成長」（shared growth）計畫，成功縮減貧富差距：此計畫也包含各式各樣政策，例如土地改革、降低肥料價格津貼、提升農村人口所得、財富共享計畫、大規模公共住房計畫等，以及協助

* 譯註：代表公司股利由其成員所擁有，利潤則依照成員的經營成效來做等比例分配。

成立勞工合作企業。在這份報告中，世界銀行也探討這些政府推動平等政策的動機：報告認為以這八個國家而言，政府之所以大幅縮減貧富差距，主要是因為政府主權受到共產國家的威脅和挑戰，因此需要藉此贏得廣大人們的支持：南韓與北韓在意識形態上競爭激烈，台灣與香港則面臨中國的主權威脅，共產主義的侵略四處上演。因此，要探討過去一世紀以來已開發國家中的貧富差距變化時，我們將這些波動視為全球化與科技革新過程中單純受市場力量影響的結果，而不能排除政治與意識型態的操作。[12]這一切變化，其實與客觀、不受人為控制的經濟力量無關；在財富與所得的分配上，政治與政策才是關鍵因素。

政治兩極與社會分化

近來令人跌破眼鏡的政治現況，讓許多人對進步與改革不抱期望。懸殊的貧富差距，讓政治世界兩極化，彷彿回到了一九二〇年代。美國經濟學者保羅・克魯曼（Paul Krugman）指出，在一九六〇年代與一九七〇年代的美國國會，共和黨與民主黨支持者重疊的比例很高，但隨著貧富差距拉大，中間支持者也逐漸往兩邊跑。[13]這種政治兩極化的現象也出現在歐洲。中間偏左的執政黨派，放棄了那些深受貧富差距所苦的人們，這些受害者也因此對執政黨大失所望；另外，在較不平等的社會中，反社會價值觀也越來越盛行，這些因素都讓極右派和極左派再次崛起。在美國，川普（Donald Trump）靠著弱勢選民當選美國總統，搞不好連自稱社會主義者的桑德斯（Bernie Sanders）勝算都比希拉蕊（Hillary Clinton）還大。

近來極右與極左的選民都拒投中立政黨，顯示出不管在哪一場選舉中，他們的情緒已超越理智，都不去考慮自己的決定會造就何種未來。政治評論家一致認為人們對改變有深切的渴望，但大家對所謂的改變並沒有具體的想像，也未提出實際的理念。馬克思分析歷史後提出許多重要概念，其中之一就是工業化生產系統的發展會讓社會與政治結構出現劇烈改變；但其實就算不是馬克思主義者也能看出社會的變遷，現有體制早就與過去截然不同，所有人都是全球化網絡中的一員，過著互相依賴的生活，科技進步也已改變生活與經濟的各個面向。儘管如此，後資本主義與後匱乏（post-scarcity）*世代顯然尚未出現，以現行生產系統的發展模式來看，人類反而像是在走回頭路，我們的世界對兩百年前的祖先來說或許並不陌生。

現代人享有極為舒適的物質生活，卻活得非常不快樂，深受各種精神疾病所苦。菁英主義限制人們的理想追求，也定義了何謂「成功」；然而菁英主義其實是迷思，是種相當不合時宜的觀念。國際關係始終緊張，彷彿在軍事武力上注入更多資金才是正確選擇，但這麼做其實會造成反效果，無法促進國際合作，讓各國互相協助。因為缺乏適切的架構與原則，各國也無法應付與日具增的國際問題，像是氣候變遷，還有數量持續增加、鋌而走險的難民與移民。另

*編註：後匱乏（或譯後缺稀）指的是未來勞力工作將被ＡＩ取代，人們可以不需勞動變取得日常用品，也就是無論商品、服務、資訊都能無償取得。

外，跨國企業的力量總是專制蠻橫、不受控制，目前國際上也缺乏可強制執行的國際法，根據租稅正義聯盟（Tax Justice Network）估計，目前有二十一兆至三十二兆美金（約世界年度生產總值的兩成至三成）還藏在避稅天堂。針對上述各個議題，我們至少能看出該從哪個方向來改進，但社會所需的改變幅度之大可能會令人怯步。

好消息是，目前有些困境似乎已有鬆動的跡象：碳排放量終於在到達頂峰後停止繼續攀升，但人類每年還是將三百六十億噸的二氧化碳注入大氣，令大氣不堪負荷，地球溫度繼續上升。我們面臨的挑戰仍然相當嚴峻。

二〇〇八年爆發金融危機後，出現了占領華爾街運動，世界各大領袖終於開始意識到貧富差距的成因——雖然他們尚未付諸行動，但至少已在言談中有所表示。美國總統歐巴馬將貧富差距稱為「我們這個時代面臨的關鍵挑戰」[14]，天主教教宗也將其描述為「社會問題的根源」[15]。前聯合國祕書長潘基文（Ban Ki-moon）與國際貨幣基金組織總裁克莉絲蒂娜・拉加德（Christine Lagarde），也都發出類似強烈聲明。[16] 雖然許多人低估了規模，但為數不少的國家其民調顯示了多數人口（有時高達八成）認為貧富差距過於懸殊。在一份美國的研究計畫中，研究團隊讓人們瀏覽瑞典與美國的財富分配圖（並未在圖上標註國名），約有九成的受訪者表示較偏好瑞典的財富分配方式。有趣的是，此比例在民主黨與共和黨選民之間並無差異，就算在富人與窮人、男性與女性之間也一樣。[17]

雖然公眾聲量不容忽視，但可以解救現況的行動仍寥寥無幾。藉由「最低工資運動」

（Living Wage），許多英國的大型公共機構與民間單位都提升了雇員的最低工資。[18]在英國，有將近二十五個由工黨（Labour Party）主導的地方政府，都成立公平委員會（Fairness Commissions）來提供縮減貧富差距的政策建議。[19]在國際上，經濟合作暨發展組織已與避稅天堂達成協定，要求這些地區的稅務機關與銀行提供帳戶資訊，藉此清查逃稅行為。[20]遺憾的是，金融危機過後，經濟合作暨發展組織國家的貧富差距仍未有縮減的跡象。

證據清楚指出，政治壓力能有效縮減貧富差距。但如圖9.1所示，一九八〇年後政治力量逐漸弱化，貧富差距又再度擴張。當勞工運動逐漸式微，社會民主黨派往右移動後，一九二〇年代後的社會改革與進步又開始走回頭路。新聞媒體指出，英國目前聘有管家或傭人的家庭總數，已超越十九世紀時期的數量。[21]慈善廚房與食物銀行重新開張，而領有巨額所得的上流階級同時也在建立專屬他們的財富王國，讓後代子孫繼承巨額財產，享有舒適安逸的人生。

這些退步的社會現象，顯示上一代人們未能提出有效的改革策略，無法將進步的種子深耕於社會中。若要縮減貧富差距，必須透過稅制改革與社會福利制度來進行「所得重分配」（income redistribution）；但在搖擺不定的政局中，只要領導人一聲令下，這些策略就有可能被註銷。經濟民主是改革的穩健基石，唯有透過類似的結構性變革，社會才能穩健地往平等的端點移動。

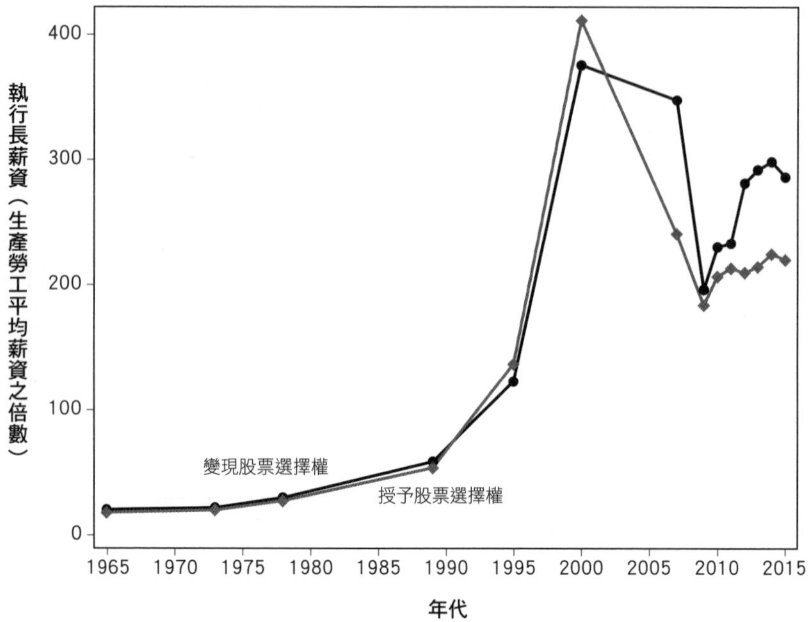

圖9.4：在美國前三百五十大企業中，執行長與生產勞工平均工資之比例變化

經濟民主是最理想的方式

過去十年來，貧富差距之所以不斷擴大，主因是富人累積財富的速度比其他人快。在圖9.4中，我們能看出從一九六〇年代中期至二〇一五年，全美前三百五十大企業的所得差距不斷拉大。在一九七〇年代，執行長的薪水是同公司「生產勞工」平均工資的二十倍至三十倍；但來到二十一世紀初，比例卻翻了十倍，領導人薪資是旗下員工的兩百倍至四百倍。[22]相較之下，過去一整個世代以來，最貧窮的人口中有半數人的薪資未曾上漲。我們已在前面篇幅中讀到，社會大眾逐漸認為每個人的價值與能力有極

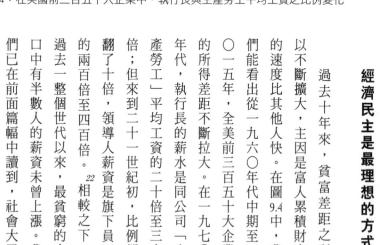

大落差，上層階級的傲慢與優越感也越來越明顯，這也顯示貧富差距確實不斷擴張。

懸殊的所得差異幾乎都是出現在私部門中。而在地方政府、健保單位、大學、警察單位或軍事機構等公部門中，所得差異明顯較小，差別基本上不會超過二十倍，有時甚至低於十倍。在二十世紀的最後幾十年，公私部門的所得差異之所以會越拉越大，主要是因為一九八〇年代後，部分公用事業與互助公司民營化，讓這些單位的執行長薪資大幅增加。現在人們普遍都已認清私有企業的執行長薪水跟公司表現幾乎沒有關係，就連統計數據也無法證實這兩者呈正相關。[23]有份研究調查了美國規模最大的四百二十九間公司，發現只要執行長的酬勞比薪資中位數還高，股東的收益就會比較低。此關係顯示於圖9.5中。

此外，證據也顯示在一小群雇員之間，如果大家的薪水相同，團隊生產力就會比較高。有份研究找來三百七十八名印度製造業勞工，比較有薪資差異與無薪資差異的單位在工作績效上的差距。研究發現跟無薪資差異的組別比起來，具有薪資落差的小組生產力明顯較低，組員也比較容易曠工。[25]全面了解貧富差距造成的影響後，我們就能推斷在具有薪資差異的組別中，成員的合作關係、信賴與連結會受影響。

透過稅收與社會福利制度來進行所得重分配，其實很容易因政策更動而失效。而且人們都認為自己的薪水是辛苦賺來的，應該有權力全部留下來，認為所謂的徵稅就是合法的竊盜行為。在這種思維下，要推動所得重分配就更難了。其實上述觀念並不正確，唯有在不靠外人協助、能獨自生產必需品的情況下，收入才會是完全屬於自己的，就像自給自足的農民那樣。在

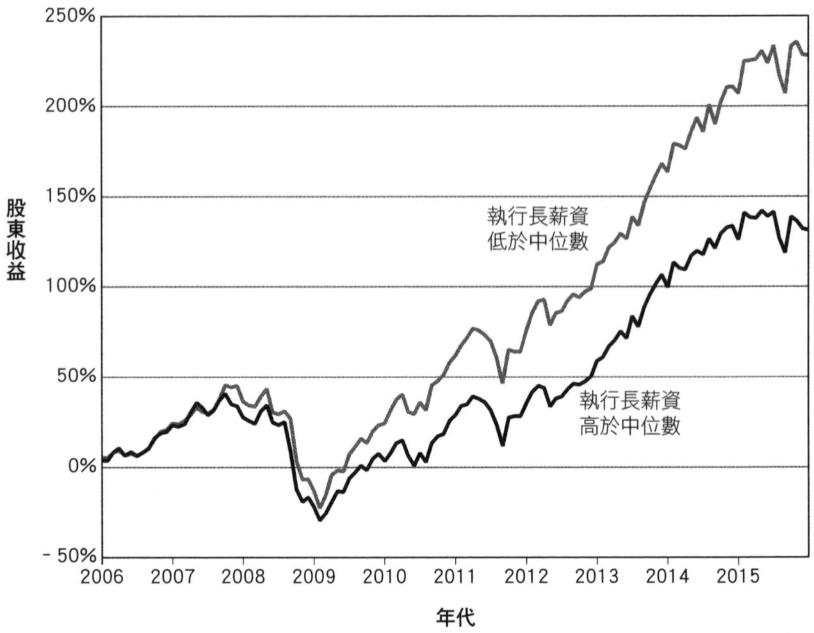

圖9.5：以美國規模最大的四百二十九間公司來看，執行長的酬勞若較低，公司績效則較佳 24

現代社會中，各種生產過程都得仰賴許多人的貢獻與協力，每個人的所得，反映出他們的能力能取得多少共同產物的數量。而且，酬勞多寡也無法正確判斷每份工作的難易度[26]，如果大家都生存在貧瘠的社會中，缺乏交通、通訊、電力與水源等基礎建設，大概沒幾個執行長的能力反應出的薪水，會比能力十足、教育程度高的員工還富有吧。此外，經濟學家也一再證實，只有在員工的工作價值大過於薪資時，老闆才會聘請這位員工。

貧富差距逐漸擴張，主要是歸因於所謂的「分紅文化」，還有頂層階級收入大增的現象。

這也顯示社會上仍缺乏有效的民主制約來限縮位高權重者自我圖利，例如稅制改革、工會力量，以及社會主義運動遺留至今的影響力。為了扭轉此現況，我們必須在經濟系統中建立全新、有效的約束手法，並永不間斷地推行；此外，我們也得在經濟上落實民主，讓民主調整市場效果，並與之相輔相成；我們必須在分配所得、以及規範勞工條件與工作環境時，意識到現代經濟運作其實是互相依賴、合作的活動。

目前在約莫半數的歐盟國中，公司的董事會或薪資報酬委員會，都會讓企業工會參與公司法規的設立。[27]英國跟美國一樣，政府都尚未立法規定公司必須成立企業工會。二〇一三年的一份英國調查顯示，百分之七十六的人們贊成讓企業工會加入公司董事會[28]；在美國的雇員調查中，多數人也表示希望能有權參與公司決策[29]。二〇一六年，當保守黨的梅伊成為英國首相時，曾表示希望能在這方面採取初步行動，但過不了多久，她就放棄這個理念。在德國，採煤和鋼鐵製造業早在一九五一年就設立「共同決定權」（Right of Co-determination），到一九七六年，此法規更擴及至員工人數超過兩千人的企業。在員工人數介於五百人至兩千人的公開上市公司（非家族企業）中，三分之一的董事會成員必須是員工代表。雖然各國的法規強度各有不同，有時候效力甚至弱到無法帶來改變，但研究顯示，在董事會裡有員工代表的公司中，員工的薪資差異有較小的傾向。[30]另外，在法律規範健全的國家，一九八〇年後貧富差距擴張的幅度也較不顯著；在無相關法規的國家中情況則相反。另外還有一份大規模的研究探討了德國企業員工代表對公司績效的影響，發現員工代表能提升公司的效能與市值[31]：員工代表能讓董事會獲得更多資訊，對營運狀況有更深入的了解，藉此改善決策過程、提升公司市值。「貿易、交通、電腦、製藥與其他製造業」，這些都是需要高度合作、活動整合與資訊分享的產業，對這些產業來說，員工代表能發揮最大效益。不過，若是將這個職責委託給外來的工會幹部、而不是讓內部員工來擔任，就無法有效促進資訊流通。除了提供董事會資訊外，員工代表的另一個好處，是讓各階層員工在討論策略與利潤時，更加流暢有效率。

除了建構完善的體制，讓員工代表參與公司董事會外，我們也要在經濟體中成立更多民主機構，例如「員工合作企業」（employee co-operatives）或「員工所有企業」（employee-owned companies）。跟其他類型的機構相比，員工合作企業的薪資差異通常是最小的。在西班牙的巴斯克（Basque）地區，蒙德拉貢公司（Mondragon）合作企業於六十年前成立，目前員工數近八萬人；該企業的薪資差距比例平均為五比一，最多也不超過六比一，而資深員工常被其他西班牙企業以高薪挖角。

員工合作企業與員工所有企業除了能縮減所得差距，還可促進外部股東和員工的財富重分配，同時降低非勞動收入。這些類型的公司讓財富分配的範圍更廣，也讓經濟學家湯瑪斯・皮凱提（Thomas Piketty）在《二十一世紀資本論》（*Capital*）中提到的核心問題獲得解決辦法。[32]皮凱提在書中提到，由於財富大多都集中在少數富人手中，因此累積財富速度最快的資本收益，會讓貧富差距逐漸擴張；這麼看來，如果想讓所有權與財富收益分配更廣泛，經濟民主或許是最理想的方式。

此外，員工合作企業與員工所有公司顯然也能改變工作關係，改善工作體驗。羅伯・歐克夏（Robert Oakeshott）在《職業與公平》（*Jobs and Fairness*）中提到，員工購買公司經營權，能讓公司從一項資產變成一座社群。[33]現代人跟住家附近的鄰居少有往來，社群生活並不活躍，只有在職場上才有辦法與人互動，甚至建立社群意識；許多人之所以未將上班場所當成公共社群，是因為這裡是所得差距的來源，大家也會被「直線管理」（line management）系統歸類在支配與臣服等階層中。只要能改變工作環境的階級制度、縮減薪資報酬的差異，合作企業或員工所有企業等較民主的經濟機構，就能讓社會更具凝聚力，使勞工互助互惠，強化廣大人口的社群生活。[34]

更民主、平等的商業模型還有另一項關鍵優勢，那就是這些模型的生產力較高。多數人在評估經濟民主的型態時，只關注在那些僅部分設立員工代表制度的企業。不過市面上已有幾份規模龐大、而且完美控制各種變數的研究，將相似的數百間企業兩兩配對，比較在實驗前後公司的績效數據有何改變。其中有份研究則以利潤分享與員工持股的效益為主題[35]，研究發現唯有在開放員工代表加入董事會、以及推動參與式管理這兩大制度同時落實之下，公司生產力才會有顯著的改善。[36]研究人員在報告中提到：

> 我們能非常篤定的說，唯有同時落實員工持股以及參與式管理，公司收益才會有顯著的提升。若將這兩大要素拆開、單獨存在，頂多也只會出現零星或短期的收益……就算

> 讓員工參與管理，但不開放員工持股，改善也只是曇花一現……員工持股彷彿是文化黏著劑，能讓參與式管理順利運行。[37]

談到完全為員工所有的企業，就該介紹由費爾德・費雪（Field Fisher Waterhouse）律師事務所彙整而成的員工持股指數（Employee Ownership Share Index）。該指數從一九九二年問世至二〇一二年，總共成長了六百四十八個百分點，比富時全股指數（FTSE All Share Index）的兩百四十五個百分點，還高出一點五倍之多。近期有份評論報告瀏覽一百多份研究，證實員工所有公司的績效不僅較佳，更能縮減雇員之間的所得差距。[38]不過並非所有員工持股公司都是完全歸員工所有，有些公司內部仍有少數幾位資深經理人。但是，有份研究報告證實，「廣泛員工持股」（持股員工比例高），能讓企業預期生產力增加百分之四。[39]其他研究評論也做出類似結論，其中一份更是由英國政府委託執行。[40]

此類研究報告都指出，員工所有公司不僅能提高生產力，更能在創新能力、抗衰退能力、因病缺勤、員工滿意度，還有平等各個面向上有超乎預期的表現。有項推論也指出，較民主的公司能提升生產力、縮減收入差距；而在較不民主的企業中，員工與執行長的所得差異較懸殊，將導致生產力低落。[41]不過在「民主」這鍋粥中還是有老鼠屎，規模越大的企業，民主帶來的效益似乎會遞減（但反推並不成立）；因為在大企業中，通常缺乏正式的員工代表制度，因此參與式管理推動起來也較綁手綁腳。

相較之下，若是讓外來股東參與決策，通常會干擾公司的績效成長。股票持有者大都不甚了解公司內部的詳細營運狀況，他們關注的股價波動通常也對公司績效沒有太大影響。針對董事會的報告或提議，股東通常都不具備適切的審查能力，即便是在對公司有利的情況下，他們也不會認真思考董事會提出的想法，因此每年舉辦的股東大會，最後都淪為橡皮圖章*操演大會。

需要發展合作企業與員工所有企業的另一項主因，是此模式能讓平等與永續相互連結。莫瑞・波科欽（Murray Bookchin）是美國推動環境運動的先驅者，他曾說：「我們已無法『說服』企業停止成長，就像我們無法『說服』人不要呼吸那樣。」[42] 企業之所以致力於成長，是因為它們需要極大化外部股東的收益，更要藉由營運模式來鞏固高層的權力和財富；在缺乏徹底且全面的變革之下，高層的自我擴張行為，還有利潤帶來的成長動力，其實只會讓企業畫地自限。[43]

對比之下，合作企業的運作形式就如同社群一般，員工的首要任務也不是擴大公司規模；正因如此，這些企業的經營模式也更合乎倫理道德，更著重環境保護。有份研究選定來自奧地利、義大利與德國的二十二間公司，這些公司的民主程度都有極大落差。在訪調過這些公司的

* 譯註：原文為 Rubber stamp，意即某些人表面上掌握大權，但實際上卻不然。這些人根本無能，或是無法進行決策，他們只是形式上拿著「橡皮印章」，不假思索地「蓋」在需要決策的公文提案上。

員工後，研究指出較民主的企業不僅能營造出更符合「社會道德」的氛圍，還能提升員工的「公民道德」（civic virtues）、「利社會觀點」（pro-social perspective taking），並促進員工的互助行為。[44]不過為確保這些民主企業能以對社會大眾有利的方式來營運，除了員工代表之外，董事會也應當開放讓當地社群與消費者代表參與。

為何應立即採取行動？

儘管有為數眾多的員工希望能積極參與公司管理、在進行決策時能表達意見，但若無法律明文規範，許多企業根本不會落實員工民主制度，或是僅小幅度推動此理念。[45]正因如此，員工通常都會對公司心生不滿，他們都很清楚公司之所以聘請他們，只是希望他們能提升外部股東的利潤與收益；同樣令人氣惱的是，在直線管理系統的監督下，他們也不得不將上述目標當成第一要務。

這些問題其實事關重大。無法掌控自己的工作會令人內心備受壓迫，對健康造成極大損傷。[46]現代生產模式越來越錯綜複雜，企業必須即刻落實職場民主，才能讓員工有權掌控自己的工作流程。[47]體制結構不公不義、出了問題大家又互踢皮球，每個人都覺得自己未受公平對待，這些現象確實會對健康構成影響，使人隨年紀增長但心智功能衰退。[48]即便是對學童來說，其中一項壓力來源也是遭受不公平對待。一份研究二十一國學童的報告指出，在其中十九個國家裡，學生只要感受老師的不公平對待，就容易出現頭痛的症狀。

在較民主的企業中，員工的流動率較低，這代表大家比較喜歡在這種環境上班；此外，這些企業也不斷被票選為最佳雇主，顯示他們真的較受員工青睞。職場上其實常出現爭執與互相仇視的現象，大家通常也不會公開表達這些情緒；不過在合作企業或員工所有企業中，這種現象比較少見，因為資深經理通常是由員工直接或間接選出，而經理也必須對員工全權負責。

在現行企業制度中，通常是由少數人掌權、擁有整間公司，這種過時的管理制度，其實會對績效帶來反效果，因此我們更應推動各種經濟民主制度。英國全國工會理事會（British Trades Union Congress）曾提出一份報告，名為《員工入主董事會》（*Workers on Board*），裡頭指出對現代商業模式而言，傳統股權分配方式已越來越不合時宜。[49]報告指出在一九六〇年代，多數股票都是由個人持有，這些個體通常會長期持有少數幾間公司的股分，他們也會追蹤、關心公司營運狀況。在那個年代，人們持有一間公司股分的時間，平均來看是七年。如今，在許多國家裡，多數股票都是由金融機構所持有；這些機構一出手投資，就會買下數百、甚至是數千家企業的股票。這些機構藉由短期股票買賣來獲利，並單靠電腦演算法來進行交易，它們的平均持股時間不超過一分鐘，因此也不會對各家公司有長期（甚至連短期也不會有）的關注或了解。就算沒有使用這種高頻率股票交易系統，現代人平均持股時間也僅短短數月。現在，許多公司可能擁有成千上萬名股東，但根本完全無法掌握每位股東的身分與個人資訊。

在現代生產模式中，企業必須整合不同人力的專業與知識，因此在評判公司價值時，有形的建築物與資本設備已非重點，專長、專業與技術的整合才是價值核心。所以公司的所有人在買賣公司時，比較像是在買賣一整群人。不過這種觀念現在已經相當過時，因為比起股東或執行長，基層員工或許還能將公司經營得更有聲有色。不過買主在收購公司時，重點當然是想獲取員工帶來的收益流。

假如較民主的企業生產力更高、而現代股權買賣方式又已落伍，那為何民主尚未迅速拓展至經濟範疇中呢？其實，公司存在的目的不單是提供人們需要的商品或服務，企業的本質是鞏固高層的力量和財富，因此「產業巨頭」都在利益衝突中掙扎，他們一方面想最大化私人收益、另一方面又想改善公司環境。此矛盾關係就呈現在圖9.5中：執行長收入較低，公司績效就較佳；執行長領的薪水較高，公司表現就較不理想。企業若祭出高薪，可能就會招來那些只想擴張自我利益、並將公司利益擺在第二順位的管理者，這就是企業面臨的風險。

許多跨國企業的營業額，比某些國家的國內生產毛額還高，有些企業的營收甚至超越挪威或紐西蘭的國內生產毛額。但這些企業逃避民主責任，支付相當低額的稅金，有時甚至無需納稅。二〇〇八年，美國政府責任署（Government Accountability Office）公開表示，美國前百大企業中有八十三家為了逃稅，就在避稅天堂開設子公司；租稅正義聯盟指出，歐洲百大企業中有九十九家使用相同手法來避稅。在未繳納稅金的情況下，這些企業仍大方使用由公眾資金打造而成的基礎建設，例如交通運輸系統、教育還有警察人力。但社會大眾卻得繳交稅金，才能使用這些設備與服務。

雖然企業責任計畫大獲好評，但普羅大眾通常都不怎麼關注、或是根本不在乎企業盈利的手段。其實，大型企業都逐漸具有反社會傾向。擔任紐約市立大學公共衛生學系特聘教授的尼古拉斯・弗羅伊登貝格（Nicholas Freudenberg），在著作《致命的合法之物：企業、消費和保護公眾健康》（*Lethal But Legal*）中舉出大量詳盡的證據，顯示了食品、菸草、酒精、槍枝、藥品、農企業、還有汽車產業，已對現今的公共衛生構成重大威脅[50]：食品製造商不斷與打擊肥胖的政令唱反調，汽車公司也爆發醜聞，被揭穿竄改柴油引擎的碳排放量。這些反社會的營運模式已導致成千上萬人喪命。弗羅伊登貝格指出，企業在廣告上投注大筆資金，運用其政治影響力以及媒體效應來反駁科學研究證據，隱藏自家產品帶來的傷害，也與試圖降低社會風險的法律相抗衡。他們安插能幫他們說話、站台的人在立法機構裡，並花大錢遊說政治人物、讓自家商品能在罪證確鑿的情況下繼續上市販售。就算商品不會傷害大眾健康，很多企業也不顧氣候暖化嚴重的事實，把降低碳排放量拋在腦後，繼續擴張營業額與產品銷售量。對聰明的現代人來說，企業生產過程不得損及公眾利益、人類以及地球，這個觀念應該不難理解。

現在是重大轉型期

現行社會結構對人類造成極大負擔，如我們所見，現代社會無法有效提升生活幸福感。而平等不僅有利於社會大眾，更能減少人們消耗的資源。根據平等信託統計，英國如果能將貧富差距縮減至經濟合作暨發展組織國的平均程度，每年就能在改善身心健康與縮減暴力、監禁率的預算上省下三百九十億英鎊。[51]考量到貧富差距會導致大量令社會失衡的問題，若能有效促進平等，預算縮減的幅度想必會更可觀。

一九七〇年代的英國貧富差距與現今北歐國家相仿；但如今的英國，前後百分之二十的富人與窮人所得差距迅速擴張，貧富差距規模已是北歐國家的兩倍。上層階級所得快速增加，窮人的所得則停滯不前，這都是貧富差距擴大的主因。若能有效縮減稅前所得差異、或是藉由累進稅制或擴充社會福利制度來進行所得重分配，就能有效提升社會平等程度。以較平等的國家或美國各州來看，最值得關注的是他們的平等程度，而非達成平等的特定手法。以上舉出的兩種方式，似乎都能讓社會享有平等帶來的益處，因此這兩種策略缺一不可。

談到所得重分配策略，若想讓稅收的累進效果更明顯，就得想辦法避免企業到避稅天堂設置離岸公司、或是利用其他方式來逃稅。如果社會結構較平等，底層受到的歧視或許就不會那麼顯著，進而讓社會福利能照顧到更多人們、提供更完善的協助與扶持。有些人提出更激進的建議，認為應該要設立基本所得並課徵土地稅，藉此改革稅收方式，讓現有體制從中受惠。這兩項提議各獲得學界與政壇的專家支持，他們認為這兩項措施具有許多優點。[52]確實，未來有許多工作會被自動化設備與人工智慧取代，規定支付基本所得確實是必要之舉。

在縮減稅前所得差距上，部分國家已提升最低工資，或鼓勵雇主支付比最低法定薪資高出許多的「生活工資」。如果想成功縮減稅前所得差距，政府必須穩固經濟狀況，避免失業率往上攀升，提升勞工之間的良性競爭。如圖9.2與9.3所示，從歷史經驗來看，工會在縮減貧富差距上也扮演相當關鍵的角色。雖然隨著時代變遷，大型重工業已被小型服務產業取代，工會大概已無法重拾往日力量，但工會必須恢復其代表會員行動的法律權力。在工會權力式微的情況下，想維持健全的薪資談判系統，就更應解決那些未加入工會勞工的低薪問題；其中一個解方，是重新成立國家薪資理事會，邀請公會、勞工以及專家來擔任會員，協議與監督最低薪資協議，維護勞工權益和工作條件。有些產業的雇主撇開責任，用自雇或零時契約等名義來逃避對雇員的義務，讓員工無法享有休假、津貼或是因病缺勤保險等權益[53]，因此在這些產業或部門中，理事會的重要性更是不言而喻。

目前最重要的長期措施，則是在經濟範疇中落實民主，藉此縮減稅前所得差距。在推動相關倡議時，業界肯定會大力反彈——誠如先前所提，執行長與股東通常不是最在乎公司利益的人。儘管這些懷抱特定意識形態的人，在解讀經濟成長的優點與法規管制的缺點時，都聲稱自己是為了公眾利益著想；但說穿了，這些論辯只反映出少數富人有多努力想鞏固及維護自身利益。這點絕對不可輕忽，因為政策的推動必然需要經過多次討論決議，而那些維護特定階層利益的意識形態，也絕對會持續出手阻撓，不讓政策正式落實。在過去，中低階級的權益之所以受到維護，多少是因為大家都知道不同的階級利益會帶來相異的階級意識形態；但如果連進步政黨的領導人都跟有錢人過從甚密，這種觀念就會逐漸被抹去。選民竟然也開始相信像川普總統這麼富有的人，某種程度來說應該也很在乎窮人利益。

通常那些會因民主而權力受限的大人物，幾乎都不支持企業落實民主制度（只有偶爾有令人激賞的例外存在），反彈力道勢必會非常強烈；但經濟民主必須成為全民公認的經濟目標，進步派的政治人物應該提倡及捍衛此目標，並讓此理念成為人類進程的一大步。我們需要讓廣大群眾了解，此舉是邁向永續的轉型過程，而且更能將生活品質實際提升到現行措施所不能及的程度。這並不是大革命，而是影響深遠的漸進式轉變。

為讓此轉型過程更順利，我們必須讓員工所有企業與合作企業的概念更為世界各國所知。這些民主企業已展現龐大的影響力，光是在經濟民主比他國還弱的英國，員工所有企業與合作企業就有約莫五百家，他們的年營業額共有一百零七億英鎊，員工人數也高達十萬人。根據英國員工持股協會（Employee Ownership Association）統計，過去幾年來，此經濟結構不斷成長茁壯，成長率每年有百分之九。另外，我們也得特別關注那些相當成功的民主商業模式，例如奧雅納（Arup）、斯高特貝德（Scott Bader）、斯旺莫頓（Swann-Morton）還有約翰路易斯（John Lewis）等大集團。美國最大的員工所有企業為美國大眾超級市場公司（Publix Super Markets），該企業有十七萬五千名員工、一千多間分店，總年營業額高達三百億美金，這也讓他們躋身全美前十大私人企業。該公司有百分之八十的股權掌握在已退休和現任員工手上，剩下的百分之二十則在企業創辦家族的手中。另外，美國也有幾間大型企業是全屬員工所有，擁有兩萬名員工的攝影公司「接觸生活」（Lifetouch）就是一例。

其中一個讓社會大眾注意到這些企業的方式，是鼓勵這些公司用商標來凸顯經營模式，宣傳他們對公平與民主的承諾。他們或許可以效仿「公平交易」（fair trade）商標，設計一款「民主企業」標誌，提升這些公司的能見度；藉此也能讓大眾意識到，這些公司在道德與實際層面上具有哪些優勢。其實從消費者運動就能發現，只要公司聲譽出現問題並受到社會大眾關注，營業額就有可能受到重挫；我們也可將此因素當成標準，來評斷企業的營運模式是否符合社會、環境與道德等要求。

另一種能更直接協助發展民主商業模式的手法，是設立入口網站，讓消費者能直接選擇跟這些公司購物、選擇適合的銀行、以及喜愛的公用設施供應商等。透過這樣的網站，顧客能先選擇自己需要的商品類型，再與提供這類商品或服務的民主企業連結。經過長時間的發展，這種平台就能像亞馬遜（Amazon）一樣提供各種消費服務，但其運作過程更民主、平等，不讓公司有機會逃稅或剝削員工。架設這類入口網站，不僅能讓較民主的企業或公司享有額外市場優勢，更能喚醒大眾意識，讓人們更了解民主商業模式的實質與道德益處。

唯有在立法上有所改革，才能真正推動經濟民主，讓此議題進入政治範疇的核心。我們該追求的第一個目標，是透過立法約束，要求所有企業（小型企業除外）都得在董事會中安排員工代表，並成立薪酬委員會。若要讓民主風氣在經濟領域紮根，董事會中員工代表的比例就必須逐年增加，最後將公司多數決策權交到員工手上。另一種循序漸進轉移經營權的方式，是規定企業每年必須將一小部分的股分，轉移到員工所有的信託基金中。就算每年只轉移百分之二，過了二十五年後，員工還是能享有半數以上的決策權。瑞典貿易工會曾提出設立「員工投資基金」（Employee Investment Funds）的想法，目的是一步步提升員工在公司內部的決策權：一九八三年，瑞典政府落實這個概念，要求企業每年將一小部分的利潤轉到共同管理的員工基金中，並給予員工決策、投票權。[54]只不過在此政策未有明確、完善的規畫時，受到瑞典雇主聯盟（Swedish Employers' Federation）強烈反彈，並在一九九一年社會民主黨敗選後被取消。政策被撤除時，員工基金的規模還不夠大，未能讓瑞典經濟達到更穩定、民主的狀態；不過參與此計畫的企業，在財務表現上都更亮眼，也獲得無比珍貴的經驗。由此可知，此類員工基金確實行得通。

就算在尚未實際立法規範的情況下，政府也能以公部門契約外包、降低企業稅率等誘因，來鼓勵企業增設員工代表，進而提升經濟民主。在羅德島和加州，地方政府已提出立法倡議，讓薪資差異較小的公司享有稅率減免，並在外包政府契約時優先考慮這些企業。在其他地區，也有人提出利用公共支出來發展「社群財富建設」（community wealth building）。將地方公共「錨機構」（例如地方醫院、大學或政府）的支出，轉移到地方經濟的應用上，藉此建立由員工掌控的永續商業模式，並讓在地社群全權監控地方發展。

克里夫蘭的民主協作（Democracy Collaborative）組織，參考西班牙蒙德拉貢公司的成功模式，成立「長榮合作」（Evergreen Cooperative）機構，目前這個位於俄亥俄州的當地企業，旗下有生產能源的俄亥俄州合作太陽能公司（Ohio Cooperative Solar）、在五英畝的溫室中種植蔬菜的綠色城市培植合作社（Green City Growers Cooperative）、還有專為當地醫院與大學清理衣物的長榮洗衣合作社（Evergreen Cooperative Laundry）。英國蘭開夏（Lancashire）的普雷斯頓（Preston）也推動類似政策，地方公共機構都願意將一大部分的支出，拿來協助推動當地社區的財富建設與經濟。

英國員工持股機構（Employee Ownership Association）和英國合作社（Co-operatives UK），也已透過政策宣導來加速員工持股商業模式的成長。這兩家機構都認為，邁向民主經濟過程中最大的障礙，就是缺乏專業法律或財務顧問的投入與關注。正因如此，在許多商業模式的關鍵發展階段，多數人並未將民主模式納入考量。企業起步初期、大規模擴張準備期、創辦人退休交棒轉型期、或是營運狀況危險期，都是推動民主改革的關鍵時機，若能提升人們對民主商業模式的意識，或許就能讓法律和財務顧問更重視此議題。不過與財務或經濟相關的政府部門，也能給協助或建議，讓企業成功建立、轉型為員工持股模式；政府也能給予相關訓練或輔導，設立更多員工持股或合作企業。

銀行通常對合作企業的形式較不熟悉，讓企業在募集員工股權收購基金時，難以取得銀行貸款。在這種情況下，銀行該提供特殊貸款。在最理想的狀況下，政府應該要擬定一套完整的措施，提出擴張民主經濟的手法，再搭配稅收優惠，同時給予建議與協助，並提供現成的管理規範與資金來源。

無論如何，在員工持股或合作企業中，都應避免員工再度將公司賣給外部股東。過去就曾因缺乏相關規範，導致許多企業出現「非互助化」（demutualization）的現象，讓邁向民主經濟的腳步慢了下來。

最後，同時肩負理事會成員職責的員工，也需要接受管理、商事法、會計以及經濟學方面的訓練。這些跨領域訓練可以精簡如校長就職前的短期學習計畫、也可以是完整的碩士學程，並由政府提供員工就學補助。除了讓擔任董事會成員的員工更具自信、提升其決策能力外，政府提供這些預備課程，也能讓人們看出政府對民主轉型的決心和承諾。

其實單靠職場更民主，還不足以打造一個全新的社會。但我們在本章專心探討企業與職場議題是因為，若無結構性的計畫與變革，無法真正縮減社會貧富差距，只會讓所得落差在受到擺布、不斷擺盪的公眾聲浪中反覆跌宕起伏。倘若無法藉由這些倡議來縮減貧富差距，人類就只能等著被氣候變遷擊敗。二〇一五年十二月，有一百九十五個國家自願同意將碳排放量縮減到一定程度；但種種跡象顯示，此目標已不太可能達成了。如果這些國家都能履行承諾，我們就有辦法將暖化的規模控制在攝氏三度以內，避免災難發生。只可惜目前仍缺乏強迫這些國家執行的條約，國際上甚至還有貿易協定允許公司在貿易前景被政府立法破壞時（例如保護環境或公眾健康相關法條），得以出面申訴政府。只要我們繼續遲疑，轉型為低碳經濟的過程就會更困難、更痛苦，也更令人措手不及。打造一個全新的社會，帶來不同於以往的前景，絕對是當務之急。

打造一個全新的社會

要打造一個更好的社會，核心概念就是縮減貧富差距，因為貧富差距與社會關係的品質密切相關。人類的社會地位系統（如同動物的優勢階層或啄食順序），是依照權力強弱而定，位於頂層的族群有特權能優先取得資源，不顧底下群眾的需求。人類與其他物種一樣，都具有最基本的生存需求，因此得不斷做出抉擇：是否該與其他個體分享稀有資源？到底是該跟他人結盟合作，還是相互競爭？我們究竟是想營造出互助、互惠的社會氛圍，還是讓大家各自為敵、針鋒相對？

我們在第五章提到十七世紀的湯瑪斯・霍布斯，他的政治哲學其核心概念為避免發生「所有人對抗所有人」（warre of each against all）的衝突。他認為唯一能促成和平的方式，是建立一個掌握最高主權的政府，讓這個政府來打壓爭端；但霍布斯其實不知道，在人類史前時代，早在政府型態出現之前，社會是立基於食物共享以及高度平等的結構上，如同馬歇爾・薩林斯所說，當時的人類信奉合作共享與平等，藉此維繫和平，並未像霍布斯想像的那樣因資源稀少而出現紛爭。[55]薩林斯之所以認為「禮物帶來朋友，朋友互相送禮」，是因為禮物具體展現送禮者與收禮者的相互尊重，更是對彼此需求的一種回應。[56]因此我們也在前面篇幅中舉證，儘管對現代人而言或許是難以置信，但在人類歷史的九成時間裡，我們的社會都是相當平等的。[57]大家現在仍會分享食物，或呼朋引伴共同用餐，這種人際互動也體現了分享的概念，而非彼此為了基本需求而互相競爭。另外，世上幾大宗教也都倡導信眾要分享、互惠。

人類的心理有兩種南轅北轍的社交策略（在第五章中提到的兩種人性面向），其中一種是以建立友誼為出發點，另一種則是建立在優越與低下的概念上。大家都知道怎麼交朋友、如何把握一段友誼；但我們也都曉得所謂高姿態、上對下的歧視、還有趨炎附勢是怎麼一回事。人們將這兩種極端策略發揮到何種程度、還有他人以何種策略來對待我們，這都將對後續社交生活帶來影響，簡單來說，這兩種策略會形塑人類心理、左右社會風俗。

從社會階級的強度以及地位的重要性，就能看出該社會的平等程度。假如社會上互助、互惠與分享的風氣薄弱，就代表大家都得多替自己著想；我們的思維、行動越來越反社會，對地位、自我提升更加執著，社群生活、信任感以及互助的意願逐漸崩解。

談討進步政治學時，我們都有個直覺，認為貧富差距會導致社會分化，侵蝕社會根基；如今，藉由國際上豐富、可供比較的數據資料，我們證明此直覺是千真萬確的。邁向永續的生活，以及讓整體社會擺脫階級、地位分化的束縛，這兩項主張其實訴說著相同理念，那就是讓社會變得更好、更適合人類生活。我們所面臨的挑戰，是如何讓幸福感突破瓶頸、繼續往上提升。當經濟成長的邊際效益不斷遞減，我們真正需要的，是透過縮減貧富差距來提升人們的自信、改善人際關係、讓物質與社會環境變得更理想，從而實際提升生活幸福感。削減浪費社會資源的競爭、藉此消除炫耀性消費的風氣，人們就會更願意為共同利益而採取行動。

只要在生活品質上獲得四大重點改善，我們就能過得更愉快、滿足以及永續。首先，縮小貧富差距的規模，地位的重要性就會隨之下降，令人尷尬的階級差距也能逐漸縮減。如此一來，社交焦慮的殺傷力就不會那麼強大，人們在社交互動時，也較不會被缺乏自信、自我懷疑、或受自尊低落等心理影響；同時，大家也不再需要依靠酒精或藥物來排解焦慮、舒緩與他人往來時的緊繃感；更無需以自戀的形式來自我呈現，也不用在外表上砸大錢。簡言之，社交生活會變得更輕鬆自在，使社群連結更加強烈；與朋友相處、參與歡樂熱鬧的社交活動時，人們更能感到愉快、滿足，社會也更能符合人類基本社交需求。

第二大改善，就是我們必須擺脫以地位與消費為重的觀念，利用逐漸增加的生產力來擴充閒暇時間，降低工作的需求。新經濟基金會（New Economics Foundation）建議每周工時應為二十一小時。而且各國懸殊的工時差異，似乎沒有反映在人均國民生產毛額上。[58]我們需要花更多時間陪家人、陪孩子，以及關心彼此、朋友、長輩，並投入社群生活。在未來，我們應利用增加的生產力來減少工作時數，而不是利用生產力來提升所得與利潤；假如長期下來，生產力每年都能有百分之二的提升，那麼十年過後，我們就能在不犧牲現有生活水準的情況下，每周多休一天假了。平均來看，父母與孩子的年齡差距是三十年，因此下一代的生活可能會與現代人截然不同。英國的生產力向來疲弱，倘若工作環境能更民主，工時能更縮短，生產力或許能提升到每年增加百分之三；這樣一來，七年內我們就能周休三日，二十四年內每周工時就能減半。

如果研究推論成真，有約莫半數的工作將被電腦與自動化設備取代[59]，若要享受科技進步帶來的益處，我們必須縮短工時、並分擔彼此的工作；假如不這麼做，屆時可能會有一大群人失業，另一群人工作超時。

第三大改善，則是推動民主員工制度，大幅改善工作品質。過時的商業模式、也就是整間公司以及旗下員工的所有權，能因一小群人的決定就被賣出或買入，這種方式必須被淘汰。公司內部嚴明的位階制度、加上線性管理和明確的階級落差，讓許多員工無法掌控自己的工作，也無法參與公司決策。在合作企業或員工持股事業中（無論社群或消費者代表是否參與董事會），每位員工都得負責管理公司，企業內部將不再存有顯著的位階差異，大家都必須背負社會義務。當所得落差得以縮減後，地位分化的現象也不再那麼明顯。人類發展的下一大步，絕對是在工作環境中落實民主；職場應該是個能讓人找到自我價值的場域，使每個人的貢獻與付出都獲得重視；貶低員工潛力，讓人無法一展長才的就業體制，已無法被繼續容忍了。

第四大、也是最後一大改善，則是平等社會提供的健康與社會利益。如果能縮短社會上的貧富差距、受到社會梯度影響的問題也會獲得改善，變得較不普及。在平等的社會中，人們的身心健康狀況較佳、兒童福利較理想、暴力現象也較不常見；此外，入監服刑者的比例也較低、毒品問題較不氾濫，兒童也能享有均等的機會。當貧富差距越小，人們的社會心理幸福感就越高。

除了能在生活品質上享有這些真切、實際的改善之外，這些改善也能影響社會運作機制，縮短我們與環境永續之間的距離：消除人們對地位的不安全感後，大家就不會為了不落人後、維持物質水準，而繼續追求價格高昂、奢華的商品，也不會瘋狂買下一堆自己不需要的財貨。與其淘汰，我們也許會更願意修補用舊了的物品，而生產者在製造商品時，也會將這個因素納入考量。個人主義逐漸弱化，社群連結越來越穩健，大家或許就不會覺得非要擁有自己的車、或其他形式的私人財產。此外，如果社會能夠更平等，經濟與政治目標就不會出現分歧，人們也更能夠為共同利益而採取行動。

以上提出的這些改變，並非不切實際又過度理想化的概念。為了挽救貧富差距帶來的傷害、避免氣候變遷造成的種種災難，這些都是必要的解決辦法。近幾十年來，開發中國家的經濟蓬勃成長，世界上的貧窮現象（每日靠不到兩塊美金維生的人們）獲得大幅改善。但若無法降低碳排放量、保護環境，生活水準就會停滯不前。在富裕國家中，經濟成長已無法帶動生活幸福感，現存體制顯然無法有效讓人們感到更幸福。

唯有全體人民對社會改革懷抱共識，政府才會朝此方向推動政策。許多不應更動的原則與理想，被政治環境的投機與利己主義所埋沒；或許對未來懷抱正面的展望，就能喚醒心中的抱負與堅持。長久以來，那難以辨識卻極為強勁的社會推力，將群眾趕往未知的彼端；我們期盼透過更清晰、更科學、更有證據支持的方式，來理解這些社會推力的來龍去脈，並釐清如何解決它們構成的嚴重問題。

若多數人們無法下定決心改變，並且達成目標，社會現況也不會獲得改善。從一九七〇年代後期開始，人們似乎就失去對進步政治的信念，不相信社會型態還有改善的空間，也不再認為政治具有改變社會的能力。新自由主義就在未受質疑與挑戰的情況下迅速崛起。如今，大家對全球暖化與氣候變遷帶來的災害，都有實際且切身的感受，這個世界絕對需要來場從頭到尾的大改造。在未來，社會不僅得朝環境永續的方向邁進，更要消弭貧富之間的差距，讓全人類享有更高的生活品質；唯有懷抱這種展望，人們才會立定決心，投入改造社會的長遠工程。

致謝

此書經過珊・瓦西蒂（Shan Vahidy）、史都華・普洛菲特（Stuart Proffitt）與班・新約爾（Ben Sinyor）的編輯，我們在此過程實在獲益良多。三位編輯針對書中論述提出深刻、仔細的見解，也指出如何將文句改得更優雅、易懂，讓身為作者的我們感到非常榮幸。他們不僅閱讀迅速，還點出文法、拼字錯誤，或者針對細處進行簡單改動。原稿的每一頁上，都有他們三位留下巨細靡遺的註記，以及多項需再三考量的論點。在編輯過程中的每個階段，因為有他們的專業和謹慎，此書才得以更臻完美。他們才華洋溢，能獲得他們傾力相助，我們實在非常幸運。我們深表對他們感激。

凱特在約克大學（The University of York）的研究團隊不僅讀過初稿，更給予了相當具有研究價值的回饋，而且評論語氣也相當謙和——不敢把作品拿給別人讀的不只是學生，教授也是如此啊！謝謝琵芭・博德（Pippa Bird）、狄波拉・巴克斯（Deborah Box）、艾力克斯・克里斯丁森（Alex Christensen）、霍利・艾瑟克斯（Holly Essex）、羅娜・佛雷瑟（Lorna Fraser）、史都華・賈維斯（Stuart Jarvis）、班・麻理科特（Ben Mallicoat）、瑪德萊恩・鮑沃爾（Madeleine Power）、史黛芬尼・普拉迪（Stephanie Prady）、凱蒂・佩布斯（Katie Pybus）、瑪瑞納・瑟巴洛斯・拉斯加朵（Marena Ceballos Rasgado）、諾提耶・厄普霍夫（Noortje Uphoff）以及蒂芬尼・楊（Tiffany Yang）。我們也想特別感謝尚恩・貝恩（Sean Baine）、丹尼・杜林（Danny Dorling）以及艾立森・奎克（Allison Quick）針對初稿的細心評論。感謝學界同事與其家人的協助與幫忙，我們恐怕無法在此將他們的姓名一一列出，但過去幾年來，他們給各自以不同的方式幫助了我們，感謝芭芭拉・亞伯拉姆斯（Barbara Abrams）、克里斯托・亞伯（Christo Albor）、德米提斯・巴拉斯（Dimitris Ballas）、史蒂芬・貝祖卡（Stephen Bezruchka）、凱倫・布洛爾（Karen Bloor）、喬納森・布瑞銷（Jonathan Bradshaw）、巴蒂卡・卡比西斯（Baltica Cabieses）、海倫娜・柯若寧（Helena Cronin）、馬丁・戴利（Martin Daly）、丹尼（Danny）與艾莉森・多爾靈（Alison Dorling）、法蘭克・艾格（Frank Elgar）、曼努爾・安東尼奧・艾斯比諾札（Manuel Antonio Espinoza）、保羅・吉爾伯特（Paul Gilbert）、希拉蕊・葛蘭姆（Hilary Graham）、謝里・強生（Sheri Johnson）、河內一郎（Ichiro Kawachi）、賽巴斯汀・克雷默（Sebastian Kraemer）、羅西・麥克伊亨（Rosie McEachen）、安娜瑪麗・墨瑟（Annamarie Mercer）、強・明頓（Jon Minton）、馬丁・歐尼爾（Martin O'Neill）、安妮・奎克（Annie Quick）、賀科特・儒法蘭柯斯（Hector Rufrancos）、崔佛・薛頓（Trevor Sheldon）、狄波拉・史密斯（Deborah Smith）、蘇布・瑟拉瑪尼亞（Subu Subramanian）、連恩・夕米（Len Syme）、

蘿拉・凡德布洛曼（Laura Vanderbloemen）與約翰・懷特（John Wright）。我們也要感謝「公車家庭」（Bus family）的成員：鮑伯・柯斯坦薩（Bob Costanza）、羅倫佐・費拉蒙提（Lorenzo Fioramonti）、恩瑞科・喬凡尼尼（Enrico Giovannini）、伊達・庫比斯札維斯基（Ida Kubiszewski）、亨特・洛文斯（Hunter Lovins）、賈奇・麥克格拉蒂（Jacquie McGlade）、拉斯・莫登森（Lars Mortensen）、克莉絲汀・瓦拉・拉格納斯多提爾（Kristín Vala Ragnarsdóttir）、迪布拉・羅伯茲（Debra Roberts）、羅伯特・德沃格利（Roberto De Vogli）以及史都華・瓦利斯（Stewart Wallis），這些成員加入不丹的國際專家團隊，此團隊目前隸屬幸福經濟聯盟（WE-ALL），他們的研究拓展了我們的視野與整個世界。

書中收錄的圖表，都是世界各國研究人員費心製作而成。我們特別感謝將原始研究數據寄給我們的學者，藉由他們的數據，我們才能重新繪製圖表，讓書中圖表的呈現方式得以協調一致：理查・萊特（Richard Layte，圖2.1）、強納森・伯恩斯（Jonathan Burns，圖2.6）、史蒂夫・拉夫南（Steve Loughnan，圖3.1）與彼得・庫本斯（Peter Kuppens，圖3.1）、保羅・皮福（Paul Piff，圖3.3、3.4）、馬蒂歐・伊卡維洛（Matteo Iacoviello，圖4.4）、法蘭克・艾格（Frank Elgar，圖5.2）、琳賽・麥克米蘭（Lindsey Macmillan圖6.3）與克萊爾・克勞馥（Claire Crawford，圖6.3）、伊達・庫比斯札維斯基（Ida Kubiszewski，圖8.2）、科林・戈登（Colin Gordon，圖9.3）以及賴瑞・米歇爾（Larry Mishel，圖9.4）。

我們也非常感謝平等信託（The Equality Trust，www.equalitytrust.org.uk）的現任和前任

工作人員、志工、顧問、會員以及理事。特別感謝共同創辦人比爾・凱瑞（Bill Kerry）、董事會主席尚恩・貝恩（Sean Baine）以及主任萬達・瓦波斯卡（Wanda Wyporska），感謝他們的宣傳與努力，讓大眾更了解貧富差距。感謝平等信託的所有支持者，不管是個人、地方組織聯盟，或是資金提供者皆然。感謝約瑟夫・朗崔慈善信託基金（Joseph Rowntree Charitable Trust）、社會改變網絡（Network for Social Change）、都鐸信託基金（Tudor Trust）還有貝瑞・艾默爾與諾曼・墨爾本信託基金（Barry Amiel and Norman Melburn Trust）。感謝達特茅斯電影公司（Dartmouth Films）的導演凱瑟琳・朗德（Katharine Round）與製作人克里斯托・赫德（Christo Hird），將我們的著作翻拍成紀錄片《分化》（*The Divide*），藉此觸及更多群眾，讓大家熟悉貧富差距帶來的影響，謝謝你們。最後，我們想感謝花時間閱讀此書的讀者，還有邀請我們發表演講的單位，是你們提供了平台，讓我們有機會說些鼓勵人心的話。真希望我們有辦法一一感謝每位讀者或聽眾，也希望你們能繼續跟我們一起邁向平等。

1181–3.

68 Kearney, M. S. and Levine, P. B., 'Why is the teen birth rate in the United States so high and why does it matter?' *Journal of Economic Perspectives 2012; 26 (2): 141–66.*

69 Boyce, J. K., 'Inequality as a cause of environmental degradation', Ecological Economics 1*994; 11 (3): 169–78.*

70 Cushing, L., Morello-Frosch, R., Wander, M. and Pastor, M., 'The haves, the have-nots, and the health of everyone: the relationship between social inequality and environmental quality', Annual Review of Public *Health 2015; 36 (1): 193–209.*

71 Mikkelson, G. M., Gonzalez, A. and Peterson, G. D., 'Economic inequality predicts biodiversity loss', P*LoS One 2007; 2 (5): e444.*

72 Holland, T. G., Peterson, G. D. and Gonzalez, A., 'A cross-national analysis of how economic inequality predicts biodiversity loss', C*onservation Biology 2009; 23 (5): 1304–13.*

73 Stotesbury, N. and Dorling, D., 'Understanding income inequality and its implications: why better statistics are needed', Statistics *Views 2015; 21.*

74 Drabo, A., 'Impact of income inequality on health: does environment quality matter?' E*nvironment and Planning Part A 2011; 43 (1): 146.*

75 Cushing, L., Morello-Frosch, R., Wander, M. and Pastor, M., 'The haves, the have-nots, and the health of everyone: the relationship between social inequality and environmental quality', Annual Review of Public *Health 2015; 36 (1): 193–209.*

76 Jorgenson, A., Schor, J., Huang, X. and Fitzgerald, J., 'Income inequality and residential carbon emissions in the United States: a preliminary analysis', H*uman Ecology Review 2015; 22 (1): 93–105.*

77 Walasek, L. and Brown, G. D., 'Income inequality, income, and internet searches for status goods: a cross-national study of the association between inequality and well-being', Social Indicators Research 2015; doi:1*0.1007/s11205-015-1158-4.*

78 Walasek, L. and Brown, G. D. , 'Income inequality and status seeking, searching for positional goods in unequal US states', Psychological Science 2*015; 26 (4): 527–33.*

79 Wilkinson, R. G., Pickett, K. E. and De Vogli, R., 'Equality, sustainability, and quality of life', B*ritish Medical Journal 2010; 341: c5816.*

51 Rufrancos, H., Power, M., Pickett, K. E. and Wilkinson, R., 'Income inequality and crime: a review and explanation of the time-series evidence', Sociology and *Criminology 2013; 1: 103.*

52 Daly, M., K*illing the Competition: Economic Inequality and Homicide. New Brunswick, NJ: Transaction, 2016.*

53 Wilkinson, R. G. and Pickett, K. E., 'The problems of relative deprivation: why some societies do better than others', Social Science & Medici*ne 2007; 65 (9): 1965–78.*

54 Wilkinson, R. G. and Pickett, K. E., 'The problems of relative deprivation: why some societies do better than others', S*ocial Science & Medicine 2007; 65 (9): 1965–78.*

55 Wilkinson, R. G. and Pickett, K. E., 'Income inequality and social dysfunction', Annual Review of So*ciology 2009; 35: 493–512.*

56 Kawachi, I. and Kennedy, B. P., 'Income inequality and health: pathways and mechanisms', He*alth Services Research 1999; 34 (1 Pt 2): 215–27.*

57 Pickett, K. E. and Wilkinson, R. G., 'Child wellbeing and income inequality in rich societies: ecological cross sectional study', British Medical Journal *2007; 335 (7629): 1080.*

58 Pickett, K. E. and Wilkinson, R. G., 'Child wellbeing and income inequality in rich societies: ecological cross sectional study', B*ritish Medical Journal 2007; 335 (7629): 1080.*

59 Pickett, K. E. and Wilkinson, R. G., 'The ethical and policy implications of research on income inequality and child well-being', Pediatrics 2015; 135 Suppl *2: S39–47.*

60 Elgar, F. J., Craig, W., Boyce, W., Morgan, A. and Vella-Zarb, R., 'Income inequality and school bullying: multilevel study of adolescents in 37 countries', J*ournal of Adolescent Health 2009; 45 (4): 351–9.*

61 Eckenrode, J., Smith, E. G., McCarthy, M. E. and Dineen, M., 'Income inequality and child maltreatment in the United States', Pediatrics 2014; 133 (3*): 454–61.*

62 Wilkinson, R. G. and Pickett, K. E., 'The problems of relative deprivation: why some societies do better than others', S*ocial Science & Medicine 2007; 65 (9): 1965–78.*

63 Wilkinson, R. G. and Pickett, K. E., 'The problems of relative deprivation: why some societies do better than others', S*ocial Science & Medicine 2007; 65 (9): 1965–78.*

64 Wilkinson, R. G. and Pickett, K. E., 'The problems of relative deprivation: why some societies do better than others', Social Science & Medici*ne 2007; 65 (9): 1965–78.*

65 Corak, M., 'Inequality from generation to generation: the United States in comparison', IZA [Institute for the Study of Labor] Discussion Paper No. 9929, 2016.

66 Chetty, R., Hendren, N., Kline, P. and Saez, E., 'Where is the land of opportunity? The geography of intergenerational mobility in the United States', National Bureau of Economic Research, 2014.

67 Pickett, K. E., Mookherjee, J. and Wilkinson, R. G., 'Adolescent birth rates, total homicides, and income inequality in rich countries', American Journal of Pub*lic Health 2005; 95 (7):*

36 Wilkinson, R. G. and Pickett, K. E., 'The enemy between us: the psychological and social costs of inequality', European Journal *of Social Psychology 2017; 47: 11–24.*

37 Freitag, M. and Bühlmann, M., 'Crafting trust: the role of political institutions in a comparative perspective', Comparative Political St*udies 2009; 42 (12): 1537–66.*

38 Elgar, F. J. and Aitken, N., 'Income inequality, trust and homicide in 33 countries', E*uropean Journal of Public Health 2011; 21 (2): 241–6.*

39 Kawachi, I. and Kennedy, B. P., 'The relationship of income inequality to mortality: does the choice of indicator matter?' Social Science & Medi*cine 1997; 45 (7): 1121–7.*

40 Uslaner, E. M. and Brown, M., 'Inequality, trust, and civic engagement', American Politics Resea*rch 2005; 33 (6): 868–94.*

41 Paskov, M. and Dewilde, C., 'Income inequality and solidarity in Europe', Research in Social Str*atification and Mobility 2012; 30 (4): 415–32.*

42 de Vries, R., Gosling, S. and Potter, J., 'Income inequality and personality: are less equal U.S. states less agreeable?' S*ocial Science & Medicine 2011; 72 (12): 1978–85.*

43 Lancee, B. and Van de Werfhorst, H. G., 'Income inequality and participation: a comparison of 24 European countries', Social Science Research *2012; 41 (5): 1166–78.*

44 Szlendak, T. and Karwacki, A., 'Do the Swedes really aspire to sense and the Portuguese to status? Cultural activity and income gap in the member states of the European Union', I*nternational Sociology 2012; 27 (6): 807–26.*

45 Durante, F., Fiske, S. T., Kervyn, N., et al., 'Nations' income inequality predicts ambivalence in stereotype content: how societies mind the gap', British Journal of Soc*ial Psychology 2013; 52 (4): 726–46.*

46 Cheung, F. and Lucas, R. E., 'Income inequality is associated with stronger social comparison effects: the effect of relative income on life satisfaction', Journal of Personality *& Social Psychology 2016; 110 (2): 332–41.*

47 Ouimet, M., 'A world of homicides: the effect of economic development, income inequality, and excess infant mortality on the homicide rate for 165 countries in 2010', H*omicide Studies 2012; 16 (3): 238–58.*

48 Daly, M., Killing the Competition: Economic Inequality and Homi cide. New Brunswick, NJ: Transaction, 2016.；馬丁・戴利（Martin Daly）的著作《終結競爭》（*Killing the Competition*），參考他自己與其他學者超過三十五年來的研究，並針對這些研究進行摘要、統整。

49 Glaeser, E. L., Resseger, M. G. and Tobio, K., 'Urban inequality', National Bureau of Economic Research, 2008.

50 Daly, M., K*illing the Competition: Economic Inequality and Homicide. New Brunswick, NJ: Transaction, 2016.*

morbidity and resilience: a systematic review and meta-analysis', *Lancet Psychiatry 2017; 4 (7): 554–62.*

23 Steptoe, A., Tsuda, A., Tanaka, Y. and Wardle, J., 'Depressive symptoms, socio-economic background, sense of control, and cultural factors in university students from 23 countries', International Journal *of Behavioral Medicine 2007; 14 (2): 97–107.*

24 Patel, V., Burns, J. K., Dhingra, M., et al., 'Income inequality and depression: a systematic review and meta-analysis of the association and a scoping review of mechanisms', World Psychiatry *2018; 17: 76–89.*

25 Messias, E., Eaton, W. W. and Grooms, A. N., 'Economic grand rounds: income inequality and depression prevalence across the United States: an ecological study', P*sychiatric Services 2011; 62 (7): 710 –12.*

26 Patel, V., Burns, J. K., Dhingra, M., et al., 'Income inequality and depression: a systematic review and meta-analysis of the association and a scoping review of mechanisms', World Psychiatry *2018; 17: 76–89.*

27 Burns, J. K., Tomita, A. and Kapadia, A. S., 'Income inequality and schizophrenia: increased schizophrenia incidence in countries with high levels of income inequality', I*nternational Journal of Social Psychiatry 2014: 60 (2): 185–96.*

28 Johnson, S. L., Wibbels, E. and Wilkinson, R., 'Economic inequality is related to cross-national prevalence of psychotic symptoms', Social Psychiatry & Psych*iatric Epidemiology 2015; 50 (12): 1799–807.*

29 Layte, R. and Whelan, C., 'Who feels inferior? A test of the status anxiety hypothesis of social inequalities in health', E*uropean Sociological Review 2014; 30: 525–35.*

30 Loughnan, S., Kuppens, P., Allik, J., et al., 'Economic inequality is linked to biased self-perception', P*sychological Science 2011; 22 (10): 1254–8.*

31 Wilkinson, R. G. and Pickett, K. E., 'The enemy between us: the psychological and social costs of inequality', European Journal *of Social Psychology 2017; 47: 11–24.*

32 Wilkinson, R. G. and Pickett, K. E., 'Income inequality and social dysfunction', Annual Review of So*ciology 2009; 35: 493–512.*

33 Cutright, P. and Fernquist, R. M., 'Predictors of per capita alcohol consumption and gender-specific liver cirrhosis mortality rates: thirteen European countries, circa 1970–1984 and 1995–2007', OM*EGA – Journal of Death and Dying 2011; 62 (3): 269–83.*

34 Wilkinson, R. G. and Pickett, K. E., 'The problems of relative deprivation: why some societies do better than others', So*cial Science & Medicine 2007; 65 (9): 1965–78.*

35 Gray, N., 'Income inequality, alcoholism and high blood pressure prevalence in the U.S.', posted at the 6th Biennial Conference of the American Society of Health Economists, University of Pennsylvania, June 2016.

United States', *Social Science & Medicine 2005; 61 (12): 2568–76.*

8 Ram, R., 'Further examination of the cross-country association between income inequality and population health', Social Science & Medi*cine 2006; 62 (3): 779–91.*

9 Kim, D. and Saada, A., 'The social determinants of infant mortality and birth outcomes in western developed nations: a cross-country systematic review', International Journa*l of Environmental Research & Public Health 2013; 10 (6): 2296.*

10 Kim, D. and Saada, A., 'The social determinants of infant mortality and birth outcomes in western developed nations: a cross-country systematic review', I*nternational Journal of Environmental Research & Public Health 2013; 10 (6): 2296.*

11 Torre, R. and Myrskyla, M., 'Income inequality and population health: an analysis of panel data for 21 developed countries, 1975– 2006', P*opulation Studies 2014; 68 (1): 1–13.*

12 Wilkinson, R. G. and Pickett, K. E., 'Income inequality and population health: a review and explanation of the evidence', *Social Science & Medicine 2006; 62 (7): 1768–84.*

13 Ram, R., 'Income inequality, poverty, and population health: evidence from recent data for the United States', Social Science & Medicin*e 2005; 61 (12): 2568–76.*

14 Zheng, H., 'Do people die from income inequality of a decade ago?' *Social Science & Medicine 2012; 75 (1): 36–45.*

15 Torre, R. and Myrskyla, M., 'Income inequality and population health: an analysis of panel data for 21 developed countries, 1975– 2006', Population Studies *2014; 68 (1): 1–13.*

16 Pickett, K. E., Kelly, S., Brunner, E., Lobstein, T. and Wilkinson, R. G., 'Wider income gaps, wider waistbands? An ecological study of obesity and income inequality', Journal of Epidemiolog*y & Community Health 2005; 59 (8): 670–74.*

17 Pickett, K. E. and Wilkinson, R. G., 'Income inequality and psychosocial pathways to obesity', in A. Offer, R. Pechey and S. Ulijaszek (eds.), In*security, Inequality, and Obesity in Affluent Societies. Oxford: British Academy, 2012.*

18 Drain, P. K., Smith, J. S., Hughes, J. P., Halperin, D. T. and Holmes, K. K., 'Correlates of national HIV seroprevalence: an ecologic analysis of 122 developing countries', *Journal of Acquired Immune Deficiency Syndrome 2004; 35 (4): 407–20.*

19 Buot, M.-L. G., Docena, J. P., Ratemo, B. K., et al., 'Beyond race and place: distal sociological determinants of HIV disparities', P*LoS One 2014; 9 (4): e91711.*

20 Pickett, K. E. and Wilkinson, R. G., 'Inequality: an underacknowledged source of mental illness and distress', British Journal of *Psychiatry 2010; 197: 426–8.*

21 Ribeiro, W. S., Bauer, A., Andrade, M. C. R., et al., 'Income inequality and mental illness-related morbidity and resilience: a systematic review and meta-analysis', Lancet Psychiatry 201*7; 4 (7): 554–62.*

22 Ribeiro, W. S., Bauer, A., Andrade, M. C. R., et al., 'Income inequality and mental illness-related

English edition published 2017 by Bloomsbury.; Dye, R. F. and England, R. W., 'Assessing the theory and practice of land value taxation', Lincoln Institute of Land Policy, 2010.; Gilroy, B. M., Heimann, A. and Schopf, M., 'Basic income and labour supply: the German case', *Basic Income Studies* 2012; 8 (1): 43–70.; Widerquist, K. and Sheahen, A., 'The United States: the basic income guarantee – past experience, current proposals', *Basic Income Worldwide: Horizons of Reform* 2012: 11.

53 Dickens, R., Gregg, P., Machin, S., Manning, A. and Wadsworth, J., 'Wages councils: was there a case for abolition?' *British Journal of Industrial Relations* 1993; 31 (4): 515–29.

54 Burkitt, B. and Whyman, P., 'Employee investment funds in Sweden: their past, present and future', *European Business Review* 1994; 94 (4): 22–9.

55 Sahlins, M., *Stone Age Economics*. London: Routledge, 2003.

56 Sahlins, M., *Stone Age Economics*. London: Routledge, 2003.

57 Erdal, D. and Whiten, A., 'Egalitarianism and Machiavellian intelligence in human evolution', in P. Mellars and K. Gibson (eds.), *Modelling the Early Human Mind*. Cambridge: McDonald Institute Monographs, 1996.; Boehm, C., *Moral Origins: The Evolution of Virtue, Altruism, and Shame*. New York: Basic Books, 2012.

58 Coote, A., Franklin, J., Simms, A. and Murphy, M., *21 Hours: Why a Shorter Working Week Can Help Us All to Flourish in the 21st Century.* London: New Economics Foundation, 2010.

59 Frey, C. B. and Osborne, M., *The Future of Employment: How Susceptible Are Jobs to Computerisation?* Oxford Martin School, University of Oxford, 2013.

附錄

1 Pickett, K. E. and Wilkinson, R. G., 'Income inequality and health: a causal review', Social Science & *Medicine 2015; 128: 316–26.*

2 Wilkinson, R. G. and Pickett, K. E., 'Income inequality and population health: a review and explanation of the evidence', *Social Science & Medicine 2006; 62 (7): 1768–84.*

3 Babones, S. J., 'Income inequality and population health: correlation and causality', Social Science & Medicine *2008; 66 (7): 1614–26.*

4 Clarkwest, A., 'Neo-materialist theory and the temporal relationship between income inequality and longevity change', Social Science & Medicine *2008; 66 (9): 1871–81.*

5 Zheng, H., 'Do people die from income inequality of a decade ago?' Social Science & Medicine *2012; 75 (1): 36–45.*

6 Pickett, K. E. and Wilkinson, R. G., 'Income inequality and health: a causal review', *Social Science & Medicine 2015; 128: 316–26.*

7 Ram, R., 'Income inequality, poverty, and population health: evidence from recent data for the

Innovation and Skills, BIS/12/933, 4 July 2012.; Matrix Knowledge Group, *The Employee Ownership Effect: A Review of the Evidence*. London: Matrix Evidence, a division of Matrix Knowledge Group, 2010.
41 Martins, P. S., 'Dispersion in wage premiums and firm performance', *Economics Letters* 2008; 101 (1): 63–5.
42 Bookchin, M., *Remaking Society: Pathways to a Green Future*. Cambridge, Mass.: South End Press, 1990.
43 Kelly, M., 'The next step for CSR: building economic democracy', *Business Ethics* 2002; 16: 2–7.
44 Verdorfer, A. P., Weber, W. G., Unterrainer, C. and Seyr, S., 'The relationship between organizational democracy and socio-moral climate: exploring effects of the ethical context in organizations', *Economic and Industrial Democracy* 2012: 0143831X12450054.; Weber, W. G., Unterrainer, C. and Schmid, B. E., 'The influence of organizational democracy on employees' socio-moral climate and prosocial behavioral orientations', *Journal of Organizational Behavior* 2009; 30 (8): 1127–49.
45 Freeman, R. B. and Rogers, J., *What Workers Want.* Ithaca, NY: Cornell University Press, 2006.
46 Ruiz, J. I., Nuhu, K., McDaniel, J. T., et al., 'Inequality as a powerful predictor of infant and maternal mortality around the world', *PLoS One* 2015; 10 (10): e0140796.; Bosma, H., Marmot, M. G., Hemingway, H., et al., 'Low job control and risk of coronary heart disease in Whitehall II (prospective cohort) study', *British Medical Journal* 1997; 314 (7080): 558–65.
47 Theorell, T., 'Democracy at work and its relationship to health', *Research in Occupational Stress and Wellbeing* 2003; 3: 323–57.
48 De Vogli, R., Brunner, E. and Marmot, M. G., 'Unfairness and the social gradient of metabolic syndrome in the Whitehall II study', *Journal of Psychosomatic Research* 2007; 63 (4): 413–19.; De Vogli, R., Ferrie, J. E., Chandola, T., Kivimaki, M. and Marmot, M. G., 'Unfairness and health: evidence from the Whitehall II study', *Journal of Epidemiology & Community Health* 2007; 61 (6): 513–18.; Elovainio, M., Singh-Manoux, A., Ferrie, J. E., et al., 'Organisational justice and cognitive function in middle-aged employees: the Whitehall II study', *Journal of Epidemiology & Community Health* 2012; 66 (6): 552–6.
49 Williamson, J. and the TUC, *Workers on Board: The Case For Workers' Voice in Corporate Governance.* London: Trades Union Congress, 2013.
50 Freudenberg, N., *Lethal But Legal: Corporations, Consumption, and Protecting Public Health.* New York: Oxford University Press, 2014.
51 The Equality Trust, *The Cost of Inequality*. London: The Equality Trust, 2014.
52 Bregman R., *Utopia for Realists: The Case for a Universal Basic Income, Open Borders, and a 15-hour Workweek*. Originally published in Dutch online on *De Correspondent*, 2016;

Europe', *EIRObserver* 1998; 5: 1–4, https://www.eurofound. europa.eu/sites/default/files/ef_files/eiro/pdf/eo98-5.pdf.

28 Survation, Employment Survey I I , 6 February 2013, http://survation. com/wp-content/uploads/2014/04/Employment-II-Full-Tables.pdf.

29 Freeman, R. B. and Rogers, J., *What Workers Want.* Ithaca, NY: Cornell University Press, 2006.

30 Vitols, S., 'Board level employee representation, executive remuneration and firm performance in large European companies', European Corporate Governance Institute and European Trade Union Institute, 2010.

31 Fauver, L. and Fuerst, M. E., 'Does good corporate governance include employee representation? Evidence from German corporate boards', *Journal of Financial Economics* 2006; 82 (3): 673–710.

32 Piketty, T., trans. A. Goldhammer, *Capital in the Twenty-first Century*. Cambridge, Mass.: Harvard University Press, 2014.

33 Oakeshott, R., *Jobs and Fairness: The Logic and Experience of Employee Ownership*. Norwich: Michael Russell, 2000.

34 Azevedo, A. and Gitahy, L., 'The cooperative movement, self-management, and competitiveness: the case of Mondragon Corporacion Cooperativa', *Working USA* 2010; 13 (1): 5–29.; Zeuli, K. and Radel, J., 'Cooperatives as a community development strategy: linking theory and practice', *Journal of Regional Analysis and Policy* 2005; 35 (1): 43–54.

35 Blasi, J., Kruse, D., Sesil, J. and Kroumova, M., 'Broad-based stock options and company performance: what the research tells us', *Journal of Employee Ownership, Law, and Finance* 2000; 12 (3): 69–102.

36 Kardas, P. A., Scharf, A. L., Keogh, J. and Rodrick, S. S., *Wealth and Income Consequences of Employee Ownership: A Comparative Study for Washington State.* Oakland, Calif.: National Center for Employee Ownership, 1998.; Lampel, J., Bhalla, A. and Jha, P., *Model Growth: Do Employee-owned Businesses Deliver Sustainable Performance?* London: Cass Business School, City University, 2010.

37 NCEO, *Employee Ownership and Corporate Performance: A Comprehensive Review of the Evidence*. Oakland, Calif.: National Center for Employee Ownership, 2004.

38 Kruse, D., 'Does employee ownership improve performance?' *IZA World of Labor* 2016; 311.

39 Blasi, J., Kruse, D. and Bernstein, A., *In the Company of Owners*. New York: Basic Books, 2003.

40 Lampel, J., Bhalla, A. and Jha, P., *Model Growth: Do Employee-owned Businesses Deliver Sustainable Performance?* London: Cass Business School, City University, 2010.; Nuttall, G., 'Sharing success: the Nuttall review of employee ownership', Department of Business,

8 Eisenbrey, R. G. and Gordon, C., 'As unions decline, inequality rises'. *Economic Policy Institute* 2012, http://www.epi.org/publication/unions-decline-inequality-rises/.

9 Piketty, T., Saez, E. and Stantcheva, S., 'Optimal taxation of top labor incomes: a tale of three elasticities', National Bureau of Economic Research, 2011.

10 Ostry, M. J. D., Berg, M. A. and Tsangarides, M. C. G., *Redistribution, Inequality, and Growth.* Washington, DC: International Monetary Fund, 2014.

11 World Bank, *The East Asian Miracle*. Oxford: Oxford University Press, 1993.

12 Krugman, P., *The Conscience of a Liberal.* New York: W. W. Norton & Co., 2009.

13 Krugman, P., *The Conscience of a Liberal.* New York: W. W. Norton & Co., 2009.

14 Obama, B., State of the Union address, 2014, http://www.white-house.gov/the-press-office/2014/01/28/president-barack-obamas-state-union-address.

15 Pope Francis, *Evangelii Gaudium*. Vatican City: Vatican Press, 2013.

16 Lagarde, C., Speech at World Economic Forum, Davos, 2013, https://www.imf.org/external/np/speeches/2013/012313.htm.; Ban K.-m., Remarks at Informal General Assembly Thematic Debate on Inequality, United Nations, 2013, http://www.un.org/apps/news/story.asp?NewsID=45361#.WdNCPFu3zcs.

17 Norton, M. I. and Ariely, D., 'Building a better America – one wealth quintile at a time', *Perspectives on Psychological Science* 2011; 6 (1): 9–12.

18 Living Wage Commission, *Work That Pays*. London, 2014.

19 Bunyan, P. and Diamond, J., *Approaches to Reducing Poverty and Inequality in the UK. A Study of Civil Society Initiatives and Fairness Commissions*. Edge Hill University/Webb Memorial Trust, 2014.

20 Houlder, V., 'Switzerland pledges to lift veil on tax secrecy', *Financial Times* 6 May 2014.

21 Gibbons, K., 'Extra home help gives Britain that Downton feeling', *The Times* 31 January 2014.; Mount, H., 'Are you being served?' *Daily Telegraph* 28 April 2013.

22 Mishel, L. and Sabadish, N., 'Pay and the top 1%: how executive compensation and financial-sector pay have fuelled income inequality', *Issue Brief*, Economic Policy Institute, 2012.

23 Tosi, H. L., Werner, S., Katz, J. P. and Gomez-Mejia, L. R., 'How much does performance matter? A meta-analysis of CEO pay studies', *Journal of Management* 2000; 26 (2): 301–39.

24 Marshall, L., 'Are CEOs paid for performance?' MSCI Inc., 2016.

25 Breza, E., Kaur, S. and Shamdasani, Y., 'The morale effects of pay inequality', National Bureau of Economic Research, 2016.

26 Chang, H.-J., *23 Things They Don't Tell You About Capitalism.* New York: Bloomsbury Publishing, 2012.

27 Chang, H.-J., *23 Things They Don't Tell You About Capitalism.* New York: Bloomsbury Publishing, 2012.; Schulten, T. and Zagelmeyer, S., 'Board-level employee representation in

NJ: Transaction, 2016.; Rufrancos, H., Power, M., Pickett, K. E. and Wilkinson, R., 'Income inequality and crime: a review and explanation of the time-series evidence', *Sociology and Criminology* 2013; 1: 103.

25 Jayadev, A. and Bowles, S., 'Guard labor', *Journal of Development Economics* 2006; 79 (2): 328–48.; Bowles, S. and Jayadev, A., 'Garrison America', *Economists' Voice* 2007; 4 (2): 1–7.

26 World Economic Forum, *The Global Competitiveness Report, 2000–2001.* New York: Oxford University Press, 2002.

27 Wilkinson, R.G., Pickett, K.E. and De Vogli, R., 'Equality, sustainability, and quality of life', *British Medical Journal* 2010; 341: c5816.

28 Wilkinson, R. G. and Pickett, K., *The Spirit Level: Why Equality is Better for Everyone.* London: Penguin, 2010.

29 Motesharrei, S., Rivas, J. and Kalnay, E., 'Human and nature dynamics (HANDY): modeling inequality and use of resources in the col- lapse or sustainability of societies', *Ecological Economics* 2014; 101: 90–102.

第九章

1 Wilkinson, R. G. and Pickett, K. E., 'Income inequality and socioeconomic gradients in mortality', *American Journal of Public Health* 2008; 98 (4): 699–704.

2 Jutz, R., 'The role of income inequality and social policies on income-related health inequalities in Europe', *International Journal for Equity in Health* 2015; 14: 117.

3 Lobmayer, P. and Wilkinson, R. G., 'Inequality, residential segregation by income, and mortality in US cities', *Journal of Epidemiology & Community Health* 2002; 56 (3): 183–7.

4 Andersen, R. and Curtis, J., 'The polarizing effect of economic inequality on class identification: evidence from 44 countries', *Research in Social Stratification and Mobility* 2012; 30 (1): 129–41.

5 Jaikumar, S. and Sarin, A., 'Conspicuous consumption and income inequality in an emerging economy: evidence from India', *Marketing Letters* 2015; 26 (3): 279–92.; Walasek, L. and Brown, G. D., 'Income inequality, income, and internet searches for status goods: a cross-national study of the association between inequality and well-being', *Social Indicators Research* 2015; doi:10.1007/s11205-015-1158-4.; Walasek, L. and Brown, G.D., 'Income inequality and status seeking, searching for positional goods in unequal US states', *Psychological Science* 2015; 26 (4): 527–33.

6 Neville, L., 'Do economic equality and generalized trust inhibit academic dishonesty? Evidence from state-level search-engine queries', *Psychological Science* 2012; 23 (4): 339–45.

7 Gustafsson, B. and Johansson, M., 'In search of smoking guns: what makes income inequality vary over time in different countries?' *American Sociological Review* 1999: 585–605.

10 World Health Organization. *Quantitative Risk Assessment of the Effects of Climate Change on Selected Causes of Death, 2030s and 2050s.* Geneva: World Health Organization, 2014.

11 Rahmstorf, S., 'Modeling sea level rise', *Nature Education Knowledge* 2012; 3 (10): 4.

12 Parry, M., Palutikof, J., Hanson, C. and Lowe, J., 'Squaring up to reality', *Nature Reports Climate Change* 2008; 2: 68–70.

13 Osterreichisches Institut fur Wirtschaftsforschung, *Economics, Reality and the Myths of Growth.* Vienna, 2013.

14 Jolly, A., *Lucy's Legacy: Sex and Intelligence in Human Evolution. Cambridge*, Mass.: Harvard University Press, 2001.

15 Bird-David, N., Abramson, A., Altman, J., et al., 'Beyond "The Original Affluent Society" : a culturalist reformulation [and Comments and Reply]', *Current Anthropology* 1992; 33 (1): 25–47.; Sahlins, M., 'The original affluent society', in J. Gowdy (ed.), *Limited Wants, Unlimited Means: A Hunter Gatherer Reader on Economics and the Environment.* Washington, DC: Island Press, 1998, pp. 5–41.; Wilkinson, R. G., *Poverty and Progress: An Ecological Model of Economic Development.* London: Methuen, 1973.

16 Lee, R. B. and DeVore, I., *Man the Hunter:* Piscataway, NJ: Transaction Publishers, 1968.

17 Larsen, C. S., 'The agricultural revolution as environmental catastrophe: implications for health and lifestyle in the Holocene', *Quaternary International* 2006; 150 (1): 12–20.; Mummert, A., Esche, E., Robinson, J. and Armelagos, G. J., 'Stature and robusticity during the agricultural transition: evidence from the bioarchaeological record', *Economics & Human Biology* 2011; 9 (3): 284–301.

18 Wilkinson, R. G., *Poverty and Progress: An Ecological Model of Economic Development.* London: Methuen, 1973.

19 Wilkinson, R. G., *Poverty and Progress: An Ecological Model of Economic Development.* London: Methuen, 1973.

20 Dittmar, H., Bond, R., Hurst, M. and Kasser, T., 'The relationship between materialism and personal well-being: a meta-analysis', *Journal of Personality and Social Psychology* 2014; 107 (5): 879–924.

21 Meltzer, H., Bebbington, P., Brugha, T., Farrell, M. and Jenkins, R., 'The relationship between personal debt and specific common mental disorders', *European Journal of Public Health* 2013; 23 (1): 108–13.

22 Kwon, R. and Cabrera, J. F., 'Socioeconomic factors and mass shootings in the United States', *Critical Public Health* 2017: 1–8.

23 Paskov, M. and Dewilde, C., 'Income inequality and solidarity in Europe', *Research in Social Stratification and Mobility* 2012; 30 (4): 415–32.

24 Daly, M., *Killing the Competition: Economic Inequality and Homicide.* New Brunswick,

28 Major, J., *Today*, 24 November 1990.

29 Ross, L., 'The intuitive psychologist and his shortcomings: distortions in the attribution process', *Advances in Experimental Social Psychology* 1977; 10: 173–220.

30 Jones, O., *Chavs: The Demonization of the Working Class.* London: Verso Books, 2012.

31 Jayaratne, T. E., Gelman, S. A., Feldbaum, M., et al., 'The perennial debate: nature, nurture, or choice? Black and white Americans' explanations for individual differences', *Review of General Psychology* 2009; 13 (1): 24–33.

32 Christensen, K. D., Jayaratne, T., Roberts, J., Kardia, S. and Petty, E., 'Understandings of basic genetics in the United States: results from a national survey of black and white men and women', *Public Health Genomics* 2010; 13 (7–8): 467–76.

33 Jorde, L. B. and Wooding, S. P., 'Genetic variation, classification and "race" ', *Nature Genetics* 2004; 36: S28–S33.

34 Olalde, I., Allentoft, M. E., Sanchez-Quinto, F., et al., 'Derived immune and ancestral pigmentation alleles in a 7,000-year-old Mesolithic European', *Nature* 2014; 507 (7491): 225–8.

35 Montagu, A., *Man's Most Dangerous Myth: The Fallacy of Race.* Lanham, Md: AltaMira Press, 2001.

第八章

1 出自馬太福音第五章，原文為：Blessed are the meek: for they shall inherit the earth.

2 第八、第九章中部分素材來自：R. Wilkinson and K. Pickett, *A Convenient Truth: A Better Society for Us and the Planet*, London: Fabian Society and Friedrich Ebert Stiftung, 2014.

3 Kubiszewski, I., Costanza, R., Franco, C., et al., 'Beyond GDP: measuring and achieving global genuine progress', *Ecological Economics* 2013; 93: 57–68.

4 Cutler, D., Deaton, A. and Lleras-Muney, A., 'The determinants of mortality', *Journal of Economic Perspectives* 2006; 20 (3): 97–120.

5 Kubiszewski, I., Costanza, R., Franco, C., et al., 'Beyond GDP: measuring and achieving global genuine progress', *Ecological Economics* 2013; 93: 57–68.

6 Kubiszewski, I., Costanza, R., Franco, C., et al., 'Beyond GDP: measuring and achieving global genuine progress', *Ecological Economics* 2013; 93: 57–68.

7 Jackson, T., *Prosperity Without Growth. Economics for a Finite Planet.* Abingdon: Earthscan, 2009.

8 Skidelsky, E. and Skidelsky, R., *How Much is Enough?: Money and the Good Life.* London: Penguin, 2012.

9 Hansen, J., Sato, M., Kharecha, P., et al., 'Target atmospheric CO2: where should humanity aim?' *Open Atmospheric Science Journal* 2008; 2: 217–31.

What Makes Them Friends or Foe. Westport, Conn.: Greenwood Publishing Group, 2007.

10 Neumann, J., *Poor Kids,* BBC1, 7 June 2011.

11 Elgar, F. J., Craig, W., Boyce, W., Morgan, A. and Vella-Zarb, R., 'Income inequality and school bullying: multilevel study of adolescents in 37 countries', *Journal of Adolescent Health* 2009; 45 (4): 351–9.

12 Tippett, N. and Wolke, D., Socioeconomic status and bullying: a meta-analysis', *American Journal of Public Health* 2014; 104 (6): e48–e59.

13 Odgers, C. L., Donley, S., Caspi, A., Bates, C. J. and Moffitt, T. E., 'Living alongside more affluent neighbors predicts greater involvement in antisocial behavior among low-income boys', *Journal of Child Psychology & Psychiatry* 2015; 56 (10): 1055–64.

14 Case, A. and Deaton, A., 'Rising morbidity and mortality in midlife among white non-Hispanic Americans in the 21st century', *Proceedings of the National Academy of Sciences of the USA* 2015; 112 (49): 15078–83.

15 Minton, J. W., Pickett, K. E., Shaw, R., Vanderbloemen, L., Green, M. and McCartney, G. M., 'Two cheers for a small giant? Why we need better ways of seeing data: a commentary on: "Rising morbidity and mortality in midlife among white non-Hispanic Americans in the 21st century" ', *International Journal of Epidemiology* 2016; doi: 10.1093/ije/dyw095.

16 Goldstein, R., Almenberg, J., Dreber, A., et al., 'Do more expensive wines taste better? Evidence from a large sample of blind tastings', *Journal of Wine Economics* 2008; 3 (1): 1–9.

17 Atkinson, W., 'The context and genesis of musical tastes: omnivorousness debunked, Bourdieu buttressed', *Poetics* 2011; 39 (3): 169–86.

18 Savage, M., *Social Class in the 21st Century.* London: Penguin, 2015.

19 Hobsbawm, E., *Fractured Times: Culture and Society in the Twentieth Century.* London: Little, Brown, 2013.

20 Toronyi-Lalic, I., 'Sceptic's Sistema', *Classical Music* June 2012.

21 Szlendak, T. and Karwacki, A., 'Do the Swedes really aspire to sense and the Portuguese to status? Cultural activity and income gap in the member states of the European Union', *International Sociology* 2012; 27 (6): 807–26.

22 Brown, R., *Prejudice: Its Social Psychology.* Chichester: John Wiley & Sons, 2011.

23 Prandy, K., 'The revised Cambridge scale of occupations', *Sociology* 1990; 24 (4): 629–55.

24 Sayer, A., *The Moral Significance of Class.* Cambridge: Cambridge University Press, 2005.

25 de Tocqueville, A., *Democracy in America.* London: Penguin, 2003.

26 Child Rights International Network, *Minimum Ages of Criminal Responsibility Around the World,* 2017, https://www.crin.org/en/home/ages.

27 Rifkin, J., *The Empathic Civilization: The Race to Global Consciousness in a World in Crisis.* New York: Penguin, 2009.

Community Health 2015; 69 (3): 199–200.
93 Joseph Rowntree Foundation, *UK Poverty 2017: A Comprehensive Analysis of Poverty Trends and Figures.* York: Joseph Rowntree Foundation, 2017.
94 Child Poverty Action Group, 'Child poverty facts and figures', 2014. Retrieved from http://www.cpag.org.uk/child-poverty-facts-and- figures.
95 Rank, M. R. and Hirschl, T. A., 'The likelihood of experiencing relative poverty over the life course', *PLoS One* 2015; 10 (7): e0133513.
96 US Census Bureau, *Current Population Survey Annual Social and Economic Supplement.* Washington, DC: US Census Bureau, 2016.
97 Siddiqi, A., Kawachi, I., Berkman, L., Hertzman, C. and Subramanian, S. V., 'Education determines a nation's health, but what determines educational outcomes? A cross-national comparative analysis', *Journal of Public Health Policy* 2012; 33 (1): 1–15.
98 Benn, M. and Millar, F., *A Comprehensive Future: Quality and Equality For All Our Children.* London: Compass, 2006.
99 OECD, *Improving Schools in Sweden: An OECD Perspective.* Paris: OECD, 2015, http://www.oecd.org/edu/school/improving-schools-in-sweden-an-oecd-perspective.htm.
100 Pickett, K. E. and Wilkinson, R. G., 'The ethical and policy implications of research on income inequality and child well-being', *Pediatrics* 2015; 135 Suppl 2: S39–47.
101 Benn, M. and Millar, F., *A Comprehensive Future: Quality and Equality For All Our Children.* London: Compass, 2006.

第七章

1 Elias, N. and Jephcott, E., *The Civilizing Process.* Oxford: Blackwell, 1982.
2 Erickson, C., *To the Scaffold: The Life of Marie Antoinette.* London: Macmillan, 2004.
3 Ashenburg, K., *The Dirt on Clean: An Unsanitized History.* Toronto: Vintage Canada, 2010.
4 Szreter, S., 'Rapid economic growth and "the four Ds" of disruption, deprivation, disease and death: public health lessons from nineteenth-century Britain for twenty-first-century China?' *Tropical Medicine & International Health* 1999; 4 (2): 146–52.
5 Hanley, L., *Respectable: Crossing the Class Divide.* London: Allen Lane, 2016.
6 Hanson, W., *The Bluffer's Guide to Etiquette.* London: Bluffer's, 2014.
7 Crompton, R., 'Consumption and class analysis', *The Sociological Review* 1997; 44 (1 suppl): 113–32.; Deutsch, N. L. and Theodorou, E., 'Aspiring, consuming, becoming: youth identity in a culture of consumption', *Youth & Society* 2010; 42 (2): 229–54.
8 Institute for Public Policy Research, 'Modern women marrying men of the same or lower social class', IPPR, 5 April 2012.
9 Merrill, D. M., *Mothersinlaw and Daughtersinlaw: Understanding the Relationship and*

distress, parenting, and socioemotional development', *Child Development* 1990; 61 (2): 311–46.; McLoyd, V. C. and Wilson, L., 'Maternal behavior, social support, and economic conditions as predictors of distress in children', *New Directions for Child Development* 1990 (46): 49–69.

78 Garrett, P., Ng'andu, N. and Ferron, J., 'Poverty experiences of young children and the quality of their home environments', *Child Development* 1994; 65 (2 Spec No): 331–45.

79 Levine, A. S., Frank, R. H. and Dijk, O., 'Expenditure cascades', *SSRN Electronic Journal* Sept 2010; 1.

80 Wilkinson, R. G. and Pickett, K., *The Spirit Level: Why Equality is Better for Everyone.* London: Penguin, 2010.

81 Kiernan, K. E. and Mensah, F. K., 'Poverty, maternal depression, family status and children's cognitive and behavioural development in early childhood: a longitudinal study', *Journal of Social Policy* 2009; 38 (4): 569–88.

82 Iacoviello, M., 'Household debt and income inequality, 1963–2003', *Journal of Money, Credit and Banking* 2008; 40 (5): 929–65.; Bowles, S. and Park Y., 'Emulation, inequality, and work hours: was Thorstein Veblen right?' *The Economic Journal* 2005; 115: F397–F412.

83 Ipsos-Mori and Nairn, A., *Children's Wellbeing in UK, Sweden and Spain: The role of Inequality and Materialism.* London: UNICEF UK, 2011.

84 Wilkinson, R. G. and Pickett, K., *The Spirit Level: Why Equality is Better for Everyone.* London: Penguin, 2010.

85 Layte, R. and Whelan, C., 'Who feels inferior? A test of the status anxiety hypothesis of social inequalities in health', *European Sociological Review* 2014; 30: 525–35.

86 Paskov, M. and Dewilde, C., 'Income inequality and solidarity in Europe', *Research in Social Stratification and Mobility* 2012; 30 (4): 415–32.

87 de Vries, R., Gosling, S. and Potter, J., 'Income inequality and personality: are less equal U.S. states less agreeable?' *Social Science & Medicine* 2011; 72 (12): 1978–85.

88 Loughnan, S., Kuppens, P., Allik, J., et al., 'Economic inequality is linked to biased self-perception', *Psychological Science* 2011; 22 (10): 1254–8.

89 Simmons, R. G. and Rosenberg, M., 'Functions of children's perceptions of the stratification system', *American Sociological Review* 1971; 36: 235–49.; Tudor, J. F., 'The development of class awareness in children', *Social Forces* 1971; 49: 470–76.

90 Dorling, D., 'Danny Dorling on education and inequality', *Times Higher Education* 25 September 2014.

91 Bradley, R. H. and Corwyn, R. F., 'Socioeconomic status and child development', *Annual Review of Psychology* 2002; 53: 371–99.

92 Popham, F., 'Deprivation is a relative concept? Absolutely!', *Journal of Epidemiology and*

(2): 237–45.

66 Pickett, K. E., Mookherjee, J. and Wilkinson, R. G., 'Adolescent birth rates, total homicides, and income inequality in rich countries', *American Journal of Public Health* 2005; 95 (7): 1181–3.

67 Wilkinson, R. G. and Pickett, K., *The Spirit Level: Why Equality is Better for Everyone.* London: Penguin, 2010.

68 Pickett, K. E. and Wilkinson, R. G., 'Child wellbeing and income inequality in rich societies: ecological cross-sectional study', *British Medical Journal* 2007; 335 (7629): 1080.

69 Pickett, K. E. and Wilkinson, R. G., 'The ethical and policy implications of research on income inequality and child well-being', *Pediatrics* 2015; 135 Suppl 2: S39–47.

70 Pickett, K. E. and Wilkinson, R. G., 'The ethical and policy implications of research on income inequality and child well-being', *Pediatrics* 2015; 135 Suppl 2: S39–47.

71 UNICEF Innocenti Research Centre, *Fairness for Children. A League Table of Inequality in Child Wellbeing in Rich Countries.* Florence: UNICEF Innocenti Centre, 2016.

72 Corak, M., 'Income inequality, equality of opportunity, and intergenerational mobility', *Journal of Economic Perspectives* 2013; 27 (3): 79–102.; Krueger, A., 'The rise and consequences of inequality'. Presentation made to the Center for American Progress, 12 January 2012. Available at http://www.americanprogress. org/events/2012/01/12/17181/ the-rise-and-consequences-of-inequality.; Aaronson, D. and Mazumder, B., 'Intergenerational economic mobility in the United States, 1940 to 2000', *Journal of Human Resources* 2008; 43 (1): 139–72.; Blanden, J., Goodman, A., Gregg, P. and Machin, S., *Changes in Intergenerational Mobility in Britain.* Bristol: University of Bristol, Centre for Market and Public Organisation, 2001.; Corak, M., 'Inequality from generation to generation: the United States in comparison', IZA [Institute for the Study of Labor] Discussion Paper No. 9929, 2016.

73 Corak, M., 'Income inequality, equality of opportunity, and intergenerational mobility', *Journal of Economic Perspectives* 2013; 27 (3): 79–102.

74 Pickett, K. E. and Wilkinson, R. G., 'Inequality: an underacknowledged source of mental illness and distress', *British Journal of Psychiatry* 2010; 197: 426–8.; Pickett, K. E. and Wilkinson, R. G., 'Child wellbeing and income inequality in rich societies: ecological cross-sectional study', *British Medical Journal* 2007; 335 (7629): 1080.

75 Evans, G. W. and English, K., 'The environment of poverty: multiple stressor exposure, psychophysiological stress, and socioemotional adjustment', *Child Development* 2002; 73 (4): 1238–48.

76 Eckenrode, J., Smith, E. G., McCarthy, M. E. and Dineen, M., 'Income inequality and child maltreatment in the United States', *Pediatrics* 2014; 133 (3): 454–61.

77 McLoyd, V. C., 'The impact of economic hardship on black families and children: psychological

51 Blascovich, J., Spencer, S. J., Quinn, D. and Steele, C., 'African Americans and high blood pressure: the role of stereotype threat', *Psychological Science* 2001; 12 (3): 225–9.

52 Schmader, T., Johns, M. and Forbes, C., 'An integrated process model of stereotype threat effects on performance', *Psychological Review* 2008; 115 (2): 336.; Schmader, T. and Johns, M., 'Converging evidence that stereotype threat reduces working memory capacity', *Journal of Personality and Social Psychology* 2003; 85 (3): 440.

53 Damme, D. V., 'How closely is the distribution of skills related to countries' overall level of social inequality and economic prosperity?' *OECD Education Working Papers* 2014; 105.

54 OECD and Statistics Canada, *Literacy in the Information Age: Final Report of the International Adult Literacy Survey.* Paris: Organization for Economic Co-operation and Development, 2000.

55 Wilkinson, R. and Pickett, K. E., 'Health inequalities and the UK presidency of the EU', *Lancet* 2006; 367 (9517): 1126–8.

56 OECD and Statistics Canada, *Literacy in the Information Age: Final Report of the International Adult Literacy Survey.* Paris: Organization for Economic Co-operation and Development, 2000.

57 OECD, *OECD Skills Outlook 2013: First Results from the Survey of Adult Skills.* Paris: OECD Publishing, 2013.

58 OECD, *PISA 2009 Results, Volume V. Learning Trends: Changes in Student Performance Since 2000.* Paris: OECD, 2010.

59 Bird, P. K., 'Social gradients in child health and development in relation to income inequality. Who benefits from greater income equality?' [PhD Thesis], University of York, 2014.

60 Bradbury, B., Corak, M., Waldfogel, J. and Washbrook, E., 'Inequality during the early years: child outcomes and readiness to learn in Australia, Canada, United Kingdom, and United States', IZA [Institute for the Study of Labor] Discussion Paper No. 6120, 2011.

61 OECD, *Equity and Quality in Education Supporting Disadvantaged Students and Schools.* Paris: OECD Publishing, 2012, http:// dx.doi.org /10.1787/9789264130852-en.

62 UNICEF Innocenti Research Centre, *Child Wellbeing in Rich Countries: A Comparative Overview.* Florence: Innocenti Report Card 11, 2013.

63 Elgar, F. J., Craig, W., Boyce, W., Morgan, A. and Vella-Zarb, R., 'Income inequality and school bullying: multilevel study of adolescents in 37 countries', *Journal of Adolescent Health* 2009; 45 (4): 351–9.

64 Pickett, K. E. and Wilkinson, R. G., 'Child wellbeing and income inequality in rich societies: ecological cross-sectional study', *British Medical Journal* 2007; 335 (7629): 1080.

65 Elgar, F. J., Pickett, K. E., Pickett, W., et al., 'School bullying, homicide and income inequality: a cross-national pooled time series analysis', *International Journal of Public Health* 2013; 58

Review of Psychology 2002; 53: 371–99.

41 Barnett, W. S., Jung, K., Yarosz, D. J., et al., 'Educational effects of the Tools of the Mind curriculum: a randomized trial', *Early Childhood Research Quarterly* 2008; 23 (3): 299–313.; Barnett, W. S. and Masse, L. N., 'Comparative benefit–cost analysis of the Abecedarian program and its policy implications', *Economics of Education Review* 2007; 26 (1): 113–25.; Heckman, J. J., 'Skill formation and the economics of investing in disadvantaged children', *Science* 2006; 312 (5782): 1900–902.; Heckman, J. J., 'The economics, technology, and neuroscience of human capability formation', *Proceedings of the National Academy of Sciences* 2007; 104 (33): 13250–55.; Magnuson, K. A., Ruhm, C. and Waldfogel, J., 'Does prekindergarten improve school preparation and performance?' *Economics of Education Review* 2007; 26 (1): 33–51.; Magnuson, K. A., Ruhm, C. and Waldfogel, J., 'The persistence of preschool effects: Do subsequent classroom experiences matter?' *Early Childhood Research Quarterly* 2007; 22 (1): 18–38.

42 Dickerson, S. S. and Kemeny, M. E., 'Acute stressors and cortisol responses: a theoretical integration and synthesis of laboratory research', *Psychological Bulletin* 2004; 130 (3): 355–91.

43 Hoff, K. and Pandey, P., 'Belief systems and durable inequalities: an experimental investigation of Indian caste', Policy Research Working Paper. Washington, DC: World Bank, 2004.

44 Stroessner, S. and Good, C., 'Stereotype threat: an overview', www.diversity.arizona.edu/sites/diversity/files/stereotype_threat_ overview.pdf.; Nguyen, H.-H. D. and Ryan, A. M., 'Does stereotype threat affect test performance of minorities and women? A meta-analysis of experimental evidence', *Journal of Applied Psychology* 2008; 93 (6); 1314–34.

45 Croizet, J.-C. and Dutrévis, M., 'Socioeconomic status and intelligence: why test scores do not equal merit', *Journal of Poverty* 2004; 8 (3): 91–107.

46 Steele, C. M. and Aronson, J., 'Stereotype threat and the intellectual test performance of African-Americans', *Journal of Personality and Social Psychology* 1995; 69: 797–811.

47 Davies, P. G., Spencer, S. J., Quinn, D. M. and Gerhardstein, R., 'Consuming images: how television commercials that elicit stereotype threat can restrain women academically and professionally', *Personality and Social Psychology Bulletin* 2002; 28 (12): 1615–28.

48 Hess, T. M., Auman, C., Colcombe, S. J. and Rahhal, T. A., 'The impact of stereotype threat on age differences in memory performance', *The Journals of Gerontology Series B: Psychological Sciences and Social Sciences* 2003; 58 (1): P3–P11.

49 Aronson, J., Lustina, M. J., Good, C., et al., 'When white men can't do math: necessary and sufficient factors in stereotype threat', *Journal of Experimental Social Psychology* 1999; 35 (1): 29–46.

50 Brown, R. P. and Pinel, E. C., 'Stigma on my mind: individual differences in the experience of stereotype threat', *Journal of Experimental Social Psychology* 2003; 39 (6): 626–33.

and parenting on executive functions in early childhood', *Child Development* 2011; 82 (6): 1970–84.

26 Guo, G. and Harris, K. M., 'The mechanisms mediating the effects of poverty on children's intellectual development', *Demography* 2000; 37 (4): 431–47.

27 Ayoub, C., O'Connor, E., Rappolt-Schlictmann, G., et al., 'Cognitive skill performance among young children living in poverty: risk, change, and the promotive effects of Early Head Start', *Early Childhood Research Quarterly* 2009; 24 (3): 289–305.

28 Hart, B. and Risley, T. R., *Meaningful Differences in the Everyday Experience of Young American Children*. Baltimore, Md: Paul H. Brookes Publishing, 1995.; Heckman, J. J., 'Creating a more equal and productive Britain', Young Foundation Lecture, 2011, www.youngfoundation.org/files/images/Heckman_Lecture_19_May_2011.pdf.

29 Crawford, C., Macmillan, L. and Vignoles, A., 'When and why do initially high-achieving poor children fall behind?' *Oxford Review of Education* 2017; 43 (1): 88–108.

30 Dickerson, A. and Popli, G. K., 'Persistent poverty and children's cognitive development: evidence from the UK Millennium Cohort Study', *Journal of the Royal Statistical Society: Series A (Statistics in Society)* 2016; 179 (2): 535–58.

31 OECD, *Equity and Quality in Education Supporting Disadvantaged Students and Schools*. Paris: OECD Publishing, 2012, http://dx.doi.org /10.1787/9789264130852-en.

32 Burgess, S. and Greaves, E., 'Test scores, subjective assessment, and stereotyping of ethnic minorities', *Journal of Labor Economics* 2013; 31 (3): 535–76.

33 Ferguson, R. F., 'Teachers' perceptions and expectations and the Black–White test score gap', *Urban Education* 2003; 38 (4):460–507.; Rosenthal, R. and Jacobson, L., 'Pygmalion in the classroom', *The Urban Review* 1968; 3 (1): 16–20.

34 Hanna, R. N. and Linden, L. L., 'Discrimination in grading', *American Economic Journal: Economic Policy* 2012; 4 (4): 146–68.

35 Reay, D., 'The zombie stalking English schools: social class and educational inequality', *British Journal of Educational Studies* 2006; 54 (3): 288–307.

36 Blanden, J., 'Essays on intergenerational mobility and its variation over time' [PhD Thesis], University of London, 2005.

37 Walker, R., Kyomuhendo, G. B., Chase, E., et al., 'Poverty in global perspective: is shame a common denominator?' *Journal of Social Policy* 2013; 42 (2): 215–33.

38 Reay, D., *Miseducation: Inequality, Education and the Working Classes*. Bristol: Policy Press, 2017.

39 Reay, D., 'The zombie stalking English schools: social class and educational inequality', *British Journal of Educational Studies* 2006; 54 (3): 288–307.

40 Bradley, R. H. and Corwyn, R. F., 'Socioeconomic status and child development', *Annual*

13 Baker, J. and Logan, A. J., 'Developmental contexts and sporting success: birth date and birthplace effects in national hockey league draftees 2000–2005', *British Journal of Sports Medicine* 2007; 41 (8): 515–17.

14 Vestberg, T., Gustafson, R., Maurex, L., Ingvar, M. and Petrovic, P., 'Executive functions predict the success of top-soccer players', *PLoS One* 2012; 7 (4): e34731.

15 Plomin, R., Asbury, K. and Dunn, J., 'Why are children in the same family so different? Nonshared environment a decade later', *The Canadian Journal of Psychiatry* 2001; 46 (3): 225–33.

16 Woollett, K. and Maguire, E. A., 'Acquiring "the Knowledge" of London's layout drives structural brain changes', *Current Biology* 2011; 21 (24–2): 2109–14.

17 Gaser, C. and Schlaug, G., 'Gray matter differences between musicians and non-musicians', *Annals of the New York Academy of Sciences* 2003; 999: 514–17.

18 Draganski, B., Gaser, C., Kempermann, G., et al., 'Temporal and spatial dynamics of brain structure changes during extensive learning', *Journal of Neuroscience* 2006; 26 (23): 6314–17.

19 Draganski, B., Gaser, C., Kempermann, G., et al., 'Temporal and spatial dynamics of brain structure changes during extensive learning', *Journal of Neuroscience* 2006; 26 (23): 6314–17.

20 Mora, F., Segovia, G. and del Arco, A., 'Aging, plasticity and environmental enrichment: structural changes and neurotransmitter dynamics in several areas of the brain', *Brain Research Reviews* 2007; 55 (1): 78–88.; Boyke, J., Driemeyer, J., Gaser, C., Büchel, C. and May, A., 'Training-induced brain structure changes in the elderly', *Journal of Neuroscience* 2008; 28 (28): 7031–5.; Mahncke, H. W., Bronstone, A. and Merzenich, M. M., 'Brain plasticity and functional losses in the aged: scientific bases for a novel intervention', *Progress in Brain Research* 2006; 157: 81–109.

21 Hanson, J. L., Hair, N., Shen, D. G., et al., 'Family poverty affects the rate of human infant brain growth', *PLoS One* 2013; 8 (12): e80954.

22 Dickerson, A. and Popli, G. K., 'Persistent poverty and children's cognitive development: evidence from the UK Millennium Cohort Study', *Journal of the Royal Statistical Society: Series A (Statistics in Society)* 2016; 179 (2): 535–58.

23 Brooks-Gunn, J. and Duncan, G. J., 'The effects of poverty on children', *The Future of Children* 1997; 7 (2): 55–71.; Korenman, S., Miller, J. E. and Sjaastad, J. E., 'Long-term poverty and child development in the United States: Results from the NLSY', *Children and Youth Services Review* 1995; 17 (1–2): 127–55.

24 Kiernan, K. E. and Mensah, F. K., 'Poverty, maternal depression, family status and children's cognitive and behavioural development in early childhood: a longitudinal study', *Journal of Social Policy* 2009; 38 (4): 569–88.

25 Blair, C., Granger, D. A., Willoughby, M., et al., 'Salivary cortisol mediates effects of poverty

participant pooled analysis of 10 prospective cohort studies', *British Medical Journal* 2012; 345: e4933.

第六章

1 此章節包含引自以下這本書中的素材：K. Pickett and L. Vanderbloemen, *Mind the Gap: Tackling Social and Educational Inequality,* York: Cambridge Primary Review Trust, 2015.

2 Johnson, B., The Third Margaret Thatcher Lecture, Centre for Policy Studies, 2013, http://www.cps.org.uk/events/q/date/2013/11/27/the-2013-margaret-thatcher-lecture-boris-johnson/.

3 Stiglitz, J. E., *The Price of Inequality: How Today's Divided Society Endangers Our Future.* New York: W. W. Norton & Co., 2012.; Krugman, P., 'Why inequality matters', *New York Times* 15 December 2013.

4 Cingano, F., 'Trends in income inequality and its impact on economic growth', OECD Social, Employment and Migration Working Papers, No. 163, OECD Publishing, 2014, http://dx.doi.org/10.1787/5jxrjncwxv6j-en.; Ostry, M. J. D., Berg, M. A. and Tsangarides, M. C. G., *Redistribution, Inequality, and Growth.* Washington, DC: International Monetary Fund, 2014.

5 Smith, G. D., 'Epidemiology, epigenetics and the "Gloomy Prospect": embracing randomness in population health research and practice', *International Journal of Epidemiology* 2011; 40 (3): 537–62.

6 Plato, *The Republic.* London: Penguin Classics, 3rd edition, 2007.

7 Holtzman, N. A., 'Genetics and social class', *Journal of Epidemiology and Community Health* 2002; 56 (7): 529–35.

8 Flynn, J. R., *Are We Getting Smarter? Rising IQ in the Twenty First Century.* New York: Cambridge University Press, 2012.

9 Dhuey, E. and Lipscomb, S., 'What makes a leader? Relative age and high school leadership', *Economics of Education Review* 2008; 27 (2): 173–83.

10 Sprietsma, M., 'Effect of relative age in the first grade of primary school on long-term scholastic results: international comparative evidence using PISA 2003', *Education Economics* 2010; 18 (1): 1–32.

11 Baker, J. and Logan, A. J., 'Developmental contexts and sporting success: birth date and birthplace effects in national hockey league draftees 2000–2005', *British Journal of Sports Medicine* 2007; 41 (8): 515–17.

12 Cobley, S., Baker, J., Wattie, N. and McKenna, J., 'Annual age- grouping and athlete development', *Sports Medicine* 2009; 39 (3): 235–56.; Helsen, W. F., Van Winckel, J. and Williams, AM., 'The relative age effect in youth soccer across Europe', *Journal of Sports Sciences* 2005; 23 (6): 629–36.

64 Kalma, A., 'Hierarchisation and dominance assessment at first glance', *European Journal of Social Psychology* 1991; 21 (2): 165–81.

65 Kalma, A., 'Hierarchisation and dominance assessment at first glance', *European Journal of Social Psychology* 1991; 21 (2): 165–81.

66 Brown, P. H., Bulte, E. and Zhang, X., 'Positional spending and status seeking in rural China', *Journal of Development Economics* 2011; 96 (1): 139–49.; Huberman, B. A., Loch, C. H. and Önçüler, A., 'Status as a valued resource', *Social Psychology Quarterly* 2004; 67 (1): 103–14.; Frey, B. S., 'Knight fever – towards an economics of awards', CESifo Working Paper No. 1468, IEW Working Paper No. 239, May 2005, https://ssrn.com/abstract=717302.

67 Runciman, W. G., *Relative Deprivation and Social Justice: A Study of Attitudes to Social Inequality in 20th Century England.* Berkeley, Calif.: University of California Press, 1966.

68 Sapolsky, R. M., *A Primate's Memoir: A Neuroscientist's Unconventional Life Among The Baboons.* New York: Simon and Schuster, 2007.

69 Wilkinson, R. G. and Pickett, K., *The Spirit Level: Why Equality is Better for Everyone.* London: Penguin, 2010.; Gilligan, J., *Preventing Violence.* New York: Thames and Hudson, 2001.

70 Dawes, C. T., Fowler, J. H., Johnson, T., McElreath, R. and Smirnov, O., 'Egalitarian motives in humans', *Nature* 2007; 446 (7137): 794–6.

71 Dawes, C. T., Fowler, J. H., Johnson, T., McElreath, R. and Smirnov, O., 'Egalitarian motives in humans', *Nature* 2007; 446 (7137): 794–6.

72 Fehr, E. and Gachter, S., 'Altruistic punishment in humans', *Nature* 2002; 415 (6868): 137–40.

73 Sahlins, M., *Stone Age Economics.* London: Routledge, 2003.

74 Holt-Lunstad, J., Smith, T. B. and Layton, J.B., 'Social relationships and mortality risk: a meta-analytic review', *PLoS Medicine* 2010; 7 (7): e1000316.; Kiecolt-Glaser, J. K., Loving, T. J., Stowell, J. R., et al., 'Hostile marital interactions, proinflammatory cytokine production, and wound healing', *Archives of General Psychiatry* 2005; 62 (12): 1377–84.; Cohen, S., 'Keynote presentation at the Eight International Congress of Behavioral Medicine: the Pittsburgh common cold studies: psychosocial predictors of susceptibility to respiratory infectious illness', *International Journal of Behavioral Medicine* 2005; 12 (3): 123–31.; Saltzman, K. M. and Holahan, C. J., 'Social support, self-efficacy, and depressive symptoms: an integrative model', *Journal of Social & Clinical Psychology* 2002; 21 (3): 309–22.; Keyes, C. L. M. and Waterman, M. B., 'Dimensions of well-being and mental health in adulthood', in M. H. Bornstein, L. Davidson, C. L. M. Keyes and K. A. Moore (eds.), *Crosscurrents in Contemporary Psychology. Well-Being: Positive Development Across the Life Course.* Mahwah, NJ: Lawrence Erlbaum Associates, 2003, pp. 477–97.; Russ, T. C., Stamatakis, E., Hamer, M., et al., 'Association between psychological distress and mortality: individual

2015; 21 (11): 1413–17.
50 Golldack, D., Lüking, I. and Yang, O., 'Plant tolerance to drought and salinity: stress regulating transcription factors and their functional significance in the cellular transcriptional network', *Plant Cell Reports* 2011; 30 (8): 1383–91.
51 Slavich, G. M. and Cole, S. W., 'The emerging field of human social genomics', *Clinical Psychological Science* 2013; 1 (3): 331–48.; Sapolsky, R. M., 'Stress, stress-related disease, and emotional regulation', in J. J. Gross (ed.), *Handbook of Emotion Regulation.* New York: Guilford Press, 2007, pp. 606–15.
52 Slavich, G. M. and Cole, S. W., 'The emerging field of human social genomics', *Clinical Psychological Science* 2013; 1 (3): 331–48.
53 Eckenrode, J., Smith, E. G., McCarthy, M. E. and Dineen, M., 'Income inequality and child maltreatment in the United States', *Pediatrics* 2014; 133 (3): 454–61.
54 Yehuda, R., Daskalakis, N. P., Bierer, L. M., et al., 'Holocaust exposure induced intergenerational effects on FKBP5 methylation', *Biological Psychiatry* 2016; 80 (5): 372–80.
55 McGuinness, D., McGlynn, L. M., Johnson, P. C., et al., 'Socioeconomic status is associated with epigenetic differences in the pSoBid cohort', *International Journal of Epidemiology* 2012; 41 (1): 151–60.
56 Tung, J., Barreiro, L. B., Johnson, Z. P., et al., 'Social environment is associated with gene regulatory variation in the rhesus macaque immune system', *Proceedings of the National Academy of Sciences of the USA* 2012; 109 (17): 6490–95.
57 Sapolsky, R. M., 'Stress, stress-related disease, and emotional regulation', in J. J. Gross (ed.), *Handbook of Emotion Regulation.* New York: Guilford Press, 2007, pp. 606–15.; Sapolsky, R. M., Romero, L. M. and Munck, A. U., 'How do glucocorticoids influence stress responses? Integrating permissive, suppressive, stimulatory, and preparative actions', *Endocrine Reviews* 2000; 21 (1): 55–89.
58 Sahlins, M., *Stone Age Economics.* London: Routledge, 2003.
59 Sen, A., 'Poor, relatively speaking', *Oxford Economic Papers* 1983: 153–69.
60 Walker, R., Kyomuhendo, G. B., Chase, E., et al., 'Poverty in global perspective: is shame a common denominator?' *Journal of Social Policy* 2013; 42 (2): 215–33.
61 Walker, R., Kyomuhendo, G. B., Chase, E., et al., 'Poverty in global perspective: is shame a common denominator?' *Journal of Social Policy* 2013; 42 (2): 215–33.
62 Chance, M. R. A., 'Attention structure as the basis of primate rank orders', *Man* 1967; 2 (4): 503–18.
63 Pannozzo, P. L., Phillips, K. A., Haas, M. E. and Mintz, E. M., 'Social monitoring reflects dominance relationships in a small captive group of brown capuchin monkeys (*Cebus apella*)', *Ethology* 2007; 113 (9): 881–8.

for masculinized male faces', *Proceedings of the Royal Society of London B: Biological Sciences* 2010; 277 (1692): 2405–10.; rooks, R., Scott, I. M., Maklakov, A. A., et al., 'National income inequality predicts women's preferences for masculinized faces better than health does', *Proceedings of the Royal Society of London B: Biological Sciences* 2011; 278 (1707): 810–12.

41 DeBruine, L. M., Jones, B. C., Crawford, J. R., Welling, L. L. and Little, A. C., 'The health of a nation predicts their mate preferences: cross-cultural variation in women's preferences for masculinized male faces', *Proceedings of the Royal Society of London B: Biological Sciences* 2010; 277 (1692): 2405–10.

42 DeBruine, L. M., Jones, B. C., Crawford, J. R., Welling, L. L. and Little, A. C., 'The health of a nation predicts their mate preferences: cross-cultural variation in women's preferences for masculinized male faces', *Proceedings of the Royal Society of London B: Biological Sciences* 2010; 277 (1692): 2405–10.; Brooks, R., Scott, I. M., Maklakov, A. A., et al., 'National income inequality predicts women's preferences for masculinized faces better than health does', *Proceedings of the Royal Society of London B: Biological Sciences* 2011; 278 (1707): 810–12; discussion 13–14.

43 Kim, D. A., Benjamin, E. J., Fowler, J. H. and Christakis, N. A., 'Social connectedness is associated with fibrinogen level in a human social network', *Proceedings of the Royal Society of London B: Biological Sciences* 2016; 283: 20160958.

44 Wilkinson, G. S., 'Reciprocal altruism in bats and other mammals', *Ethology and Sociobiology* 1988; 9 (2–4): 85–100. Hauser, M. D., Chen, M. K., Chen, F. and Chuang, E., 'Give unto others: genetically unrelated cotton-top tamarin monkeys preferentially give food to those who altruistically give food back', *Proceedings of the Royal Society of London B: Biological Sciences* 2003; 270 (1531): 2363–70.

45 Brosnan, S. F. and de Waal, F. B., 'Evolution of responses to (un) fairness', *Science* 2014; 346 (6207): 1251776.

46 Kolominsky, Y., Igumnov, S. and Drozdovitch, V., 'The psychological development of children from Belarus exposed in the prenatal period to radiation from the Chernobyl atomic power plant', *Journal of Child Psychology and Psychiatry* 1999; 40 (2): 299–305.

47 Provençal, N. and Binder, E. B., 'The effects of early life stress on the epigenome: from the womb to adulthood and even before', *Experimental Neurology* 2015; 268: 10–20.

48 Anacker, C., O'Donnell, K.J. and Meaney, M.J., 'Early life adversity and the epigenetic programming of hypothalamic-pituitary-adrenal function', *Dialogues in Clinical Neuroscience* 2014; 16 (3): 321.

49 Lutz, P.-E., Almeida, D. M., Fiori, L. and Turecki, G., 'Childhood maltreatment and stress-related psychopathology: the epigenetic memory hypothesis', *Current Pharmaceutical Design*

Science & Business Media, 1995.; Price T. D. and Bar-Yosef, O., 'Traces of inequality at the origins of agriculture in the ancient Near East', in T. D. Price and G. M. Feinman (eds.), *Pathways to Power.* New York: Springer, 2010, pp. 147–68.; Bowles, S., Smith, E. A. and Borgerhoff Mulder, M., 'The emergence and persistence of inequality in premodern societies: introduction to the special section', *Current Anthropology* 2010; 51 (1): 7–17.; Hastorf, C. A., *Agriculture and the Onset of Political Inequality before the Inka.* Cambridge: Cambridge University Press, 1993.

28 Scott, J. C., *Against the Grain.* New Haven, Conn.: Yale University Press, 2017.

29 Boehm, C., *Moral Origins: The Evolution of Virtue, Altruism, and Shame.* New York: Basic Books, 2012.

30 Sahlins, M., *Stone Age Economics.* London: Routledge, 2003.

31 Brosnan, S. F. and de Waal, F. B., 'Evolution of responses to (un) fairness', *Science* 2014; 346 (6207): 1251776.

32 Naito, T. and Washizu, N., 'Note on cultural universals and variations of gratitude from an East Asian point of view', *International Journal of Behavioral Science* 2015; 10 (2): 1–8.; McCullough, M. E., Kimeldorf, M. B. and Cohen, A. D., 'An adaptation for altruism: the social causes, social effects, and social evolution of gratitude', *Current Directions in Psychological Science* 2008; 17 (4): 281–5.

33 Mauss, M. and Halls, W. D., *The Gift: Forms and Functions of Exchange in Archaic Societies.* New York: W. W. Norton & Co., 1954.

34 Sahlins, M., *Stone Age Economics.* London: Routledge, 2003.

35 Oosterbeek, H., Sloof, R. and Van De Kuilen, G., 'Cultural differences in ultimatum game experiments: evidence from a meta-analysis', *Experimental Economics* 2004; 7 (2): 171–88.

36 Frank, R. H., *Passions Within Reason: The Strategic Role of the Emotions.* New York: W. W. Norton & Co., 1988.; Fehr, E. and Gachter, S., 'Altruistic punishment in humans', *Nature* 2002; 415 (6868): 137–40.

37 Frank, R. H., *Passions Within Reason: The Strategic Role of the Emotions.* New York: W. W. Norton & Co., 1988.

38 Johnson, S. L., Leedom, L. J. and Muhtadie, L., 'The dominance behavioral system and psychopathology: evidence from self- report, observational, and biological studies', *Psychological Bulletin* 2012; 138 (4): 692–743.

39 Elgar, F. J., Craig, W., Boyce, W., Morgan, A. and Vella-Zarb, R., 'Income inequality and school bullying: multilevel study of adolescents in 37 countries', *Journal of Adolescent Health* 2009; 45 (4): 351–9.

40 DeBruine, L. M., Jones, B. C., Crawford, J. R., Welling, L. L. and Little, A. C., 'The health of a nation predicts their mate preferences: cross-cultural variation in women's preferences

229–45.; Mitani, J. C., Gros-Louis, J. and Richards, A. F., 'Sexual dimorphism, the operational sex ratio, and the intensity of male competition in polygynous primates', *The American Naturalist* 1996; 147 (6): 966–80.
12 Sapolsky, R.M., *Why Zebras Don't Get Ulcers: The Acclaimed Guide To Stress, Stress-Related Diseases, And Coping*. New York: Henry Holt, 2004.
13 Sahlins, M., *Stone Age Economics*. London: Routledge, 2003.; Woodburn, J., 'Egalitarian societies', *Man* 1982; 17: 431–51.
14 Erdal, D. and Whiten, A., 'Egalitarianism and Machiavellian intelligence in human evolution', in P. Mellars and K. Gibson (eds.), *Modelling the Early Human Mind*. Cambridge: McDonald Institute Monographs, 1996.
15 Erdal, D. and Whiten, A., 'Egalitarianism and Machiavellian intelligence in human evolution', in P. Mellars and K. Gibson (eds.), *Modelling the Early Human Mind*. Cambridge: McDonald Institute Monographs, 1996.
16 Boehm, C., *Hierarchy in the Forest: The Evolution of Egalitarian Behavior*. Cambridge, Mass.: Harvard University Press, 1999.; Boehm, C., 'Egalitarian behavior and reverse dominance hierarchy', *Current Anthropology* 1993; 34: 227–54.
17 Boehm, C., 'Egalitarian behavior and reverse dominance hierarchy', *Current Anthropology* 1993; 34: 227–54.
18 Boehm, C., 'Egalitarian behavior and reverse dominance hierarchy', *Current Anthropology* 1993; 34: 227–54.
19 Boehm, C., *Moral Origins: The Evolution of Virtue, Altruism, and Shame*. New York: Basic Books, 2012.
20 Woodburn, J., 'Egalitarian societies', *Man* 1982; 17: 431–51.
21 Woodburn, J., 'Egalitarian societies', *Man* 1982; 17: 431–51.
22 Fehr, E., Bernhard, H. and Rockenbach, B., 'Egalitarianism in young children', *Nature* 2008; 454 (7208): 1079.
23 Gintis, H., Van Schaik, C., Boehm, C., etal., 'Zoon politikon: the evolutionary origins of human political systems', *Current Anthropology* 2015; 56 (3): 340–41.
24 Erdal, D., Whiten, A., Boehm, C. and Knauft, B., *On Human Egalitarianism: An Evolutionary Product of Machiavellian Status Escalation?* Chicago: University of Chicago Press, 1994.
25 Boehm, C., *Moral Origins: The Evolution of Virtue, Altruism, and Shame*. New York: Basic Books, 2012.
26 Boehm, C., *Hierarchy in the Forest: The Evolution of Egalitarian Behavior*. Cambridge, Mass.: Harvard University Press, 1999.
27 Price, T. D. and Feinman, G. M., *Foundations of Social Inequality*. New York: Springer

2013, https://www.theguardian.com/ commentisfree/2013/dec/09/materialism-system-eats-us-from-inside-out.
46 Earwicker, R., 'The impact of problem debt on health – a literature review', Equity Action – the EU Joint Action Programme on Health Inequalities, 2014, http://www.equityaction-project.eu/.
47 Iacoviello, M., 'Household debt and income inequality, 1963–2003', *Journal of Money, Credit and Banking* 2008; 40 (5): 929–65.
48 Klein, N., *No Logo.* London: Flamingo, 2001.
49 Schor, J. and White, K. E., *Plenitude: The New Economics of True Wealth.* New York: Penguin Press, 2010.（編註：中文版為《新富餘：人類未來 20 年的生活新路徑》，2010 年由麥田出版）
50 Skidelsky, E. and Skidelsky, R., *How Much is Enough?: Money and the Good Life.* London: Penguin, 2012.
51 Costanza, R., 'How to build a lagomist economy', *Guardian* 6 April 2015, https://www.theguardian.com/sustainable-business/2015/apr/06/ lagomist-economy-consumerism-quality-of-life.

第五章

1 Scheff, T. J., 'Shame and the social bond: a sociological theory', *Sociological Theory* 2000; 18 (1): 84–99.
2 Cooley, C. H., *Human Nature and the Social Order.* Piscataway, NJ: Transaction Books, 1992.
3 Cooley, C. H., *Human Nature and the Social Order.* Piscataway, NJ: Transaction Books, 1992.
4 Lewis, H. B., 'Shame and guilt in neurosis', *Psychoanalytic Review* 1971; 58 (3): 419.
5 Nathanson, D. L., *The Many Faces of Shame.* New York: Guilford Press, 1987.
6 Dunbar, R. I. M., 'Brains on two legs: group size and the evolution of intelligence', in F. B. de Waal (ed.), *Tree of Origin: What Primate Behavior Can Tell Us About Human Social Evolution*. Cambridge, Mass.: Harvard University Press, 2001.
7 Dunbar, R. I. M. and Shultz, S., 'Evolution in the social brain', *Science* 2007; 317 (5843): 1344–7.
8 MacLean, E. L., Sandel, A. A., Bray, J., et al., 'Group size predicts social but not nonsocial cognition in lemurs', *PLoS One* 2013; 8 (6): e66359.
9 Sahlins, M., *Stone Age Economics*. London: Routledge, 2003.
10 Hobbes, T., *Leviathan.* Oxford: Oxford University Press, 1998.
11 Richmond, B. G. and Jungers, W. L., 'Size variation and sexual dimorphism in *Australopithecus afarensis* and living hominoids', *Journal of Human Evolution* 1995; 29 (3):

27 Wallop, H., *Consumed.* London: Collins, 2013.
28 Fox, K., *Watching the English: The Hidden Rules of English Behaviour.* London: Hodder and Staughton, 2004.
29 Wallace, M. and Spanner, C., *Chav!: A User's Guide to Britain's New Ruling Class.* London: Random House, 2004.
30 Trentmann, F., *Empire of Things: How We Became a World of Consumers, From The Fifteenth Century to the TwentyFirst.* London: Penguin, 2016.
31 Wallop, H., *Consumed.* London: Collins, 2013.
32 Bourdieu, P., *Distinction: A Social Critique of the Judgement of Taste.* London: Routledge, 1984.
33 Briggs, D., *Deviance and Risk on Holiday: An Ethnography of British Tourists in Ibiza.* New York: Springer, 2013.
34 James, O., *Affluenza.* London: Vermilion, 2007.
35 Wilkinson, R. G. and Pickett, K. E., 'The enemy between us: the psychological and social costs of inequality', *European Journal of Social Psychology* 2017; 47: 11–24.
36 UNICEF Innocenti Research Centre, *Child Poverty in Perspective: An Overview of Child Wellbeing in Rich Countries.* Florence: Innocenti Report Card 7, 2007.
37 Pickett, K. E. and Wilkinson, R. G., 'Child wellbeing and income inequality in rich societies: ecological cross sectional study', *British Medical Journal* 2007; 335 (7629): 1080.; Pickett, K. E. and Wilkinson, R. G., 'The ethical and policy implications of research on income inequality and child well-being', *Pediatrics* 2015; 135 Suppl 2: S39–47.
38 Boseley, S., 'British children: poorer, at greater risk and more insecure', *Guardian* 14 February 2007.
39 Ipsos-Mori and Nairn, A., *Children's Wellbeing in UK, Sweden and Spain: The role of Inequality and Materialism.* London: UNICEF UK, 2011.
40 Kasser, T., *The High Price of Materialism.* Cambridge, Mass.: MIT Press, 2003.
41 Kasser, T., 'Cultural values and the well-being of future generations: a cross-national study', *Journal of Cross-Cultural Psychology* 2011; 42 (2): 206–15.
42 Twenge, J. M. and Kasser, T., 'Generational changes in materialism and work centrality, 1976–2007: associations with temporal changes in societal insecurity and materialistic role modeling', *Personality and Social Psychology Bulletin* 2013; 39 (7): 883–97.
43 Pickett, K. E. and Wilkinson, R. G., 'The ethical and policy implications of research on income inequality and child well-being', *Pediatrics* 2015; 135 Suppl 2: S39–47.
44 Weale, S., 'English children among the unhappiest in the world at school due to bullying', *Guardian* 19 August 2015.
45 Monbiot, G., 'Materialism: a system that eats us from the inside out', *Guardian* 9 December

and the use of cigarettes, alcohol, and marijuana', *American Journal of Preventive Medicine* 2007; 32 (6 Suppl): S195–S202.

13 Elgar, F. J., Roberts, C., Parry-Langdon, N. and Boyce, W., 'Income inequality and alcohol use: a multilevel analysis of drinking and drunkenness in adolescents in 34 countries', *European Journal of Public Health* 2005; 15 (3): 245–50.

14 Cutright, P. and Fernquist, R. M., 'Predictors of per capita alcohol consumption and gender-specific liver cirrhosis mortality rates: thirteen European countries, circa 1970–1984 and 1995–2007', *OMEGA – Journal of Death and Dying* 2011; 62 (3): 269–83.

15 Dietze, P. M., Jolley, D. J., Chikritzhs, T. N., et al., 'Income inequality and alcohol attributable harm in Australia', *BMC Public Health* 2009; 9 (1): 70.

16 Karriker-Jaffe, K. J., Roberts, S. C. and Bond, J. 'Income inequality, alcohol use, and alcohol-related problems', *American Journal of Public Health* 2013; 103 (4): 649–56.

17 Pickett, K. E., Kelly, S., Brunner, E., Lobstein, T. and Wilkinson, R. G., 'Wider income gaps, wider waistbands? An ecological study of obesity and income inequality', *Journal of Epidemiology & Community Health* 2005; 59 (8): 670–74.

18 Bratanova, B., Loughnan, S., Klein, O., Claassen, A. and Wood, R., 'Poverty, inequality, and increased consumption of high calorie food: experimental evidence for a causal link', *Appetite* 2016; 100: 162–71.; Groesz, L. M., McCoy, S., Carl, J., et al., 'What is eating you? Stress and the drive to eat', *Appetite* 2012; 58 (2): 717–21.

19 Gentile, D., 'Pathological video-game use among youth ages 8 to 18. A national study', *Psychological Science* 2009; 20 (5): 594–602.

20 Gentile, D. A., Choo, H., Liau, A., et al., 'Pathological video game use among youths: a two-year longitudinal study', *Pediatrics* 2011; 127 (2): e319–e29.

21 Mentzoni, R. A., Brunborg, G. S., Molde, H., et al., 'Problematic video game use: estimated prevalence and associations with mental and physical health', *Cyberpsychology, Behavior, and Social Networking* 2011; 14 (10): 591–6.

22 Kuss, D. J., 'Internet gaming addiction: current perspectives', *Psychology Research and Behavior Management* 2013; 6: 125–37.

23 Wilkinson, R. G. and Pickett, K. E., 'The enemy between us: the psychological and social costs of inequality', *European Journal of Social Psychology* 2017; 47: 11–24.

24 Metzner, R., 'Psychedelic, psychoactive, and addictive drugs and states of consciousness', in M. Earleywine (ed.), *Mindaltering Drugs: The Science of Subjective Experience.* New York: Oxford University Press, 2005, pp. 25–48.

25 Li, D. X. and Guindon, G. E., 'Income, income inequality and youth smoking in low- and middle-income countries', *Addiction* 2013; 108 (4): 799–808.

26 Lawson, N., *All Consuming.* London: Penguin, 2009.

54 Durante, F., Fiske, S. T., Kervyn, N., et al., 'Nations' income inequality predicts ambivalence in stereotype content: how societies mind the gap', *British Journal of Social Psychology* 2013; 52 (4): 726–46.

55 Paskov, M. and Dewilde, C., 'Income inequality and solidarity in Europe', *Research in Social Stratification and Mobility* 2012; 30 (4): 415–32.

56 Wilkinson, R. G. and Pickett, K., *The Spirit Level: Why Equality is Better for Everyone.* London: Penguin, 2010.; Uslaner, E. M., *Segregation and Mistrust: Diversity, Isolation, and Social Cohesion.* Cambridge: Cambridge University Press, 2012.

第四章

1 Alexander, B. K., *The Globalization of Addiction: A Study in Poverty of the Spirit.* Oxford: Oxford University Press, 2008.

2 Erikson, E. H., 'Identity and the life cycle: selected papers', *Psychological Issues* 1959.

3 Bourgois, P., 'Lumpen abuse: the human cost of righteous neoliberalism', *City & Society* 2011; 23 (1): 2–12.

4 Baumeister, R. F., *Escaping the Self: Alcoholism, Spirituality, Masochism, and Other Flights From the Burden of Selfhood.* New York: Basic Books, 1991.

5 Thompson, D., *The Fix.* London: Collins, 2013.

6 Barton, A. and Husk, K., ' "I don't really like the pub [. . .]" : reflections on young people and pre-loading alcohol', *Drugs and Alcohol Today* 2014; 14 (2): 58–66.

7 McCreanor, T., Lyons, A., Moewaka Barnes, H., et al., 'Drink a 12 box before you go': pre-loading among young people in Aotearoa New Zealand. *Ko–tuitui: New Zealand Journal of Social Sciences Online* 2015: 1–11.

8 Bolton, J. M., Robinson, J. and Sareen, J., 'Self-medication of mood disorders with alcohol and drugs in the National Epidemiologic Sur- vey on Alcohol and Related Conditions', *Journal of Affective Disorders* 2009; 115 (3): 367–75.; Robinson, J., Sareen, J., Cox, B. J. and Bolton, J., 'Self-medication of anxiety disorders with alcohol and drugs: results from a nationally representative sample', *Journal of Anxiety Disorders* 2009; 23 (1): 38–45.

9 Wilkinson, R. G. and Pickett, K., *The Spirit Level: Why Equality is Better for Everyone.* London: Penguin, 2010.

10 Galea, S., Ahern, J., Tracy, M. and Vlahov, D., 'Neighborhood income and income distribution and the use of cigarettes, alcohol, and marijuana', *American Journal of Preventive Medicine* 2007; 32 (6 Suppl): S195–S202.

11 Galea, S., Ahern, J., Vlahov, D., et al., 'Income distribution and risk of fatal drug overdose in New York City neighborhoods', *Drug & Alcohol Dependency* 2003; 70 (2): 139–48.

12 Galea, S., Ahern, J., Tracy, M. and Vlahov, D., 'Neighborhood income and income distribution

influence of social class on prosocial behavior', *Journal of Personality and Social Psychology* 2010; 99 (5): 771–84.

39 Stern, K., 'Why the rich don't give to charity', *The Atlantic* April 2013.

40 Piff, P. K., Stancato, D. M., Côté, S., Mendoza-Denton, R. and Keltner, D., 'Higher social class predicts increased unethical behavior', *Proceedings of the National Academy of Sciences* 2012; 109 (11): 4086–91.

41 Piff, P. K., 'Wealth and the inflated self: class, entitlement, and narcissism', *Personality & Social Psychology Bulletin* 2014; 40 (1): 34–43.

42 Piff, P. K., 'Wealth and the inflated self: class, entitlement, and narcissism', *Personality & Social Psychology Bulletin* 2014; 40 (1): 34–43.

43 Piff, P. K., 'Wealth and the inflated self: class, entitlement, and narcissism', *Personality & Social Psychology Bulletin* 2014; 40 (1): 34–43.

44 Côté, S., House, J. and Willer, R., 'High economic inequality leads higher-income individuals to be less generous', *Proceedings of the National Academy of Sciences of the USA* 2015; 112 (52): 15838–43.

45 Côté, S., House, J. and Willer, R., 'High economic inequality leads higher-income individuals to be less generous', *Proceedings of the National Academy of Sciences of the USA* 2015; 112 (52): 15838–43.

46 Paulhus, D. L., 'Interpersonal and intrapsychic adaptiveness of trait self-enhancement: a mixed blessing?' *Journal of Personality and Social Psychology* 1998; 74 (5): 1197.; Derue, D. S., Nahrgang, J.D., Wellman, N. and Humphrey, S. E., 'Trait and behavioral theories of leadership: an integration and meta-analytic test of their relative validity', *Personnel Psychology* 2011; 64 (1): 7–52.

47 Martin, S. R., Côté, S. and Woodruff, T., 'Echoes of our upbringing: how growing up wealthy or poor relates to narcissism, leader behavior, and leader effectiveness', *Academy of Management Journal* 2016; 59 (6): 2157–77.

48 De Waal, F. B., *Good Natured: The Origins of Right and Wrong in Humans and Other Animals.* Cambridge, Mass.: Harvard University Press, 1996.

49 Clark, M. E., *In Search of Human Nature.* London: Routledge, 2002.

50 Clark, M. E., *In Search of Human Nature.* London: Routledge, 2002.

51 Baron-Cohen, S., *Zero Degrees of Empathy: A New Theory of Human Cruelty.* London: Penguin, 2011.

52 Fiske, S. T., *Envy Up, Scorn Down: How Status Divides Us.* New York: Russell Sage Foundation, 2011.

53 Fiske, S. T., *Envy Up, Scorn Down: How Status Divides Us.* New York: Russell Sage Foundation, 2011.

differences in American students' reasons for going to college, 1971–2014: the rise of extrinsic motives', *Journal of Social Psychology* 2016: 1–10.

22 Tanenbaum, L., *Catfight: Women and Competition.* New York: Seven Stories Press, 2002.

23 Patalay, P. and Fitzsimons, E., *Mental Ill-health Among Children of the New Century: Trends across Childhood with a Focus on Age 14*. London: Centre for Longitudinal Studies, 2017.

24 Bhatia, R., 'Why women aren't the only ones pressured into looking good any more as their male counterparts are now lurking closer than ever', *Daily Mail* 12 February 2012.

25 American Society of Plastic Surgeons, '2013 cosmetic plastic surgery statistics', *Plastic Surgery Statistics Report,* 2014, www.plasticsurgery.org.

26 American Society for Aesthetic Plastic Surgery, 'Quick facts: high-lights of the ASAPS 2013 statistics on cosmetic surgery', 2014, www.surgery.org.

27 British Association of Aesthetic Plastic Surgeons, 'Britain sucks', 2014, http://baaps.org.uk/about-us/press-releases/1833-britain-sucks.

28 von Soest, T., Kvalem, I. L. and Wichstrom, L., 'Predictors of cosmetic surgery and its effects on psychological factors and mental health: a population-based follow-up study among Norwegian females', *Psychological Medicine* 2012; 42 (3): 617–26.

29 Sarwer, D. B., Zanville, H. A., LaRossa, D., et al., 'Mental health histories and psychiatric medication usage among persons who sought cosmetic surgery', *Plastic and Reconstructive Surgery* 2004; 114 (7): 1927–33.

30 Grubb, J., Exline, J., McCain, J. and Campbell, W. K., 'Of course we're narcissistic: emerging adult reactions to generational differences in trait narcissism and entitlement', Society for Personality and Social Psychology, 17th Annual Convention. San Diego, 2016.

31 Babiak, P. and Hare, R. D., *Snakes in Suits: When Psychopaths Go to Work:* New York: HarperCollins, 2007.

32 Ronson, J., *The Psychopath Test.* London: Picador, 2011. 1

33 Ronson, J., *The Psychopath Test.* London: Picador, 2011.

34 Byrne, J. A., *Chainsaw: The Notorious Career of Al Dunlap In The Era of Profit-At-Any-Price.* New York: Harper Business, 1999.

35 Board, B. J. and Fritzon, K., 'Disordered personalities at work', *Psychology, Crime & Law* 2005; 11 (1): 17–32.

36 Bakan, J., *The Corporation: The Pathological Pursuit of Profit and Power.* New York: Simon and Schuster, 2003.

37 Blackburn, S., *Mirror, Mirror: The Uses and Abuses of Selflove.* Oxford: Princeton University Press, 2014.

38 Piff, P. K., Kraus, M. W., Côté, S., Cheng, B. H. and Keltner, D., 'Having less, giving more: the

8 Loughnan, S., Kuppens, P., Allik, J., et al., 'Economic inequality is linked to biased self-perception', *Psychological Science* 2011; 22 (10): 1254–8.

9 Hughes, B. L. and Beer, J. S., 'Protecting the self: the effect of social-evaluative threat on neural representations of self', *Journal of Cognitive Neuroscience* 2013; 25 (4): 613–22.; Campbell, W. K. and Sedikides, C., 'Self-threat magnifies the self-serving bias: a meta-analytic integration', *Review of General Psychology* 1999; 3 (1): 23–43.; Brown, J. D., 'Understanding the better than average effect: motives (still) matter', *Personality and Social Psychology Bulletin* 2012; 38 (2): 209–19.

10 Loughnan, S., Kuppens, P., Allik, J., et al., 'Economic inequality is linked to biased self-perception', *Psychological Science* 2011; 22 (10): 1254–8.

11 Twenge, J. M. and Campbell, W. K., *The Narcissism Epidemic: Living in the Age of Entitlement.* New York: Simon and Schuster, 2009.

12 *Washington Post*-Kaiser Family Foundation. Poll, 2011, http:// www.washingtonpost.com/wp-srv/politics/polls/postkaiserpoll_110211.html.

13 *Washington Post*-Kaiser Family Foundation. Poll, 2011, http:// www.washingtonpost.com/wp-srv/politics/polls/postkaiserpoll_110211.html.

14 Twenge, J. M. and Campbell, W. K., *The Narcissism Epidemic: Living in the Age of Entitlement.* New York: Simon and Schuster, 2009.

15 Twenge, J. M., Konrath, S., Foster, J. D., Campbell, W. K. and Bushman, B. J., 'Egos inflating over time: a cross-temporal meta-analysis of the Narcissistic Personality Inventory', *Journal of Personality* 2008; 76 (4): 875–902.

16 Piketty, T. and Saez, E., 'Income and wage inequality in the US 1913–2002', in A. Atkinson and T. Piketty (eds.), *Top Incomes Over The Twentieth Century.* Oxford: Oxford University Press, 2007.

17 Wilkinson, R. G. and Pickett, K. E., 'The enemy between us: the psychological and social costs of inequality', *European Journal of Social Psychology* 2017; 47: 11–24.

18 Twenge, J. M. and Campbell, W. K., *The Narcissism Epidemic: Living in the Age of Entitlement.* New York: Simon and Schuster, 2009.

19 Martin, S. R., Côté, S. and Woodruff, T., 'Echoes of our upbringing: how growing up wealthy or poor relates to narcissism, leader behavior, and leader effectiveness', *Academy of Management Journal* 2016; 59 (6): 2157–77.

20 Schor, J. B., *The Overspent American: Why We Want What We Don't Need.* New York: HarperCollins, 1999.

21 Twenge, J. M., Campbell, W. K. and Freeman, E. C., 'Generational differences in young adults' life goals, concern for others, and civic orientation, 1966–2009', *Journal of Personality and Social Psychology* 2012; 102 (5): 1045–62.; Twenge, J. M. and Donnelly, K., 'Generational

50 Haushofer, J., 'The psychology of poverty: evidence from 43 countries', Massachusetts Institute of Technology Working Paper, 2013, http://web.mit.edu/joha/www/publications/Haushofer_ Psychology_ of_Poverty/ 2013.09.14.pdf.

51 de Vries, R., Gosling, S. and Potter, J., 'Income inequality and personality: are less equal U.S. states less agreeable?' *Social Science & Medicine* 2011; 72 (12): 1978–85.

52 Paskov, M. and Dewilde, C., 'Income inequality and solidarity in Europe', *Research in Social Stratification and Mobility* 2012; 30 (4): 415–32.

53 Paskov, M., Gërxhani, K. and Van der Werfhorst, G., 'Giving up on the Joneses? The relationship between income inequality and status-seeking', *European Sociological Review* 2016, doi: https://doi.org/ 10.1093/esr/jcw052.

54 Kawachi, I., Kennedy, B. P., Lochner, K. and Prothrow-Stith, D., 'Social capital, income inequality, and mortality', *American Journal of Public Health* 1997; 87 (9): 1491–8.

55 Lancee, B. and Van de Werfhorst, H. G., 'Income inequality and participation: a comparison of 24 European countries', *Social Science Research* 2012; 41 (5): 1166–78.

56 'Local health outcomes predict Trumpward swings', *The Economist* 19 November 2016.

57 Darvas, Z. and Efstathiou, K., 'Income inequality boosted Trump vote', Bruegel, 2016, http:// bruegel.org/2016/11/income-inequality-boosted-trump-vote/.

第三章

1 Wilkinson, R. G. and Pickett, K., *The Spirit Level: Why Equality is Better for Everyone.* London: Penguin, 2010.

2 Barford, A., Dorling, D. and Pickett, K., 'Re-evaluating self-evaluation. A commentary on Jen, Jones, and Johnston (68:4, 2009)', *Social Science & Medicine* 2010; 70 (4): 496–7; discussion 98–500.

3 Layard, R., *Happiness: Lessons from a New Science.* London: Allen Lane, 2005.; Abdallah, S., Thompson, S. and Marks, N., 'Estimating worldwide life satisfaction', *Ecological Economics* 2008; 65 (1): 35–47.

4 Loughnan, S., Kuppens, P., Allik, J., et al., 'Economic inequality is linked to biased self-perception', *Psychological Science* 2011; 22 (10): 1254–8.

5 Cross, K. P., 'Not can, but will college teaching be improved?' *New Directions for Higher Education* 1977; 17: 1–15.

6 Alicke, M. D. and Govorun, O., 'The better-than-average effect', in M. D. Alicke, D. Dunning and J. Krueger (eds.), *The Self in Social Judgment.* New York: Psychology Press, 2005, pp. 85–106.

7 Svenson, O., 'Are we all less risky and more skillful than our fellow drivers?' *Acta Psychologica* 1981; 47 (2): 143–8.

position: associations with self-esteem and life satisfaction in the UK Millennium Cohort Study', *Archives of Disease in Childhood* 2016; 101 (10): 917–21.

38 Melgar, N. and Rossi, M., 'A cross-country analysis of the risk factors for depression at the micro and macro level', *IDB Working Paper Series.* Inter-American Development Bank, 2010.

39 Steptoe, A., Tsuda, A., Tanaka, Y. and Wardle, J., 'Depressive symptoms, socio-economic background, sense of control, and cultural factors in university students from 23 countries', *International Journal of Behavioral Medicine* 2007; 14 (2): 97–107.

40 Cifuentes, M., Sembajwe, G., Tak, S., Gore, R., Kriebel, D. and Punnett, L. 'The association of major depressive episodes with income inequality and the human development index', *Social Science & Medicine* 2008; 67 (4): 529–39.

41 Messias, E., Eaton, W. W. and Grooms, A. N., 'Economic grand rounds: income inequality and depression prevalence across the United States: an ecological study', *Psychiatric Services* 2011; 62 (7): 710 –12.

42 Fan, A. Z., Strasser, S., Zhang, X., et al., 'State-level socioeconomic factors are associated with current depression among US adults in 2006 and 2008', *Journal of Public Health & Epidemiology* 2011; 3 (10): 462–70.

43 Muramatsu, N., 'County-level income inequality and depression among older Americans', *Health Services Research* 2003; 38 (6p2): 1863–84.

44 Paskov, M. and Richards, L., 'Is social status inequality bad for the mental health of nations?' 3rd International European Social Survey Conference Blog Post, 11 July 2016, https://essconf2016.wordpress. com/2016/07/11/is-social-status-inequality-bad/.

45 Johnson, S. L. and Carver, C. S., 'The dominance behavioral system and manic temperament: motivation for dominance, self-perceptions of power, and socially dominant behaviors', *Journal of Affective Disorders* 2012; 142(1-3): 275–82.

46 Messias, E., Eaton, W. W. and Grooms, A. N., 'Economic grand rounds: income inequality and depression prevalence across the United States: an ecological study', *Psychiatric Services* 2011; 62 (7): 710 –12.

47 Burns, J. K., Tomita, A. and Kapadia, A. S., 'Income inequality and schizophrenia: increased schizophrenia incidence in countries with high levels of income inequality', *International Journal of Social Psychiatry* 2014: 60 (2): 185–96.

48 Johnson, S. L., Wibbels, E. and Wilkinson, R., 'Economic inequality is related to cross-national prevalence of psychotic symptoms', *Social Psychiatry & Psychiatric Epidemiology* 2015; 50 (12): 1799–807.

49 Twenge, J. M., Zhang, L. and Im, C., 'It's beyond my control: a cross-temporal meta-analysis of increasing externality in locus of control, 1960–2002', *Personality & Social Psychology Review* 2004; 8 (3): 308–19.

24 Gilbert, P., McEwan, K., Bellew, R., Mills, A. and Gale, C., 'The dark side of competition: how competitive behaviour and striving to avoid inferiority are linked to depression, anxiety, stress and self-harm', *Psychology & Psychotherapy* 2009; 82 (Pt 2): 123–36.

25 Hutton, W., 'Only fundamental social change can defeat the anxiety epidemic', *Observer* 8 May 2016.; Brooks, F., Magnusson, J., Klemera, E., et al., *HBSC England National Report: Health Behaviour in Schoolaged Children (HBSC).* World Health Organization Collaborative Cross-National Study, University of Hertfordshire, 2015.

26 Martin, G., Swannell, S. V., Hazell, P. L., Harrison, J. E. and Taylor, A. W., 'Self-injury in Australia: a community survey', *Medical Journal of Australia* 2010; 193 (9): 506–10.

27 Muehlenkamp, J. J., Claes, L., Havertape, L. and Plener, P. L., 'International prevalence of adolescent non-suicidal self-injury and deliberate self-harm', *Child & Adolescent Psychiatry & Mental Health* 2012; 6 (10): 1–9.

28 Gilbert, P., McEwan, K., Irons, C., et al., 'Self-harm in a mixed clinical population: the roles of self-criticism, shame, and social rank', *British Journal of Clinical Psychology* 2010; 49 (Pt 4): 563–76.

29 Eisenberger, N. I., Lieberman, M. D. and Williams, K. D., 'Does rejection hurt? An fMRI study of social exclusion', *Science* 2003; 302 (5643): 290–92.

30 DeWall, C. N., MacDonald, G., Webster, G. D., et al., 'Acetaminophen reduces social pain: behavioral and neural evidence', *Psychological Science* 2010; 21 (7): 931–7.

31 Sherman, G. D., Lee, J. J., Cuddy, A. J., et al., 'Leadership is associated with lower levels of stress', *Proceedings of the National Academy of Sciences of the USA* 2012; 109 (44): 17903–7.

32 Wood, A. M., Boyce, C. J., Moore, S. C. and Brown, G. D., 'An evolutionary based social rank explanation of why low income predicts mental distress: a 17 year cohort study of 30,000 people', *Journal of Affective Disorders* 2012; 136 (3): 882–8.

33 Wetherall, K., Daly, M., Robb, K. A., Wood, A. M. and O'Connor, R. C., 'Explaining the income and suicidality relationship: income rank is more strongly associated with suicidal thoughts and attempts than income', *Social Psychiatry & Psychiatric Epidemiology* 2015; 50 (6): 929–37.

34 Osafo Hounkpatin, H., Wood, A. M., Brown, G. D. A. and Dunn, G., 'Why does income relate to depressive symptoms? Testing the income rank hypothesis longitudinally', *Social Indicators Research* 2015; 124 (2): 637–55.

35 Daly, M., Boyce, C. and Wood, A., 'A social rank explanation of how money influences health', *Health Psychology* 2015; 34 (3): 222.

36 Elgar, F. J., De Clercq, B., Schnohr, C. W., et al, 'Absolute and relative family affluence and psychosomatic symptoms in adolescents', *Social Science & Medicine* 2013; 91: 25–31.

37 Bannink, R., Pearce, A. and Hope, S., 'Family income and young adolescents' perceived social

10 Johnson, S. L., Leedom, L. J. and Muhtadie, L., 'The dominance behavioral system and psychopathology: evidence from self-report, observational, and biological studies', *Psychological Bulletin* 2012; 138 (4): 692–743.

11 Johnson, S. L., Leedom, L. J. and Muhtadie, L., 'The dominance behavioral system and psychopathology: evidence from self-report, observational, and biological studies', *Psychological Bulletin* 2012; 138 (4): 692–743.

12 Johnson, S. L., Leedom, L. J. and Muhtadie, L., 'The dominance behavioral system and psychopathology: evidence from self-report, observational, and biological studies', *Psychological Bulletin* 2012; 138 (4): 692–743.

13 Dabbs, J. M., Carr, T. S., Frady, R. L. and Riad, J. K., 'Testosterone, crime, and misbehavior among 692 male prison inmates', *Personality and Individual Differences* 1995; 18 (5): 627–33.

14 Johnson, S. L., Leedom, L. J. and Muhtadie, L., 'The dominance behavioral system and psychopathology: evidence from self-report, observational, and biological studies', *Psychological Bulletin* 2012; 138 (4): 692–743.

15 Layte, R., 'The association between income inequality and mental health: testing status anxiety, social capital, and neo-materialist explanations', *European Sociological Review* 2012; 28 (4): 498–511.

16 Layte, R., 'The association between income inequality and mental health: testing status anxiety, social capital, and neo-materialist explanations', *European Sociological Review* 2012; 28 (4): 498–511.

17 Layte, R., 'The association between income inequality and mental health: testing status anxiety, social capital, and neo-materialist explanations', *European Sociological Review* 2012; 28 (4): 498–511.

18 Brunner, E., Marmot, M., Canner, R., Beksinska, M., Davey Smith, G. and O'Brien, J., 'Childhood social circumstances and psychosocial and behavioural factors as determinants of plasma fibrinogen', *Lancet* 1996; 347 (9007): 1008–13.

19 Johnson, S. L., Leedom, L. J. and Muhtadie, L., 'The dominance behavioral system and psychopathology: evidence from self-report, observational, and biological studies', *Psychological Bulletin* 2012; 138 (4): 692–743.

20 Staugaard, S. R., 'Threatening faces and social anxiety: a literature review', *Clinical Psychology Review* 2010; 30 (6): 669–90.

21 Gilbert, P., *The Compassionate Mind*. London: Constable, 2010.

22 World Health Organization. Fact sheet - depression: http://www.who.int/mediacentre/factsheets/fs369/en/, 2017.

23 Gilbert, P., Broomhead, C., Irons, C., et al., 'Development of a striving to avoid inferiority scale', *British Journal of Social Psychology* 2007; 46 (Pt 3): 633–48.

with age. New evidence of population differences', *Hypertension* 1994; 24 (6): 779–85.

48 Timio, M., Verdecchia, P., Venanzi, S., et al., 'Age and blood pressure changes. A 20-year follow-up study in nuns in a secluded order', *Hypertension* 1988; 12 (4): 457–61.

第二章

1 Layte, R. and Whelan, C., 'Who feels inferior? A test of the status anxiety hypothesis of social inequalities in health', *European Sociological Review* 2014; 30: 525–35.

2 Dickerson, S. S. and Kemeny, M. E., 'Acute stressors and cortisol responses: a theoretical integration and synthesis of laboratory research', *Psychological Bulletin* 2004; 130 (3): 355–91.

3 Pickett, K. E. and Wilkinson, R. G., 'Inequality: an underacknowledged source of mental illness and distress', *British Journal of Psychiatry* 2010; 197: 426–8.

4 Ribeiro, W. S., Bauer, A., Andrade, M. C. R., et al., 'Income inequality and mental illness-related morbidity and resilience: a systematic review and meta-analysis', *Lancet Psychiatry* 2017; 4 (7): 554–62.

5 Summerfield, D. A., 'Income inequality and mental health problems', *British Journal of Psychiatry* 2011; 198 (3): 239.

6 Demyttenaere, K., Bruffaerts, R., Posada-Villa, J., et al., 'Prevalence, severity, and unmet need for treatment of mental disorders in the World Health Organization World Mental Health Surveys', *Journal of the American Medical Association* 2004; 291 (21): 2581–90.; Australian Bureau of Statistics, *National Health Survey, Mental Health, 2001.* Canberra: Australian Bureau of Statistics, 2003.; WHO International Consortium in Psychiatric Epidemiology, 'Cross-national comparisons of the prevalences and correlates of mental disorders', *Bulletin of the World Health Organization* 2000; 78 (4): 413–26.; Office for National Statistics, *Psychiatric Morbidity Among Adults Living in Private Households, 2000.* London: HMSO, 2001.

7 Case, A. and Deaton, A., 'Rising morbidity and mortality in midlife among white non-Hispanic Americans in the 21st century', *Proceedings of the National Academy of Sciences of the USA* 2015; 112 (49): 15078–83.; Minton, J. W., Pickett, K. E., Shaw, R., Vanderbloemen, L., Green, M. and McCartney, G. M., 'Two cheers for a small giant? Why we need better ways of seeing data: a commentary on: "Rising morbidity and mortality in midlife among white non-Hispanic Americans in the 21st century" ', *International Journal of Epidemiology* 2016; doi: 10.1093/ije/dyw095.

8 Brugha, T. S., 'The end of the beginning: a requiem for the categorization of mental disorder?' *Psychological Medicine* 2002; 32 (7): 1149–54.

9 McManus, S., Meltzer, H., Brugha, T., Bebbington, P. and Jenkins, R., *Adult Psychiatric Morbidity in England, 2007: Results of a Household Survey.* Leeds: NHS Information Centre, 2009.

Princeton, NJ: Princeton University Press, 2008.

36 Wilkinson, R. G. and Pickett, K. E., 'Income inequality and population health: a review and explanation of the evidence', *Social Science & Medicine* 2006; 62 (7): 1768–84.; Pickett, K. E. and Wilkinson, R. G., 'Income inequality and health: a causal review', *Social Science & Medicine* 2015; 128: 316–26.

37 Diamond, J. M., *The World Until Yesterday: What Can We Learn From Traditional Societies?* New York: Viking, 2012.; Scott, J. C., *Against the Grain.* New Haven, Conn.: Yale University Press, 2017.

38 Boehm, C., *Hierarchy in the Forest: The Evolution of Egalitarian Behavior.* Cambridge, Mass.: Harvard University Press, 1999.

39 Karnehed, N. E., Rasmussen, F., Hemmingsson, T. and Tynelius, P., 'Obesity in young adulthood is related to social mobility among Swedish men', *Obesity* 2008; 16 (3): 654–8.; Harper, B., 'Beauty, stature and the labour market: a British cohort study', *Oxford Bulletin of Economics and Statistics* 2000; 62 (s1): 771–800.

40 Bourdieu, P., *Distinction: A Social Critique of the Judgement of Taste.* London: Routledge, 1984.

41 Wilkinson, R. G. and Pickett, K., *The Spirit Level: Why Equality is Better for Everyone.* London: Penguin, 2010.

42 Veblen, T., *The Theory of The Leisure Class.* Oxford: Oxford University Press, 2007.

43 Heffetz, O., 'A test of conspicuous consumption: visibility and income elasticities', *Review of Economics and Statistics* 2011; 93 (4): 1101–17.

44 Wilkinson, R. and Pickett, K., 'The poison of inequality was behind last summer's riots', *Guardian* 5 August 2012.

45 Carroll, D., Ring, C., Hunt, K., Ford, G. and Macintyre, S., 'Blood pressure reactions to stress and the prediction of future blood pressure: effects of sex, age, and socioeconomic position', *Psychosomatic Medicine* 2003; 65 (6): 1058–64.; Matthews, K. A., Katholi, C. R., McCreath, H., et al., 'Blood pressure reactivity to psychological stress predicts hypertension in the CARDIA study', *Circulation* 2004; 110 (1): 74–8.

46 Dressler, W. W., 'Modernization, stress, and blood pressure: new directions in research', *Human Biology* 1999: 583–605.; Rodriguez, B. L., Labarthe, D. R., Huang, B. and Lopez-Gomez, J., 'Rise of blood pressure with age. New evidence of population differences', *Hypertension* 1994; 24 (6): 779–85.; Waldron, I., Nowotarski, M., Freimer, M., Henry, J. P., Post, N. and Witten, C., 'Cross-cultural variation in blood pressure: a quantitative analysis of the relationships of blood pressure to cultural characteristics, salt consumption and body weight', *Social Science & Medicine* 1982; 16 (4): 419–30.

47 Rodriguez, B. L., Labarthe, D. R., Huang, B. and Lopez-Gomez, J., 'Rise of blood pressure

21 Beck, M., 'Party on: a survival guide for social- phobes', *O Magazine*, 23 November 2011, http://marthabeck.com/page/48/.

22 Swinton Insurance, 'No place like home. Manchester', reported on Mumsnet.com, 19 November 2013.

23 Swinton Insurance, 'No place like home. Manchester', reported on Mumsnet.com, 19 November 2013.

24 Findley, A., 'Do you do a special clean up for visitors or just go with the flow?' *Apartment Therapy,* http://www.apartmenttherapy.com/do-quickly-clean-for-guests-179438, 2012.

25 Holt-Lunstad, J., Smith, T. B. and Layton, J.B., 'Social relationships and mortality risk: a meta-analytic review', *PLoS Medicine* 2010; 7 (7): e1000316.

26 Kiecolt-Glaser, J. K., Loving, T. J., Stowell, J. R., et al., 'Hostile marital interactions, proinflammatory cytokine production, and wound healing', *Archives of General Psychiatry* 2005; 62 (12): 1377–84.

27 Cohen, S., 'Keynote presentation at the Eight International Congress of Behavioral Medicine: the Pittsburgh common cold studies: psychosocial predictors of susceptibility to respiratory infectious illness', *International Journal of Behavioral Medicine* 2005; 12 (3): 123–31.

28 Russ, T. C., Stamatakis, E., Hamer, M., et al., 'Association between psychological distress and mortality: individual participant pooled analysis of 10 prospective cohort studies', *British Medical Journal* 2012; 345: e4933.

29 Holahan, C. J. and Moos, R. H., 'Social support and psychological distress: a longitudinal analysis', Journal of Abnormal Psychology 1981; 90 (4): 365–70.; Saltzman, K. M. and Holahan, C. J., 'Social support, self-efficacy, and depressive symptoms: an integrative model', Journal of Social & Clinical Psychology 2002; 21 (3): 309–22.

30 Layard, R., *Happiness: Lessons from a New Science.* London: Allen Lane, 2005.

31 Rodríguez-Pose, A. and von Berlepsch, V., 'Social capital and individual happiness in Europe', *Journal of Happiness Studies* 2014; 15 (2): 357–86.

32 Powdthavee, N., 'Putting a price tag on friends, relatives, and neighbours: using surveys of life satisfaction to value social relationships', *Journal of Socio Economics* 2008; 37 (4): 1459–80.

33 Lancee, B. and Van de Werfhorst, H. G., 'Income inequality and participation: a comparison of 24 European countries', *Social Science Research* 2012; 41 (5): 1166–78.

34 Daly, M., *Killing the Competition: Economic Inequality and Homicide.* New Brunswick, NJ: Transaction, 2016.; Paskov, M. and Dewilde, C., 'Income inequality and solidarity in Europe', *Research in Social Stratification and Mobility* 2012; 30 (4): 415–32.; Uslaner, E. M. and Brown, M., 'Inequality, trust, and civic engagement', *American Politics Research* 2005; 33 (6): 868–94.

35 Sonenscher, M., *Sans-culottes: An Eighteenth-century Emblem in the French Revolution.*

Anxiety: Clinical, Developmental, and Social Perspectives 2010; 2: 65–92.; Kessler, R. C., Chiu, W. T., Demler, O., Merikangas, K. R. and Walters, E. E., 'Prevalence, severity, and comorbidity of 12-month DSM-IV disorders in the National Comorbidity Survey Replication', *Archives of General Psychiatry* 2005; 62 (6): 617–27.; Cox, B. J., MacPherson, P. S. and Enns, M. W., 'Psychiatric correlates of childhood shyness in a nationally representative sample', *Behaviour Research and Therapy* 2005; 43 (8): 1019–27.

7 Kessler, R. C., Angermeyer, M., Anthony, J. C., et al., 'Lifetime prevalence and age-of-onset distributions of mental disorders in the World Health Organization's World Mental Health Survey Initiative', *World Psychiatry* 2007; 6 (3): 168–76.

8 Twenge, J. M., 'The age of anxiety? Birth cohort change in anxiety and neuroticism, 1952–1993', *Journal of Personality & Social Psychology* 2000; 79 (6): 1007–21.

9 Collishaw, S., Maughan, B., Natarajan, L. and Pickles, A., 'Trends in adolescent emotional problems in England: a comparison of two national cohorts twenty years apart', *Journal of Child Psychology & Psychiatry* 2010; 51 (8): 885–94.

10 American Psychological Association, 'Stress in America: coping with change', *Stress in America Survey*, 2017.

11 Kessler, R. C., Angermeyer, M., Anthony, J. C., et al., 'Lifetime prevalence and age-of-onset distributions of mental disorders in the World Health Organization's World Mental Health Survey Initiative', *World Psychiatry* 2007; 6 (3): 168–76.

12 Luttmer, E. F., 'Neighbors as negatives: relative earnings and well-being', *The Quarterly Journal of Economics* 2005; 120 (3): 963–1002.; Ferrer-i-Carbonell, A., 'Income and well-being: an empirical analysis of the comparison income effect', *Journal of Public Economics* 2005; 89 (5): 997–1019.

13 Brooks, D., 'The epidemic of worry', *New York Times* 25 October 2016.

14 Greenfeld, L., 'The maddening of America', *Project Syndicate* 25 July 2013.

15 Manger, W., 'The anxiety epidemic sweeping Britain – are you at risk and what can you do?' *Daily Mirror* 6 June 2016.

16 Kelley, M., 'An anxiety epidemic is sweeping the US', *The Atlantic* 2012.

17 Angell, M., 'The epidemic of mental illness: Why', *New York Review of Books* 2011; 58 (11): 20–22.

18 Hutton, W., 'Only fundamental social change can defeat the anxiety epidemic', *Observer* 8 May 2016.

19 Manger, W., 'The anxiety epidemic sweeping Britain – are you at risk and what can you do?' *Daily Mirror* 6 June 2016.

20 Angell, M., 'The epidemic of mental illness: Why', *New York Review of Books* 2011; 58 (11): 20–22.

參考書目

序

1 Wilkinson, R. G. and Pickett, K., *The Spirit Level: Why Equality is Better for Everyone*. London: Penguin, 2010.

2 Wilkinson, R. G. and Pickett, K. E., 'Income inequality and population health: a review and explanation of the evidence', *Social Science & Medicine* 2006; 62 (7): 1768–84.

3 Pickett, K. E. and Wilkinson, R. G., 'Income inequality and health: a causal review', *Social Science & Medicine* 2015; 128: 316–26.

4 Pickett, K. E. and Wilkinson, R. G., 'Income inequality and health: a causal review', *Social Science & Medicine* 2015; 128: 316–26

5 Pickett, K. E. and Wilkinson, R. G., 'Income inequality and health: a causal review', *Social Science & Medicine* 2015; 128: 316–26. & Popper, K., *Conjectures and Refutations: The Growth of Scientific Knowledge*. Abingdon: Routledge, 2014.

6 Wilkinson, R. G. and Pickett, K., *The Spirit Level: Why Equality is Better for Everyone.* London: Penguin, 2010.

7 Wilkinson, R. G. and Pickett, K., *The Spirit Level: Why Equality is Better for Everyone.* London: Penguin, 2010.

第一章

1 Cooley, C. H., *Human Nature and the Social Order*. Piscataway, NJ: Transaction Books, 1992.

2 Beck, M., 'Party on: a survival guide for social-phobes', *O Magazine*, 23 November 2011, http://marthabeck.com/page/48/.

3 Adler, A., *What Life Should Mean To You*. 1931.

4 Zimbardo, P. G., *Shyness: What It Is, What To Do About It*. Boston, Mass.: Da Capo Press, 1990.

5 Burstein, M., Ameli-Grillon, L. and Merikangas, K. R., 'Shyness versus social phobia in US youth', *Pediatrics* 2011; 128 (5): 917–25.

6 Henderson, L. and Zimbardo, P., 'Shyness, social anxiety, and social anxiety disorder', *Social*

兒童不當對待		Eckenrode, Smith et al. 2014 61	
教育程度	Wilkinson and Pickett 2007 62	Wilkinson and Pickett 2007 63	
輟學		Wilkinson and Pickett 2007 64	
社會流動	Corak 2016 65	Chetty, Hendren et al. 2014 66	
未成年懷孕	Pickett, Mookherjee et al. 2005 67	Kearney and Levine 2012 68	
環境議題（如欲瀏覽更全面詳盡的分析與評論，請見Boyce 1994 69 與 Cushing, Morello-Frosch et al. 2015 70）			
生態多樣性	Mikkelson, Gonzalez et al. 2007 71 Holland, Peterson et al. 2009 72		
水／肉類／汽油消耗量	Stotesbury and Dorling 2015 73		
二氧化碳排放量／空氣污染	Drabo 2011 74 Cushing, Morello-Frosch et al. 2015 75	Jorgenson, Schor et al. 2015 76	
炫耀性消費	Walasek and Brown 2015 77	Walasek and Brown 2015 78	
國際環境協定配合度	Wilkinson, Pickett et al. 2010 79		

信任／社會資本	Freitag and Bühlmann 2009 [37] Elgar and Aitken 2011 [38]	Kawachi and Kennedy 1997 [39]	Uslaner and Brown 2005 [40]
團結	Paskov and Dewilde 2012[41]		
友善		de Vries, Gosling et al. 2011 [42]	
公民參與	Lancee and Van de Werfhorst 2012 [43]		
文化參與	Szlendak and Karwacki 2012 [44]		
模稜兩可的刻板印象	Durante, Fiske et al. 2013 [45]		
社會比較		Cheung and Lucas 2016 [46]	
謀殺率	Ouimet 2012 [47] Daly 2016 [48]	Glaeser, Resseger et al. 2008 [49] Daly 2016 [50]	Rufrancos, Power et al. 2013 [51] Daly 2016 [52]
監禁率	Wilkinson and Pickett 2007 [53]	Wilkinson and Pickett 2007 [54]	
女性地位	Wilkinson and Pickett 2009 [55]	Kawachi and Kennedy 1999 [56]	
兒童生活機會			
兒童幸福感	Pickett and Wilkinson 2007 [57]	Pickett and Wilkinson 2007 [58]	Pickett and Wilkinson 2015 [59]
霸凌	Elgar, Craig et al. 2009 [60]		

肥胖	Pickett, Kelly et al. 2005 16	Wilkinson and Pickett 2012 17	
人類免疫缺陷病毒（HIV）感染	Drain, Smith et al. 2004 18	Buot, Docena et al. 2014 19	
心理健康（精神健康）與生活幸福感			
精神疾病（所有）	Pickett and Wilkinson 2010 20 Ribeiro et al. 2017 21	Ribeiro, Bauer et al. 2017 22	
憂鬱症／憂鬱症狀	Steptoe, Tsuda et al. 2007 23 Patel, Burns et al. 2018 24	Messias, Eaton et al. 2011 25 Patel, Burns et al. 2018 26	
思覺失調	Burns, Tomita et al. 2014 27		
精神疾病症狀	Johnson, Wibbles et al. 2015 28		
地位焦慮	Layte and Whelan 2014 29		
自我提升	Loughnan, Kuppens et al. 2011 30		
自戀			Wilkinson and Pickett 2017 31
藥物成癮或死亡	Wilkinson and Pickett 2009 32 Cutright and Fernquist 2011 33	Wilkinson and Pickett 2007 34 Gray 2016 35	
病態賭博	Wilkinson and Pickett 2017 36		
社會凝聚力			

受貧富差距影響之健康與社會結果清單

此表格中的研究論文，皆發表於同儕審查期刊中。而這些論文的主題，則為與貧富差距緊密相關的健康與社會問題，這些問題與貧富差距的連結皆獲研究人員證實。這些參考資料只是此類研究的**範例**，在某些主題領域，論文可能有數百篇，而針對其他主題的論文可能只有一篇。此表格並未涵蓋所有健康與社會結果，囊括的研究項目也稱不上全面。我們製作此表的目的，只是希望能協助讀者深入了解相關學術研究。此表格引用之資料都盡可能取自相關評論，而這些評論都涵蓋各項研究。

健康／社會結果	國際比較	美國各州比較	縱慣性或時間序列分析
身體健康（欲瀏覽健康不平等的因果回顧文獻，請見Pickett and Wilkinson 2015[1]）			
平均壽命	Wilkinson and Pickett 2006 [2] Babones 2008 [3]	Clarkwest 2008[4]	Zheng 2012 [5] Wilkinson and Pickett 2015 [6]
嬰兒死亡率	Ram 2005 [7] Ram 2006 [8] Kim and Saada 2013 [9]	Kim and Saada 2013[10]	Torre and Myrskyla 2014 [11]
死亡率（成人）	Wilkinson and Pickett 2006 [12]	Ram 2005 [13]	Zheng 2012 [14] Torre and Myrskyla 2014 [15]

智庫。他們也推動各種活動，試圖縮減富裕人士與普羅大眾的所得差距。

- http://policy-practice.oxfam.org.uk/our-work/inequality：樂施會國際貧困慈善組織（International poverty charity Oxfam），矢志縮減極端的貧富差距。

關於貧富差距、氣候變遷以及可替代之經濟政策，可參考：

- 新經濟組織（The New Economics Foundation）：http://www.neweconomics.org
- 永續與繁榮聯盟（The Alliance for Sustainability and Prosperity）：http://www.asap4all.com

但改變的腳步仍然不夠快。目前世界上已有不少值得繼續推動、但尚未完美整合的倡議。幸福經濟聯盟將這些倡議與行動結合，並計畫針對七大領域發起改革：商業界、信仰與宗教團體、學術組織或智庫、公民社會組織、各國政府、已落實新經濟倡議的城市、地區或地方，最後還有由制度改革者組成的團體。在經濟合作暨發展組織的鼓勵、以及蘇格蘭政府的帶領下，目前已有許多組織加入幸福經濟聯盟的行列。哥斯大黎加、紐西蘭、斯洛維尼亞還有蘇格蘭，都是組織計畫的參與國，也紛紛承諾率先推動新經濟倡議。喚起全球公民行動後，全球新經濟運動就能順利發展，並擴散至世界各地。幸福經濟聯盟與類似組織的影響力與日俱增，我們期待能加速經濟體制變革的速度，長遠提升人類的生活幸福感（wellbeingeconomy.org）。

其他可參考連結

若讀者對貧富差距之相關研究或活動有興趣，能在網路上找到許多極具參考價值的網站或資源，以下是最值得推薦的平台：

- Inequality.org：這是由政策研究學院（Institute for Policy Studies）智庫推動的計畫，此學會位於華盛頓哥倫比亞特區。
- http://toomuchonline.org/：此平台也是由政策研究學院所成立。每個月會發布新的文章或評論，探討過度剝削與不公不義等現況。
- http://www.resolutionfoundation.org/：一個致力提升中低所得族群生活水準的英國智庫。
- http://highpaycentre.org/：一個專門研究上層階級所得規模的英國

附錄

可參考資源

平等信託（The Equality Trust）

若想打造一個更好的社會，就必須採取行動。我們在二〇〇九年與比爾・凱瑞（Bill Kerry）共同成立平等信託。在英國與威爾斯，此組織是已登記立案的慈善機構，矢志透過縮減貧富差距，來改善英國人民的生活。為與其他單位合作推動社會改革，平等信託分析近期研究結果並加以宣傳，讓強而有力的科學證據更廣為人知，同時也努力強化地方團體的社群網絡。請至：www.equalitytrust.org.uk瀏覽更多資訊。您可在網路上訂閱電子報，瀏覽更多資訊與資源，獲知活動參與辦法以及活動最新訊息。此外，您也能在臉書上瀏覽我們的動態：https://www.facebook.com/equalitytrust，或追蹤我們的Twitter帳號：@equalitytrust。

幸福經濟聯盟（The Wellbeing Economy Alliance, WE-All）

幸福經濟聯盟是個非常年輕的全球活動組織，他們的宗旨是推動全球新經濟運動（Global New Economy Movement），讓生活幸福感永續不滅，而非繼續擴張國內生產毛額。雖然大家普遍認為經濟需要改革，

NEXT 262

收入不平等 為何他人過得越好，我們越焦慮？

The Inner Level: How More Equal Societies Reduce Stress, Restore Sanity and Improve Everyone's Well-Being

作者　理查・威金森Richard Wilkinson、凱特・皮凱特Kate Pickett
譯者　溫澤元
主編　陳怡慈
編輯協力　許越智
責任企畫　林進韋
美術設計　許紘維
內文排版　薛美惠、SHRTING WU
董事長　趙政岷
出版者　時報文化出版企業股份有限公司
10803 臺北市和平西路三段240號一~七樓
發行專線｜02-2306-6842
讀者服務專線｜0800-231-705｜02-2304-7103
讀者服務傳真｜02-2304-6858
郵撥｜1934-4724 時報文化出版公司
信箱｜臺北郵政79～99信箱
時報悅讀網　www.readingtimes.com.tw
電子郵件信箱　ctliving@readingtimes.com.tw
人文科學線臉書　www.facebook.com/jinbunkagaku
法律顧問　理律法律事務所｜陳長文律師、李念祖律師
印刷　勁達印刷有限公司
初版一刷　2019年7月19日
定價　新臺幣450元

時報文化出版公司成立於一九七五年，並於一九九九年股票上櫃公開發行，於二〇〇八年脫離中時集團非屬旺中，以「尊重智慧與創意的文化事業」為信念。

ISBN 978-957-13-7875-6

收入不平等：為何他人過得越好,我們越焦慮? / 理查.威金森(Richard Wilkinson), 凱特.皮凱特(Kate Pickett)著；溫澤元譯. -- 初版. -- 臺北市：時報文化, 2019.07｜　面；　公分. -- (Next；262)｜譯自：The inner level：how more equal societies reduce stress, restore sanity and improve everyone's well-being｜ISBN 978-957-13-7875-6(平裝)｜1.社會心理學 2.社會流動｜541.7｜108010755